Teubners Handbuch der Staats- und Wirtschaftskunde

Das Handbuch will das Bedürfnis befriedigen nach einer dem Laien zugänglichen Einführung in Werden, Wesen und heutige Gestaltung des Staates, wie in die Daseinsbedingungen und Organisationsformen unseres Wirtschaftslebens. Der Schwerpunkt der Darstellung ist darum auf die großen inneren Zusammenhänge, die Hauptlinien der geschichtlichen Entwicklung, die Grundzüge der heutigen staatlichen Zustände und Ordnungen, die Grundprinzipien des inneren Betriebes wie des äußeren Aufbaues der technischen und wirtschaftlichen Gestaltungen gelegt. Sachwissen wird nicht vorausgesetzt, wohl aber der Wille zur energischen Erfassung der naturgemäß immer nur das Wesentliche gebenden Darlegungen, die anstreben, dem Leser die gesicherten Ergebnisse der wissenschaftlichen Forschung vorzulegen, ihn aber auch in die Aufgaben und Probleme wie deren Lösungsversuche einzuführen. Literaturangaben bieten in jedem Abschnitte die Möglichkeit der Weiterverfolgung der aus dem Buche selbst erworbenen Kenntnisse.

Verfassung und Verwaltung des Reichs und der Länder.

Die geschichtliche Einleitung führt von der Entstehung des Deutschen Bundes über den Versuch einer Reichsgründung in den Jahren 1848—50 zur Gründung des Norddeutschen Bundes und des Deutschen Reichs, von hier zur Revolution und von da zur Weimarer Verfassung. Die Verfassung Bismarcks wird kurz geschildert und im Verlaufe der Darstellung des öftern mit der Weimarer Verfassung verglichen. Unter Vernachlässigung des Abschnitts über die Grundrechte, der in diesem Handbuch eine besondere Darstellung gefunden hat, werden das Verhältnis des Reichs zu den Ländern, das Reichsgebiet, die Reichsangehörigkeit, die Organisation der Reichsgewalt und die Äußerungen der Reichsgewalt einer Untersuchung unterzogen. Hierbei findet sich Gelegenheit, auch auf allgemeine Fragen einzugehen. So wird das Wesen des Staates, des Bundesstaates insbesondere, geprüft. Das Recht der Revolution wird genau gewürdigt. Bei Darstellung des Parlamentsrechts wird versucht, die Hauptparteien aus der Stellung des Einzelnen zum Staate zu erklären. Der Schilderung des geltenden Reichstagswahlrechts geht ein Abschnitt über die Hauptprobleme des parlamentarischen Wahlrechts voraus; insbesondere wird der schwierigen und doch lösbaren Frage „Verhältniswahl und Führerauslese" die Aufmerksamkeit zugewandt. Der Abschnitt über die Reichsfinanzverwaltung gibt Anlaß zu einer Entwicklung der Ideen des Rechsstaats. Von den Landesverfassungen werden die der acht größten Länder in den Grundzügen geschildert. Im Anschluß daran werden die wichtigsten Fragen der Verwaltung, insbesondere der Rechtsschutz gegen Übergriffe der Verwaltung, zur Darstellung gebracht. Das Ganze klingt aus in einen Vergleich des neuen Rechts mit dem alten und einer Mahnung an den Lehrer der Staatsbürgerkunde, durch eine besonnene Würdigung und Darstellung der geschichtlichen Bedingtheiten das Alte mit dem Neuen zu versöhnen.

Eine Gesamtübersicht über das Werk befindet sich auf Seite 3 des Umschlags

Teubners Handbuch der Staats- und Wirtschaftskunde
Erste Abteilung

Staatskunde

Unter Mitwirkung von

G. Bäumer · O. Baumgarten · A. Dominicus · H. Heller · Th. Heuß
W. Jellinek · H. von Kuhl · R. Laun · M. Layer · A. Mendelssohn
Bartholdy · C. Meurer · R. Radbruch · E. Rosenbaum · M. Rumpf
Rich. Schmidt · J. B. Sägmüller · V. Valentin · J. Ziehen

Zweiter Band

2. Heft

Verfassung und Verwaltung des Reichs und der Länder

von

Dr. Walter Jellinek
ord. Professor an der Universität Kiel

Zweiter, nahezu unveränderter Abdruck

Springer Fachmedien Wiesbaden GmbH 1926

ISBN 978-3-663-15250-7 ISBN 978-3-663-15814-1 (eBook)
DOI 10.1007/978-3-663-15814-1

Verfassung und Verwaltung des Reichs und der Länder.

Von Walter Jellinek.

I. Verfassung und Verwaltung des Reichs.

A. Geschichtliche Grundlagen.

Ein Deutsches Reich gab es von 843 bis 1806. Als Einheitsstaat begann es. Spätestens mit dem Westfälischen Frieden von 1648 erstarkten die Territorien zu Staaten. Von da an war das Deutsche Reich ein zusammengesetzter Staat, und zwar, da die Territorien im Reichstag Anteil an der Reichsgewalt hatten, ein Bundesstaat. Nach der Niederlegung der Kaiserkrone durch Franz II. am 6. August 1806 war das Reich nur noch ein bloßes Nebeneinander von selbständig gewordenen Staaten.

Ein Deutsches Reich gibt es wieder seit 1871. Dazwischen liegt die Zeit des Deutschen und des Norddeutschen Bundes.

1. Der Deutsche Bund und die Verfassung der Paulskirche. Der Deutsche Bund wurde auf dem Wiener Kongreß ins Leben gerufen. Er umfaßte das Gebiet des Deutschen Reichs vor Ausbruch des Weltkrieges, doch ohne Ost- und Westpreußen, Posen, Schleswig, Helgoland und Elsaß-Lothringen; andererseits bildeten Österreich, Luxemburg, Lichtenstein und Limburg Teile von ihm. Seine Grundgesetze waren die Bundesakte vom 8. Juni 1815 und die Wiener Schlußakte vom 15. Mai 1820. Diese nennt ihn im Art. I einen „völkerrechtlichen Verein der deutschen souveränen Fürsten und freien Städte zur Bewahrung der Unabhängigkeit und Unverletzbarkeit ihrer im Bunde begriffenen Staaten und zur Erhaltung der innern und äußern Sicherheit Deutschlands" und zeichnet damit seine wesentlichen Züge. Die 1806 selbständig gewordenen Staaten waren nur völkerrechtlich, nicht staatsrechtlich miteinander verbunden; nur ihr Dürfen war beschränkt, nicht auch ihr Können, denn es gab keinen Staat über ihnen, der sich aus eigener Macht unmittelbar an den Bürger gewandt und ihm verboten hätte, bundeswidrige Landesgesetze zu befolgen. Der Deutsche Bund war ein Staatenbund, kein Bundesstaat. Seine Geschäfte führte ein ständiger Gesandtenkongreß in Frankfurt a. M., die Bundesversammlung, bekannter unter dem Namen „Bundestag". Die Bundestagsgesandten gaben ihre Stimmen nicht nach freier Überzeugung ab, sondern nach Weisungen, die sie von ihren Regierungen erhielten. Der Bundestag war also wie der Reichstag des alten Reichs in der letzten Zeit seines Bestehens, wie der spätere Bundesrat und wie der heutige Reichsrat eine Versammlung von Regierungsvertretern. Eine Volksvertretung gab es im Bunde nicht.

Der Deutsche Bund dauerte bis zum Jahre 1866. Schon achtzehn Jahre vorher schien er sein Ende nehmen zu wollen, als die Frankfurter Nationalversammlung daranging, ein deutsches Kaiserreich zu gründen. Die beiden Hauptfehler des Bundes waren die geringe Einheitlichkeit und die geringe Freiheitlichkeit in seiner Organisation sowohl wie in seinen Taten. Dem suchte die Nationalversammlung zu begegnen, die, unter dem Eindruck der revolutionären Bewegung vom Bundestage selbst berufen, am 18. Mai 1848 in der Paulskirche zu Frankfurt a. M. zusammentrat. Die Sehnsucht des deutschen Volkes nach Freiheit fand ihren Ausdruck in den „Grundrechten des deutschen Volkes", die von der Nationalversammlung am 21. Dezember 1848 beschlossen, am 27. Dezember als Reichsgesetz verkündet wurden. Man hat der Nationalversammlung zum Vorwurf gemacht, daß sie sich zuerst mit der Freiheit vom Staate beschäftigte, noch ehe der zu gründende Staat da war. Zu Unrecht. Denn da waren die deutschen Einzelstaaten, und ihnen gegenüber hatten die Grundrechte ohne weiteres Bedeutung. Erst drei Monate darauf, am 28. März 1849, wurde die Verfassung des Deutschen Reiches verabschiedet. Neben den Grundrechten des deutschen Volkes, die im 6. Abschnitt abermals aufgeführt werden, enthält sie Bestimmungen über die Organisation des neu zu gründenden Deutschen Reiches. Die höchsten Organe sind der Reichstag und das Reichsoberhaupt. „Der Reichstag besteht aus zwei Häusern, dem Staatenhaus und dem Volkshaus" (§ 85). „Die Würde des Reichsoberhauptes wird einem der regierenden deutschen Fürsten übertragen" (§ 68). „Das Reichsoberhaupt führt den Titel: Kaiser der Deutschen" (§ 70). Die höchste Gewalt liegt aber in Wahrheit beim Reichstag; denn Reichsgesetze, selbst verfassungsändernde, werden nach Beschlußfassung durch den Reichstag in drei sich unmittelbar folgenden Sitzungsperioden verbindlich, auch wenn der Kaiser seine Zustimmung versagt (§§ 101, 196). Der Reichstag wiederum ist zum überwiegenden Teil Volksvertretung. „Das Volkshaus besteht aus den Abgeordneten des deutschen Volkes" (§ 93). „Die Mitglieder des Staatenhauses werden zur Hälfte durch die Regierung und zur Hälfte durch die Volksvertretung der betreffenden Staaten ernannt" (§ 88). Einen maßgebenden Einfluß auf die Abstimmung haben jedoch die Staaten nicht. Denn „die Mitglieder beider Häuser können durch Instruktionen nicht gebunden werden" (§ 96).

Am Tage der Verabschiedung, am 28. März 1849, wählte die Nationalversammlung König Friedrich Wilhelm IV. von Preußen zum Kaiser. Der König lehnte am 28. April 1849 endgültig ab. Die Verfassung war nach seiner und nach vieler anderer Fürsten Meinung zu wenig bundesstaatlich und zu sehr demokratisch. Zu wenig bundesstaatlich: denn ohne Mitwirkung der deutschen Staaten war sie entstanden, griff zu stark in deren Befugnisse ein und gab ihnen keinen genügenden Anteil an der Reichsgewalt. Zu sehr demokratisch: denn der Kaiser ist kein wirklicher Monarch; „dem so isoliert und in scheinbar einziger Machtvollkommenheit hingestellten Reichsoberhaupte ist durch die Annahme des (bloß) suspensiven Veto und die Ausdehnung desselben selbst auf die Verfassungsänderungen in Wahrheit eine Stellung gegeben, bei der weder die Würde, noch die zum Heile des Ganzen wie der Einzelnen erforderliche Macht gewahrt werden kann" (preußische Depesche vom 28. April 1849). Damit war das Schicksal der Verfassung besiegelt. Sie trat nie in Kraft, lebte aber als Idee weiter. Als auch der Versuch Preußens, eine den tatsächlichen Verhältnissen besser Rechnung tragende Verfassung, die sog. Erfurter Unionsverfassung, ins Leben zu rufen, gescheitert war, nahm der deutsche Bundestag seine Tätigkeit wieder auf. Die erste Sitzung fand am 2. September 1850 statt. Preußen, das sich anfänglich fern hielt, beteiligte sich erst am 14. Mai 1851 wieder an den Sitzungen.

Der deutsche Bund endigte im Jahre 1866 am Streite Österreichs und Preußens um Schleswig-Holstein. Als Preußen zur Wahrung seiner Rechte an Holstein in dieses von Österreich verwaltete Land einrückte, beantragte Österreich im Bundestag die Mobilmachung aller nicht zur preußischen Armee gehörigen Armeekorps des Bundesheeres. Am 14. Juni 1866 beschloß der Bundestag trotz Preußens Verwahrung demgemäß. Hierauf erklärte der preußische Gesandte, „daß Preußen den bisherigen Bundesvertrag für gebrochen und deshalb nicht mehr verbindlich ansieht, denselben vielmehr als erloschen betrachten und behandeln wird". Preußen zog damit eine Folgerung aus dem Umstande, daß der deutsche Bund nach dessen eigenen Grundgesetzen ein völkerrechtlicher Verein war: bei völkerrechtlichen Verträgen berechtigt nämlich Vertragswidrigkeit des einen Teils den andern Teil zum Rücktritt vom Vertrage. Unter dem Eindrucke der Kriegsereignisse und der Friedensverhandlungen beschloß der Bundestag am 24. August 1866, seine Tätigkeit endgültig einzustellen. Damit hatte der Deutsche Bund auch förmlich sein Ende gefunden. Die deutschen Staaten waren wieder frei von allen Bindungen, wie es die nicht zum Rheinbunde gehörigen Staaten von 1806 bis 1815 gewesen waren.

Kaum ein Jahr später, am 1. Juli 1867, waren die deutschen Staaten ohne Österreich und ohne Bayern, Württemberg, Baden und den südlichen Teil von Hessen zum Norddeutschen Bunde vereinigt, und doch liegt eine Welt zwischen dem Ende des Deutschen und dem Beginn des Norddeutschen Bundes. Der Deutsche Bund befriedigte den Drang der Deutschen nach Einheit so wenig, daß er im Jahre 1848 für einige Zeit verschwand, um anderen Einheitsbestrebungen Platz zu machen; der Norddeutsche Bund dagegen war im großen und ganzen schon eine Erfüllung der Einheitsbestrebungen; er war ein naher Vorbote des Deutschen Reichs von 1871, dessen Verfassung fast wörtlich mit der seinigen übereinstimmt. Der Mann aber, dem dieses Einigungswerk gelang, war Bismarck.

2. Der Norddeutsche Bund. Vorbereitet wurde die Gründung des Norddeutschen Bundes durch einen Bündnisvertrag zwischen den meisten norddeutschen Staaten, der auf Preußens Betreiben am 18. August 1866 in Berlin zustande kam, und dessen Artikel 5 lautete: „Die verbündeten Regierungen werden gleichzeitig mit Preußen die auf Grund des Reichswahlgesetzes vom 12. April 1849 vorzunehmenden Wahlen der Abgeordneten zum Parlament anordnen und letzteres gemeinschaftlich mit Preußen einberufen. Zugleich werden sie Bevollmächtigte nach Berlin senden, um . . . den Bundesverfassungsentwurf festzustellen, welcher dem Parlament zur Beratung und Vereinbarung vorgelegt werden soll." Die beiden Hauptfehler der Bundesakte von 1815 und der Reichsverfassung von 1849 wurden also vermieden: jene war ohne Beteiligung des Volkes zustande gekommen, diese über die Köpfe der Regierungen hinweg beschlossen worden, der Norddeutsche Bund sollte durch gemeinsame Arbeit von Regierung und Volk gegründet werden.

Bismarck arbeitete den Entwurf einer Verfassung des Norddeutschen Bundes aus und legte ihn den zum 15. Dezember 1866 nach Berlin berufenen Vertretern der 22 norddeutschen Regierungen vor. Die Regierungsvertreter berieten den Entwurf durch, änderten ihn in verschiedenen Punkten und nahmen den geänderten Entwurf am 7. Februar 1867 an. Der so festgestellte Entwurf sollte dem im Bündnisvertrage genannten Parlament vorgelegt werden.

Das Parlament war nach dem Bündnisvertrag vorerst ein Programm. Damit es Wirklichkeit wurde, mußten in den einzelnen Staaten zunächst Wahlgesetze ergehen. Dies geschah in Preußen durch das „Wahlgesetz für den Reichstag des Norddeutschen Bundes" vom 15. Oktober 1866, das im § 1 bestimmte: „Zur Beratung der Verfassung und der Einrichtungen des Norddeutschen Bundes soll ein Reichstag gewählt werden." Ebenso ergingen Wahlgesetze in den übrigen Staaten. Wer genauer zusieht, merkt, daß hiermit das Programm des Bündnisvertrages nur zum Teile verwirklicht wurde. Nach dem Bündnisvertrag sollte der Reichstag den Verfassungsentwurf beraten und vereinbaren. Nach den Wahlgesetzen sollte der Reichstag nur für die Beratung zuständig sein. Braunschweig allein ermächtigte seine Abgeordneten zur Mitwirkung schlechthin.

Die Wahlen fanden am 12. Februar 1867 statt. Am 24. Februar trat der Reichstag in Berlin zusammen. Er beriet den Regierungsentwurf durch und hat ihn vielfach verbessert. So war es der Reichstag, der, einem Antrage v. Bennigsens entsprechend, dem Bundeskanzler die Stellung eines verantwortlichen Reichsministers gab. Am 16. April wurde der geänderte Entwurf angenommen, tags darauf stimmten ihm auch die verbündeten Regierungen zu.

Nach einer Vereinbarung der verbündeten Regierungen sollte die Verfassung am 1. Juli in Kraft treten. Damit dies möglich wurde, war aber noch ein Akt der Gesetzgebung in jedem einzelnen Staate, Braunschweig ausgenommen, nötig, da ja die Staaten ihre Abgeordneten nur zur Beratung, nicht auch zur Vereinbarung der Verfassung ermächtigt hatten. Auch dies Erfordernis wurde erfüllt, in Preußen durch das Publikationspatent vom 24. Juni 1867, in den übrigen Staaten durch entsprechende Gesetze. Damit waren alle Hindernisse hinweggeräumt, die dem Inkrafttreten der Verfassung im Wege standen. Der „Allerhöchste Erlaß vom 14. Juli 1867, betreffend die Ernennung des Präsidenten des Staatsministeriums und Ministers der auswärtigen Angelegenheiten, Grafen von Bismarck-Schönhausen, zum Bundeskanzler des Norddeutschen Bundes" war die erste Tat, durch die der Norddeutsche Bund seine Wirklichkeit bekundete.

Im Gegensatze zum D. B. war der Norddeutsche Bund ein Staat, und zwar ein Bundesstaat, nicht wie jener ein bloß auf völkerrechtlichen Bindungen beruhender Staatenbund. Während sich die sog. Bundesgesetze des Deutschen Bundes nur an die einzelnen Staaten richteten und gegen widersprechende Landesgesetze nichts vermochten, übte der Norddeutsche Bund nach Art. 2 der Verfassung „das Recht der Gesetzgebung nach Maßgabe des Inhalts dieser Verfassung und mit der Wirkung aus, daß die Bundesgesetze den Landesgesetzen vorgehen. Die Bundesgesetze erhalten ihre verbindliche Kraft durch ihre Verkündigung von Bundeswegen, welche vermittelst eines Bundesgesetzblattes geschieht". Im Deutschen Bunde konnte nach Art. 7 der Bundesakte bei „Abänderung der Grundgesetze ... weder in der engeren Versammlung, noch in Pleno ein Beschluß durch Stimmenmehrheit gefaßt werden". Art. 78 der Norddeutschen Bundesverfassung dagegen bestimmte: „Veränderungen der Verfassung erfolgen im Wege der Gesetzgebung, jedoch ist zu denselben im Bundesrate eine Mehrheit von zwei Dritteln der vertretenen Stimmen erforderlich". Eine Verfassungsänderung wäre vor allem auch die Auflösung des Norddeutschen Bundes gewesen; auch sie war nur auf dem Wege der Bundesgesetzgebung möglich. Der Deutsche Bund dagegen als völkerrechtlicher Verein konnte durch Übereinkunft sämtlicher Regierungen aufgelöst werden, ohne daß zu diesem Zwecke der Bundestag zusammentrat; ja er konnte, wie Preußens Vorgehen 1866 lehrte, durch einseitige Erklärung eines seiner Mitglieder aufgelöst werden, wenn dies

Mitglied in der Lage war, den andern Mitgliedern einen schweren Bruch des Bundesvertrages vorzuwerfen.

Die Gründung des neuen Staates „Norddeutscher Bund" war auf völlig gesetzlichem Wege vor sich gegangen. Trotzdem war die rechtliche Beurteilung des Hergangs Gegenstand lebhafter Meinungsverschiedenheiten. Da die Beurteilung der Staatsumwälzung von 1918 ähnlichen Schwierigkeiten begegnet, sei hierüber ein kurzes Wort gesagt. Schwierigkeit bereitete die Frage, wie überhaupt aus dem übereinstimmenden Willen mehrerer Staaten ein neuer Gesamtstaat entstehen kann. Kraft wessen Willens besteht der neue Staat? Kraft des Willens der Einzelstaaten? Dann müßte er durch den übereinstimmenden Willen der Einzelstaaten, also durch gleichlautende Landesgesetze wieder aufgelöst werden können. Das konnte er aber nicht. Oder kraft Völkerrechts? Das Völkerrecht beschränkt aber nur das Dürfen der Staaten, nie ihr Können den eigenen Bürgern gegenüber. Der Norddeutsche Bund aber konnte Gesetze erlassen, die den einzelstaatlichen Gesetzen vorgingen, widersprechende Landesgesetze also ungültig machten. Oder kraft Bundesrechts? Hiergegen wandte man ein, daß erst der Norddeutsche Bund da sein mußte, ehe es ein Norddeutsches Bundesrecht gab, daß aber gerade die Gründung des Norddeutschen Bundes bewiesen werden solle.

Über all diese Schwierigkeiten hilft eine einfache Erwägung. Wann sprechen wir überhaupt von einem Staate? Wenn Menschen unter einer ursprünglichen, d. h. auf sich selbst gestellten Gewalt zusammenleben. Wie diese Gewalt entsteht, ob durch Eroberung oder durch freiwillige Unterwerfung, ist für das Wesen des Staates gleichgültig. Überall, wo eine auf sich selbst gestellte Gewalt vorhanden ist, sprechen wir eben von einem Staate. Eine solche auf sich selbst gestellte Gewalt besaß aber der Norddeutsche Bund. Das norddeutsche Gesamtvolk, dargestellt durch den verfassungberatenden Reichstag, die norddeutschen Regierungen und die norddeutschen Landtage waren damit einverstanden, daß unter dem Präsidium Preußens von nun an ein Bundesrat und ein Reichstag eine neue Staatsgewalt ausüben sollten. Auf dieser Grundlage traten die neuen Organe in Tätigkeit, auf dieser Grundlage vermochten sie sich durchzusetzen. Für das weitere Bestehen des Norddeutschen Bundes war es aber unwesentlich, ob einzelne Staaten und deren Einwohner ihm fernerhin gehorchen wollten oder nicht. Einmal entstanden, war der Norddeutsche Bund losgelöst von dem Willen seiner Gründer. Er war auf sich selbst gestellt, und deshalb war er ein Staat.

3. Die Reichsgründung. Bismarcks größte Tat, die Gründung des Deutschen Reiches, vollzog sich in ähnlichen Formen wie die des Norddeutschen Bundes, nur daß der Norddeutsche Bund als Gesamtmacht und nicht die einzelnen norddeutschen Staaten bei der Gründung mitwirkten. Durch den Zoll- und Handelsverein wirtschaftlich und organisatorisch mit dem Norden verbunden, durch Schutz- und Trutzbündnisse aus dem Jahre 1867 Preußen verpflichtet, nahmen die süddeutschen Staaten Bayern, Württemberg, Baden und Hessen auch mit seiner südlichen Gebietshälfte am Kriege gegen Frankreich teil. In der zweiten Hälfte des Oktobers 1870 traten Vertreter sämtlicher süddeutschen Staaten in Versailles zusammen, um über die Gründung eines „Deutschen Bundes" zu verhandeln. Nicht weniger als vier Verträge wurden geschlossen: einer in Versailles am 15. November zwischen dem Norddeutschen Bunde, Baden und Hessen; einer in Berlin am 25. November zwischen dem Norddeutschen Bunde, Baden und Hessen einerseits und Württemberg andererseits; einer in Versailles am 23. November zwischen dem Norddeutschen Bunde und Bayern; endlich einer in Berlin am 8. Dezember 1870 zwischen dem Norddeutschen Bunde, Bayern, Württemberg, Baden und Hessen. Nach diesen Verträgen wurde die Norddeutsche Bundesverfassung mit einigen Änderungen und Vorbehalten zu einer Verfassung des „Deutschen Bundes" umgestaltet; die Verfassung sollte am 1. Januar 1871 in Wirksamkeit treten; die Vertragsparteien erteilten „sich deshalb gegenseitig die Zusage, daß sie unverzüglich den gesetzgebenden Faktoren des Norddeutschen Bundes, bzw. Badens und Hessens (Württembergs, Bayerns), zur verfassungsmäßigen Zustimmung vorgelegt und, nach Erteilung der Zustimmung, im Laufe des Monats Dezember ratifiziert werden" sollte. Der Norddeutsche Bund, Württemberg, Baden und Hessen kamen dem Versprechen pünktlich nach; die Verträge wurden vor dem 1. Januar 1871 von den verschiedenen Volksvertretungen und dem Bundesrat des Norddeutschen Bundes genehmigt und darauf von den Regierungen ratifiziert. Nur in Bayern machte der Landtag Schwierigkeiten. Erst am 21. Januar 1871 genehmigte die zweite Kammer den Vertrag mit 102 gegen 48 Stimmen — einer sehr geringen Mehrheit, da der Beschluß eine Zweidrittelmehrheit erforderte. Am 29. Januar 1871 ratifizierte Bayern.

Noch vor dem 1. Januar 1871 hatte der Bundesrat im Einverständnis mit den süddeutschen Regierungen beschlossen, dem Deutschen Bunde den Namen „Deutsches Reich", und dem Präsidium des Bundes den Namen „Deutscher Kaiser" zu geben. Eine entsprechende Gesetzesvorlage ging dem Reichstag unter dem 9. Dezember 1870 zu und wurde am 10. Dezember angenommen.

In der Erinnerung des Volkes lebt als Gründungstag des Deutschen Reiches der 18. Januar 1871 fort, der Tag der Kaiserproklamation in Versailles, und diese volkstümliche Auffassung verdient hier vor der rein rechtlichen den Vorzug. Denn der Jurist müßte zwischen zwei Gründungstagen schwanken: dem 1. Januar 1871, an dem die Reichsverfassung eigentlich in Kraft treten sollte, und dem 29. Januar 1871, an dem sie wirklich in Kraft trat, da Bayern so lange mit der Ratifikation gezögert hatte.

Alsbald nach der Reichsgründung mußte der Text der Reichsverfassung einer einheitlichen Durchsicht unterzogen werden, da er vorerst auf den verschiedenen Verträgen vom Spätherbst 1870 beruhte. Es geschah dies durch das Gesetz, betreffend die Verfassung des Deutschen Reiches vom 16. April 1871. Unter diesem Datum hat die Verfassung trotz vielfacher Änderungen bis zum 9. November 1918 bestanden.

Ehe Bismarcks Verfassung geschildert wird, sei auf einige Bücher hingewiesen, die ein genaues Eindringen in die neuere deutsche Verfassungsgeschichte ermöglichen. Der Staatsrechtslehrer Georg Meyer gibt in seinem Lehrbuch des deutschen Staatsrechts (7. Aufl., bearbeitet von Anschütz, 1919) eine ausführliche Geschichte des deutschen Staatsrechts von der Zeit des alten Deutschen Reiches an (§§ 19ff.). Noch umfassender ist die „Deutsche Verfassungsgeschichte vom 15. Jahrhundert bis zur Gegenwart" des Historikers Fritz Hartung (2. Aufl., 1922). Die Zeit von 1866 bis 1871 wird geschildert u. a. in dem berühmten Werke über Bismarcks Staatsrecht, dem „Staatsrecht des Deutschen Reiches" von Paul Laband (1. Bd., 5. Aufl., 1911, §§ 1 ff.). Die lebhafteste Anschauung von der Vergangenheit empfängt man jedoch durch das Studium der Quellen. Bis zur Wiener Schlußakte von 1820 reicht die „Quellensammlung zur Geschichte der deutschen Reichsverfassung in Mittelalter und Neuzeit" von Karl Zeumer (in den Quellensammlungen zum Staats-, Verwaltungs- und Völkerrecht, herausg. von Triepel, 2. Aufl., 1913). Von der Rheinbundsakte über die deutsche Bundesakte, die Wiener Schlußakte, die Einheitsbestrebungen von 1848—50, die Gründung des Norddeutschen Bundes und des Deutschen Reichs bis zur Verfassungsurkunde vom 16. April 1871 mit ihren späteren Änderungen führen die „Deutschen Staatsgrundgesetze in diplomatisch genauem Abdrucke", herausgegeben von Binding, Heft III 1893, Heft II, 4. Aufl., 1914, Heft I (Größere Ausgabe), 6. Aufl., 1912. Das Wirken des Deutschen Bundes tritt uns lebendig entgegen im Corpus Iuris Confoederationis Germanicae, herausg. von Ph. A. Guido von Meyer, ergänzt von Zoepfl (2 Teile, 3. Aufl., 1858/59, 3. Teil, 1869), während die „Quellensammlung zum deutschen öffentlichen Recht seit 1848" von P. Roth und H. Merck (2 Bände 1850/52) und die „Quellen und Aktenstücke zur deutschen Verfassungsgeschichte" von C. Weil (1850) das Zwischenspiel der Jahre 1848—50 beleuchten. Seit 1860 aber erscheint der „Europäische Geschichtskalender" von H. Schultheß, der es dem Leser gestattet, längst vergangene Zeiten wie durch das Lesen einer Zeitung als nahes Geschehen zu erleben. Ihm nachgebildet ist der seit 1904 erscheinende „Deutsche Geschichtskalender". Für die Gründungsgeschichte seien noch erwähnt v. Bismarck, Gedanken und Erinnerungen (Bd. 1 u. 2, 1898), L. Hahn, Zwei Jahre preußisch-deutscher Politik 1866—1867 (Berlin 1868), E. Bezold, Materialien zur deutschen Reichsverfassung (3 Bände 1872/73) und E. Brandenburg, Die Reichsgründung (2 Bände, 1915/16) nebst Untersuchungen und Aktenstücken zur Geschichte der Reichsgründung (1916). Für das Staatsrecht der Bismarckschen Verfassung endlich genüge der Hinweis auf die schon erwähnten Lehrbücher von G. Meyer-Anschütz und Laband, von welch letztem auch eine kleinere Ausgabe unter dem Titel „Deutsches Reichsstaatsrecht" (7. Aufl., 1919) besteht, ferner auf das „Deutsche Staatsrecht" von Albert Haenel (1. Bd., 1892), das „Staatsrecht des Deutschen Reiches" von Ph. Zorn (2. Aufl., 1. u. 2. Bd., 1895—1897), das „Deutsche Staatsrecht" von Anschütz (in der Enzyklopädie der Rechtswissenschaft, 7. Aufl., Bd. IV, 1914), den „Commentar zur Verfassungs-Urkunde für das Deutsche Reich" von Max von Seydel (2. Aufl., 1897), die „Quellensammlung zum Deutschen Reichsstaatsrecht" von H. Triepel (2. Aufl., 1907) und des gleichen Verfassers lehrbuchartige Einzeluntersuchung „Die Reichsaufsicht" (1917).

4. Die Verfassung Bismarcks. Daß Bismarck die Einigung Deutschlands zu einem mächtigen Reiche gelang, war seinem glücklichen Wirklichkeitssinne zu danken. Selten wohl war eine Verfassung so sehr der Ausdruck der in einem Gemeinwesen tätigen Kräfte, Einrichtungen und Bestrebungen wie Bismarcks Reichsverfassung. Allerdings mutet ihre äußere Form nicht sonderlich an, hierin ist ihr die Weimarer Verfassung sicher überlegen. Dafür gibt es in ihr nicht jenes Auseinanderfallen von Idee und Wirklichkeit, das der Weimarer Verfassung eigentümlich ist.

Die Kräfte, Einrichtungen und Bestrebungen, die Bismarck zu berücksichtigen hatte, waren der Unitarismus, der Föderalismus und der Partikularismus einerseits, der monarchische Gedanke und die Demokratie andererseits. Der Unitarismus, das Streben nach dem Einheitsstaate, lag der Bewegung von 1848/49 zugrunde; ebenso kam die Demokratie, die Herrschaft des Volkes, in der Allgewalt des Reichstags der Verfassung von 1849 zum Ausdruck. Neben diesen Bestrebungen gab es aber noch die altangestammte Monarchie in den Königreichen, Großherzogtümern, Herzogtümern und Fürstentümern, also in allen deutschen Staaten außer den freien Städten, die zwar durch Landtage beschränkt, aber trotzdem den Landtagen übergeordnet war und daher eine Unterordnung unter einen demokratischen Reichstag nicht ertragen hätte. Die monarchische Staatsform begünstigte den Partikularismus, d. h. das bekannte Bestreben der deutschen Stämme, ganz ihrer Eigenart zu leben. War diese deutsche Eigentümlichkeit zu schonen, so waren doch die partikularen Kräfte zur gemeinsamen Arbeit zusammenzufassen, indem jedem Staate Anteil an der Reichsgewalt gegeben wurde. Bei dieser Zusammenfassung der deutschen Staaten zu bundesmäßiger Betätigung (Föderalismus) mußte jedoch auf die Bedeutung der einzelnen Staaten Rücksicht genommen werden. Der weitaus größte und mächtigste Staat, Preußen, mußte auch verfassungsrechtlich die übrigen Staaten überragen; diese Führerschaft Preußens, die preußische Hegemonie, war also eine weitere Frage, die in der Verfassung zu lösen war.

Die eben geschilderten Kräfte, Einrichtungen und Bestrebungen fanden ihren Ausdruck in den obersten Reichsorganen und in dem Verhältnis des Reichs zu den Einzelstaaten.

Unter den obersten Reichsorganen versteht man die Reichsorgane, die an der Bildung des höchsten Reichswillens mitzuwirken berufen sind. Die Erscheinungsform des höchsten Reichswillens aber ist das Gesetz, das Verfassungsgesetz insbesondere. Ein Reichsgesetz kam nach Bismarcks Verfassung dadurch zustande, daß Bundesrat und Reichstag es übereinstimmend beschlossen und der Kaiser mit Gegenzeichnung des Reichskanzlers es ausfertigte und verkündete. Also waren oberste Reichsorgane der Bundesrat, der Kaiser, der Reichstag und der Reichskanzler.

Der Bundesrat bestand „aus den Vertretern der Mitglieder des Bundes" (Art. 6). Er war eine Versammlung von Regierungsvertretern und ähnelte darin außerordentlich dem alten Bundestag in Frankfurt a. M. Jeder Staat führte mindestens eine Stimme, die größeren Staaten führten deren mehrere; doch war durch eine geschickte Ausnutzung einer historischen Erinnerung dafür gesorgt, daß Preußen nur 17 Stimmen von 58 führte, obgleich ihm nach seiner Größe mehr als die Hälfte aller Stimmen zukam, eine politische Unmöglichkeit, da Preußen die übrigen Staaten dann jedesmal überstimmen konnte. Bayern führte sechs Stimmen, Sachsen und Württemberg je vier, Baden und Hessen je drei, Mecklenburg-Schwerin und Braunschweig je zwei, die übrigen Staaten je eine Stimme. Die Bundesratsbevollmächtigten stimmten nach Weisungen ihrer Regierungen ab, die Stimmen eines Staates konnten nur einheitlich abgegeben werden. Die Staaten selbst stimmten also im Bundesrat ab; dadurch unterschied sich der Bundesrat wesentlich vom Staatenhaus der Verfassung von 1849; eben dadurch kam im Bundesrat in vollendeter Form der Föderalismus zum Ausdruck, jenes Beteiligtsein der Einzelstaaten an der Bildung des gesamtstaatlichen Willens. Den Vorsitz im Bundesrat führte Preußen, vertreten durch den Reichskanzler (Art. 15); bei Verhinderung Preußens sollte Bayern den Vorsitz führen (Schlußprotokoll des Versailler Vertrags vom 23. Nov. 1870 Ziff. IX).

Die Beratung und Abstimmung im Bundesrat war genau wie im Frankfurter Bundestage geheim. Auch die Protokolle wurden nicht veröffentlicht. Die Anträge wurden von den einzelnen Staaten gestellt, Anträge des Reichs kannte die Verfassung nicht (Art. 7 Abs. 2), doch bildete sich allmählich die Einrichtung der kaiserlichen Initiativanträge aus, d. h. von Anträgen, die die Reichsregierung, nicht Preußen stellte, eine Wandlung der Verfassung im unitarischen Sinne. Bei der Abstimmung entschied von Rechts wegen in der Regel die Mehrheit; auch Preußen also konnte überstimmt werden und wurde z. B. am 28. Februar 1877 überstimmt bei der Frage, ob das Reichsgericht seinen Sitz in Leipzig oder in Berlin haben sollte. Tatsächlich kamen allerdings Mehrheitsbeschlüsse selten vor, da es Bismarcksche Tradition war, Gegensätze im Bundesrat möglichst durch gütliche Vereinbarungen zu überbrücken und auf diese Weise zu einstimmigen Beschlüssen zu gelangen. War dies föderalistisch gedacht, so offenbarte sich in andern Bestimmungen die Hegemonie Preußens und der Partikularismus namentlich der süddeutschen Staaten. Wenig besagt es, daß bei Stimmengleichheit Preußen den Ausschlag gab (Art. 7 Abs. 3). Gegen Preußens Stimme konnte aber auch kein Gesetzentwurf über das Militärwesen, die Marine, die Zölle und die Verbrauchssteuern und keine Verordnung über die beiden zuletzt genannten Gegenstände durchgehen (Art. 5 Abs. 2, Art. 37). Auch Verfassungsänderungen scheiterten am Widerspruche Preußens; denn Verfassungsänderungen waren abgelehnt, wenn sie im Bundesrate 14 Stimmen gegen sich hatten (Art. 78 Abs. 1); Preußen verfügte aber über 17 Stimmen. Allerdings war dies kein Vorrecht Preußens, auch andere Staaten, z. B. die drei anderen Königreiche, konnten vereint eine Verfassungsänderung zum Scheitern bringen, aber eben nur vereint, während Preußens Nein den Versuch einer Verfassungsänderung ohne weiteres erledigte. Nur bei den Sonderrechten eines Staates, von denen die meisten zurückbehaltene Rechte aus der Zeit vor der Reichsgründung, sog. Reservatrechte, waren, machte Art. 78 Abs. 2 eine Überstimmung selbst des kleinsten Staates unmöglich. „Diejenigen Vorschriften der Reichsverfassung," heißt es dort, „durch welche bestimmte Rechte einzelner Bundesstaaten in deren Verhältnis zur Gesamtheit festgestellt sind, können nur mit Zustimmung des berechtigten Bundesstaates abgeändert werden." Gedacht war an die Rechte Bremens und Hamburgs auf einen Freihafen, vor allem aber an das Recht der süddeutschen Staaten auf eigene Besteuerung des Biers und des Branntweins, an die Sonderstellung der bayerischen und der württembergischen Post und an die weitgehenden Sonderrechte Bayerns auf dem Gebiete des

Heerwesens. Dieser partikularistischste Artikel der Reichsverfassung konnte es sogar zweifelhaft machen, ob das Reich wirklich souverän war, wie die Mehrheit der Staatsrechtslehrer annahm. Die Frage dürfte trotzdem zu bejahen sein, da über die Vorfrage, ob ein Sonderrecht, ja auch ob eine Verfassungsänderung vorlag, der Bundesrat nach der Überlieferung des Frankfurter Bundestags mit einfacher Mehrheit zu entscheiden hatte (Bundesakte Art. VII Abs. 1).

Zuständig war der Bundesrat vor allem auf dem Gebiete der Gesetzgebung. Er beschloß „über die dem Reichstage zu machenden Vorlagen und die von demselben gefaßten Beschlüsse" (Art. 7 Abs. 1 Ziff. 1). Er hatte also bei Gesetzesvorlagen immer das letzte Wort, ob sie nun aus der Mitte des Reichstags oder von ihm selbst im Reichstag eingebracht waren. Man nannte dies sein Sanktionsrecht. Außerdem erließ er die zur Ausführung der Reichsgesetze erforderlichen Verwaltungsvorschriften und war auch an der Verwaltung im einzelnen, namentlich an der Finanzverwaltung, beteiligt. Auch bei der Ausübung der Reichsaufsicht über die Einzelstaaten lag der Schwerpunkt in seiner Tätigkeit (Art. 7 Abs. 1 Ziff. 3, Art. 19). Da erhebt sich naturgemäß die Frage, wem der Bundesrat für seine Handlungen und Unterlassungen verantwortlich war; denn nur das absolute Königtum kennt eine Regierung, die niemand Rechenschaft schuldig ist; der Bundesrat aber war Reichsregierung, wenigstens ein wichtiger Zweig von ihr, und einem absoluten Staate glich das Deutsche Reich angesichts des Reichstags sicher nicht. Da die Bundesratsmitglieder nach Weisungen abstimmten, schied eine Verantwortlichkeit dem Reichstag gegenüber ohne weiteres aus. Also hafteten die Bundesratsbevollmächtigten zunächst ihren Auftraggebern gegenüber wegen Innehaltung der Weisungen. Auftraggeber aber waren die einzelstaatlichen Minister, und diese waren für den Inhalt der Weisungen ihrem Landtage gegenüber verantwortlich. So kam es, daß die Politik des Reichs vielfach in den Landtagen kritisch besprochen, gelobt und getadelt wurde. Auch das Volk in den einzelnen Ländern war auf diese Weise mittelbar an der Bildung des Reichswillens beteiligt.

Der Kaiser. Neben der bundesrätlichen Regierung gab es die des Kaisers. Bedenkt man, daß die Verfassung des Norddeutschen Bundes und zunächst auch die mit den süddeutschen Staaten vereinbarte des „Deutschen Bundes" nur ein „Präsidium" kannte, und die Benennung des Präsidiums mit dem Namen „Deutscher Kaiser" (Art. 11) sachlich nichts ändern konnte und wollte, so wird man es begreiflich finden, daß man in der Wissenschaft dem Deutschen Kaiser die Bedeutung eines Reichsmonarchen fast durchweg absprach. Selbstverständlich war der Deutsche Kaiser als König von Preußen Monarch im echten Sinne des Wortes, aber nicht als Deutscher Kaiser. Denn dem Kaiser stand nur „die Ausfertigung und Verkündigung der Reichsgesetze" zu; vom Bundesrat und vom Reichstag beschlossene Gesetze mußte er ausfertigen und verkünden; es war nicht seinem Ermessen anheimgegeben, dem Gesetzentwurf die Sanktion zu erteilen oder zu versagen. Selbst Verfassungsgesetze machten keine Ausnahme. Hatte er ihnen als König von Preußen im Bundesrat zugestimmt, so war er als Deutscher Kaiser an sie gebunden, und gerade dies vertrug sich nicht mit der Stellung eines Monarchen. Wenn der Kaiser trotzdem für das Volksbewußtsein mehr war als der Vorsitzende eines Fürstenbundes, so hing dies mit dem Namen „Kaiser", wesentlich aber auch mit dem Glanze zusammen, den ihm die Krone Preußens verlieh. Der Deutsche Kaiser war notwendig zugleich König von Preußen (Art. 11), hinter ihm stand also der mächtigste Staat des Deutschen Reiches. Es war daher eine verfassungsrechtliche Unmöglichkeit, wenn Wilhelm II. im November 1918 gesonnen war, als Deutscher Kaiser abzudanken, nicht aber als König von Preußen.

So gering die Beteiligung des Kaisers am Zustandekommen eines Reichsgesetzes war, so wichtig waren seine sonstigen Befugnisse. Dem Kaiser stand es zu, „den Bundesrat und den Reichstag zu berufen, zu eröffnen, zu vertagen und zu schließen" (Art. 12). Während der Bundesrat sehr bald eine ständige Versammlung wurde, behielt der Kaiser die genannten Befugnisse dem Reichstag gegenüber bis zuletzt. Zur Auflösung des Reichstags war „ein Beschluß des Bundesrates unter Zustimmung des Kaisers erforderlich" (Art. 24). Vermochte der Kaiser auf diese Weise die Gesetzgebung mittelbar zu beeinflussen, so konnte er in das bestehende Recht unmittelbar durch Verhängung des Kriegszustandes (Art. 68) und dort eingreifen, wo ihm die Gesetze ein Verordnungsrecht einräumten. Vor allem aber waren die kaiserlichen Befugnisse bedeutend auf dem Gebiete der Verwaltung. Der Kaiser ernannte die Reichsbeamten (Art. 18). Die auswärtige Verwaltung, die Marine und das Heer waren ihm ausschließlich unterstellt (Art. 11, 53, 63), das Heer allerdings mit einigen partikularistischen Ausnahmen. Auch die obere Leitung der Post- und Telegraphenverwaltung gehörte dem Kaiser an (Art. 50). In Reichsangelegenheiten übte er das Begnadigungsrecht aus (Strafprozeß-O. a. F. § 485). An der Handhabung der Reichsaufsicht gegenüber den Einzelstaaten war er neben dem Bundesrat beteiligt (Art. 17, 19).

Nach Art. 43 der Preußischen Verfassungsurkunde war die Person des Königs unverletzlich. Obgleich die Reichsverfassung keine entsprechende Bestimmung für den Kaiser enthielt, war es doch selbstverständlich, daß der Kaiser nicht zur Verantwortung gezogen werden konnte; es wurde nicht einmal für zulässig gehalten, im Reichstag den Kaiser zum Gegenstande der Erörterungen zu machen. Die notwendige Folge davon war die Schaffung einer Stelle, die für die Handlungen des Kaisers die Verantwortung übernahm: des Reichskanzlers. Nach Art. 17 bedurften die „Anordnungen und Verfügungen des Kaisers ... zu ihrer Gültigkeit der Gegenzeichnung des Reichskanzlers, welcher dadurch die Verantwortlichkeit übernimmt". Der Kaiser konnte also keinen Regierungsakt vornehmen, ohne daß der Reichskanzler seine rechtlich freie Zustimmung dazu gab. Zwei Willen waren erforderlich; nur bei Unterlassungen entschied der Kaiser allein. Aus dieser Gebundenheit löste sich aber der Kaiser in seiner Eigenschaft als Oberster Kriegsherr. Wenn der Kaiser als höchster Offizier etwas anordnete, würde es den preußischen Überlieferungen widersprochen haben, wenn ihm ein Zivilist, der doch der Reichskanzler war, darein geredet hätte. Wenn sich daher der Reichstag über eine militärische Angelegenheit ereiferte, etwa die Bevorzugung der Adeligen bei den Offiziersernennungen, so wurde ihm erwidert, dies sei eine Angelegenheit der Allerhöchsten Kommandogewalt, für die weder der Reichskanzler noch seine Gehilfen noch sonst jemand verantwortlich sei. Erst wenige Tage vor der Revolution, am 28. Oktober 1918, wurde der Gegenzeichnungszwang auch für militärische Akte eingeführt. Während des Krieges bestand noch die schrankenlose, an die Zeiten des absoluten Staates erinnernde Befehlsgewalt des Kaisers über Heer und Marine, die einen nicht sehr willensstarken Reichskanzler zur Ohnmacht gegenüber der Obersten Heeres- und Marineleitung und gegenüber den Kommandierenden Generälen im Innern verurteilte.

Der Reichstag. Im Deutschen Kaiser verkörperte sich der Föderalismus, der Unitarismus, die preußische Hegemonie und der monarchische Gedanke in einer Person. Das rein unitarische und zugleich demokratische Organ des Deutschen Reichs war der Reichstag. Wohl wurde bei der Einteilung des Reichs in Wahlkreise auf die Landesgrenzen Rücksicht genommen, in jedem Staate wurde eine bestimmte Zahl von Abgeordneten, mindestens einer, gewählt (Art. 20, Wahlgesetz vom 31. Mai 1869 § 5), doch waren die Mitglieder des Reichstags „Vertreter des gesamten Volkes und an Aufträge und Instruktionen nicht gebunden" (Art. 29). Die Wahlen zum Reichstag waren allgemein, direkt und geheim; sie waren auch gleich, obwohl dies in der Verfassung nicht ausdrücklich stand. Allgemein: alle Deutschen, die das 25. Lebensjahr zurückgelegt hatten, konnten wählen, doch wählten die Frauen nicht, auch die geistig, gesellschaftlich und sittlich Belasteten waren vom Wahlrecht ausgeschlossen. Gleich: jeder Wähler hatte das gleiche Stimmgewicht, niemand konnte mehr als eine Stimme abgeben, tatsächlich allerdings waren die Wähler in den dichter bevölkerten Wahlkreisen benachteiligt, da der Einfluß des einzelnen Wählers auf das Wahlergebnis hier rechnerisch geringer war als in den Wahlkreisen mit geringerer Bevölkerungszahl. Direkt: die Wähler gaben ihre Stimme unmittelbar für den Abgeordneten ab, nicht für einen Wahlmann, der dann später zusammen mit den übrigen Wahlmännern den Abgeordneten gewählt hätte. Geheim: die Stimme wurde schriftlich in einem Umschlage abgegeben. Die Reichstagswahl war also in vielem ein Gegenstück zur preußischen Landtagswahl, die, auf dem Dreiklassenwahlrecht beruhend, zwar auch allgemein war, aber weder gleich, noch direkt, noch geheim. Die Wahl war ferner Einzelwahl und Mehrheitswahl. In jedem Wahlkreis wurde nur ein Abgeordneter gewählt, und nur der war gewählt, der mehr als die Hälfte der abgegebenen Stimmen auf sich vereinigte. Hatte kein Bewerber diese Mehrheit auf sich vereinigt, mußte eine Stichwahl zwischen den beiden aussichtsreichsten Bewerbern stattfinden. Dies System hatte den Vorzug, daß sich der Wähler für die Person des künftigen Abgeordneten, wenn auch als eines Parteimannes, erwärmte und nicht bloß für eine Parteiliste abstimmte, wie dies heute der Fall ist.

Auf dem Reichstage der Verfassung von 1849 sollte die gesamte Macht des Deutschen Reiches ruhen, eingeschränkt durch Bestimmungen, die der Reichstag selbst wieder beseitigen konnte. So demokratisch war der Reichstag der Bismarckschen Verfassung nicht und sollte es auch nicht sein. Nach der Verfassung lag das Schwergewicht beim Bundesrat und beim Kaiser. Ohne den Kaiser konnte der Reichstag nicht zusammentreten, der Kaiser eröffnete, vertagte und schloß ihn, im Verein mit dem Bundesrat konnte er ihn vorzeitig auflösen, so oft er wollte. Bei der Gesetzgebung allerdings war die Mitwirkung des Reichstags unbedingt erforderlich, aber auch hier war, wie gezeigt, der Bundesrat insofern bevorzugt, als er das letzte Wort hatte. Vor allem konnte der Reichstag fast nie unmittelbar nach außen wirken. Selbst wenn er für die Prüfung seiner eigenen Wahlen einen Zeugen vernehmen wollte, mußte er sich an das Reichsamt des Innern wenden, das das Nötige veranlaßte; unmittelbar vor die Wahlprüfungskommission laden konnte er den Zeugen nicht. Wenn der Reichstag trotzdem tatsächlich nicht einflußlos war, so hing dies damit zusammen, daß er als Volksvertretung weit volkstümlicher war als der im öffentlichen Leben wenig beachtete Bundesrat und daß er durch allerlei Mittel der Regierung recht unangenehm werden konnte.

Der Reichskanzler. Das Bindeglied nämlich zwischen dem Reichstag und der kaiserlichen Regierung bildete der Reichskanzler, der dem Reichstag verantwortliche Minister des Kaisers, der Minister des Reichs, nicht ein Minister unter vielen. Obgleich die Stellung des Reichskanzlers als Minister ursprünglich gar nicht in der Absicht Bismarcks lag, vielmehr erst jenem Antrage v. Bennigsens im verfassungberatenden Norddeutschen Reichstage ihr Dasein verdankt, war doch der Reichskanzler der Bismarckschen Verfassung ganz auf die überragende Persönlichkeit Bismarcks zugeschnitten. Der Reichskanzler hatte keine Kollegen, seine Gehilfen, die Staatssekretäre, standen unter ihm. Allerdings schuf das Reichsgesetz vom 17. März 1878 die Einrichtung des Vizekanzlers und der Sonderstellvertreter mit der Befugnis zur gültigen Gegenzeichnung. Aber ohne Antrag des Reichskanzlers konnte kein Stellvertreter ernannt werden, und dem Reichskanzler blieb vorbehalten, „jede Amtshandlung auch während der Dauer einer Stellvertretung selbst vorzunehmen“ (§ 3). Da der Reichskanzler zugleich preußischer Bevollmächtigter im Bundesrate war, war er kein rein unitarisches Organ des Reiches. Andererseits war er aber nicht notwendig preußischer Minister, so daß eine von der preußischen Politik losgelöste Reichspolitik, wenn nur der Kaiser zustimmte, sehr wohl möglich war.

Durch die Gegenzeichnung übernahm der Reichskanzler, in erster Linie dem Reichstage gegenüber, die Verantwortung für die kaiserlichen Regierungshandlungen. Über die Art der Geltendmachung dieser Verantwortung schwieg die Verfassung, schwiegen auch die späteren Gesetze. Die Anklage vor einem Staatsgerichtshof war nicht vorgesehen. Auch den Sturz des Reichskanzlers durch ein Mißtrauensvotum des Reichstags kannte weder die geschriebene, noch die ungeschriebene Verfassung. Als im Falle „Zabern" der Reichstag Anfang Dezember 1913 ein, wenn auch nicht ausdrückliches, Mißtrauensvotum beschloß, konnte sich der Reichskanzler mit einer ironischen Bemerkung darüber hinwegsetzen. Erst die nicht mehr in Kraft getretene Verfassungsänderung vom 28. Oktober 1918 bestimmte, daß der Reichskanzler zu seiner Amtsführung des Vertrauens des Reichstags bedürfe. So beschränkte sich die Befugnis des Reichstags auf die Einbringung großer und kleiner Anfragen; vor allem aber hatte es der Reichstag in der Hand, bei der Genehmigung des Reichshaushalts Schwierigkeiten zu machen und auf diese Weise einen Druck auf den Reichskanzler und dessen Gehilfen auszuüben.

Das Reich und die Einzelstaaten. Außer der Organisation des Reichs mußte das Verhältnis zwischen Reich und Einzelstaaten einen wichtigen Teil der Verfassung bilden.

Auf dem Gebiete der Gesetzgebung lag die Vollgewalt im Zweifel bei den Einzelstaaten. Wenn die Verfassung schwieg, war der Einzelstaat zuständig, einen Gegenstand durch Gesetz zu regeln; dem Reiche fehlte die Zuständigkeit. Daher mußten die Gegenstände der Reichsgesetzgebung in der Verfassung ausdrücklich aufgezählt werden (Art. 4), während sich die Gegenstände der Landesgesetzgebung von selbst verstanden. Allerdings waren wichtige Gebiete im Interesse der Einheitlichkeit dem Reiche zugewiesen, so vor allem das gesamte Justizrecht; aber auch der Einzelstaat behielt seine Zuständigkeit in wichtigen Angelegenheiten, so auf dem Gebiete der Verfassung und inneren Verwaltung, des Kirchen- und Schulwesens, des Beamtenrechts, des Siedelungswesens. Freilich stand dem Reiche eine Befugnis zu, die geeignet war, alle einzelstaatlichen Zuständigkeiten zu beseitigen: die Befugnis, durch Verfassungsänderung weitere Zuständigkeiten an sich zu ziehen, in unschöner Weise „Kompetenz-Kompetenz" genannt. So war dem Reich im Art. 4 Ziff. 13 ursprünglich nur die Befugnis zur gemeinsamen Gesetzgebung über das Obligationenrecht anvertraut; durch verfassungsänderndes Gesetz vom 20. Dezember 1873 wurde diese Befugnis auf das gesamte bürgerliche Recht ausgedehnt. Aber eben nur ein verfassungsänderndes Gesetz konnte solche Ausdehnungen anordnen, und Verfassungsänderungen gegen den Willen Preußens waren unmöglich. Der preußische Partikularismus konnte jede Zuständigkeitsverschiebung verhindern.

Auf dem Gebiete der Verwaltung und der Justiz waren die Zuständigkeiten zwischen Reich und Einzelstaaten so verteilt, daß es im vollen Umfange reichseigene Verwaltungszweige nur wenige gab; die Regel bildete die Vollzuständigkeit des Landes mit einem Überbau von Reichsbehörden in einigen Fällen. Reichseigen war die auswärtige Verwaltung; das Auswärtige Amt, die Gesandtschaften und die Konsulate waren Reichsbehörden; am Gesamtbild ändert auch nichts der Umstand, daß es den Einzelstaaten unbenommen war, eigene Gesandtschaften zu unterhalten. Reichseigen war die Kriegsmarine; Offiziere und Mannschaften waren kaiserlich, die Marinebeamten waren Reichsbeamte. Reichseigen war im wesentlichen die Post- und Telegraphenverwaltung; doch erstreckte sich diese Verwaltung nicht auf Bayern und — trotz der Briefmarkengemeinschaft — nicht auf Württemberg. Eine Reichseisenbahn gab es nur in Elsaß-Lothringen. Im übrigen lag der Schwerpunkt der Staatstätigkeiten bei den Einzelstaaten. Dies gilt namentlich für die Gebiete der Polizei, des Agrarwesens, der Kirchen und Schulen, der Finanzen, des Heerwesens und der Justiz. Das Reich hatte keine eigene Finanzverwaltung. Zwar wurden die reichsrechtlich eingeführten Zölle und Steuern für Rechnung des Reiches erhoben, aber eben nur für Rechnung des Reiches von Landesbehörden, nicht vom Reiche selbst. Neben diese äußerliche Abhängigkeit des Reichs von den Einzelstaaten trat noch eine viel schwerer wiegende sachliche: das Reich beschränkte sich dank einer zum Grundsatz gewordenen Überlieferung auf die Zölle und einen Teil der indirekten Steuern; jedenfalls verblieben die wichtigsten direkten Steuern: die Einkommen- und die Vermögenssteuer den Einzelstaaten. Kraft dieser Regelung war das Reich zur Deckung seines Bedarfs auf Beiträge der Einzelstaaten, sog. Matrikularbeiträge, angewiesen, die Jahr für Jahr durch den Reichshaushaltsplan, also im Wege der Gesetzgebung, unter unumgänglicher Beteiligung der im Bundesrate vertretenen Regierungen, bewilligt werden mußten. Ja, durch die sog. Franckensteinsche Klausel — Reichsges. vom 15. Juli 1879 § 8 — wurden die Einzelstaaten sogar an den Einnahmen des Reichs aus den Zöllen und der Tabaksteuer beteiligt, so daß das Reich auch bei günstiger Entwicklung seiner eigenen Einnahmen auf die Hilfe der Einzelstaaten angewiesen war. Das Reich hatte ferner kein eigenes Reichsheer, vielmehr bestand das Heer aus den Kontingenten der Einzelstaaten. Da die meisten Einzelstaaten ihre Kontingente durch Militärkonventionen dem preußischen angegliedert hatten, gab es ein preußisches, ein bayerisches, ein sächsisches und ein württembergisches Kontingent, das bayerische besonders selbständig, aber auch dieses im Kriege dem Oberbefehl des Kaisers unterstellt. Die Kosten des Heeres trug allerdings das Reich, es gab daher auch einen Reichsmilitärfiskus, daneben nur noch einen bayerischen Militärfiskus. Das Reich hatte endlich, um nur noch einen Punkt zu erwähnen, in den unteren Instanzen keine eigene Gerichtsbarkeit. Die Amtsgerichte, Landgerichte, Oberlandesgerichte waren, und sind noch heute, einzelstaatliche Gerichte. Allein das Reichsgericht übte ordentliche Gerichtsbarkeit des Reiches aus, in den meisten Fällen als oberste Rechtsmittelinstanz gegen Urteile der Oberlandesgerichte, Strafkammern und Schwurgerichte, nur in den Fällen eines gegen Kaiser oder Reich verübten Hoch- oder Landesverrats und des Verrats militärischer Geheimnisse als erste und zugleich letzte Instanz. Nur in eben diesen letztgenannten Fällen stand das Begnadigungsrecht dem Kaiser zu, während sonst der Landesherr, in den freien Städten der Senat, begnadigte.

Das Verhältnis zwischen Reich und Einzelstaat mußte endlich in der Reichsaufsicht zum Ausdruck kommen. Soweit sich die Zuständigkeit des Reichs zur Gesetzgebung erstreckte, soweit erstreckte sich auch seine Zuständigkeit zur Aufsicht über die Einzelstaaten (Art. 4). Von praktischer Bedeutung wurde diese Zuständigkeit namentlich dort, wo das Reich von seiner Befugnis zur Gesetzgebung bereits Gebrauch gemacht hatte und es sich darum handelte, die Durchführung des Reichsgesetzes zu sichern. Das Reichsvereinsgesetz vom 19. April 1908 z. B. setzte für das ganze Reichsgebiet die Vereinsfreiheit fest. Eine Ortspolizeibehörde verbietet unrechtmäßigerweise die Bildung eines Lotteriespielvereins. In welcher Form konnte das Reich seinem Gesetze Geltung verschaffen? Das einfachste wäre eine unmittelbare Weisung an die Ortspolizeibehörde gewesen. Diese unmittelbare Aufsicht wurde jedoch von der Verfassung abgelehnt, vielmehr mußte sich das Reich an die Regierung des Landes wenden, konnte also nur mittelbar auf jene Landesbehörde einwirken. Der Gang des Aufsichtsverfahrens war folgender: Der Reichskanzler ersuchte im Auftrage des Kaisers (Art. 17) die Landesregierung um Abstellung des reichsgesetzwidrigen Zustands. War die Landesregierung der Ansicht, hierzu nicht verpflichtet zu sein, und konnte sie den Reichskanzler von dieser Auffassung nicht überzeugen, so entschied der Bundesrat (Art. 7 Abs. 1 Ziff. 3). Beugte sich die Landesregierung auch nicht unter diese Entscheidung, so konnte der Bundesrat die „Exekution" beschließen (Art. 19). Durchzuführen war die Exekution vom Kaiser (Art. 19). Das Mangelhafte dieser Regelung springt in die Augen: das Reich war schwach, der Einzelstaat rechtlos. Da die Entscheidung beim Bundesrat lag, waren es die Einzelstaaten, die über die Reichsaufsicht maßgeblich beschlossen, und da der Kaiser zugleich König von Preußen war, war die Handhabung der Reichsaufsicht Preußen gegenüber schwer denkbar. Andrerseits war der Einzelstaat nur durch das Pflichtbewußtsein der Mitglieder des Bundesrats geschützt; er konnte kein Gericht anrufen, das ihn vor einer Vergewaltigung durch die Mehrheit des Bundesrats schützte. Allerdings darf man nicht den von Bismarck gepflegten Geist der Eintracht unterschätzen, der einen Konflikt zwischen Reich und Einzelstaat und zwischen Einzelstaat und Bundesratsmehrheit schwer aufkommen ließ.

5. Revolution und Neuordnung. Bismarcks Verfassung dauerte bis zum 9. November 1918. Die vier ersten Jahre des Weltkrieges hatte sie ausgehalten. Allerdings war in den Machtverhältnissen der höchsten Organe während des Krieges ein Wandel eingetreten. Dem Bundesrat war durch das Ermächtigungsgesetz vom 4. August 1914 ein Notverordnungsrecht eingeräumt worden, das ihn in die Lage versetzte, die gesamte Kriegswirtschaft ohne Mitwirkung des Reichstags zu regeln. Der Reichstag tagte deshalb nur selten und kurz. Da aber von ihm die Bewilligung der Kriegskredite abhing, da er ferner die organisierte öffentliche Meinung Deutschlands darstellte, war sein Einfluß groß, so groß, daß es ihm im Juli 1917 gelang, den Reichskanzler zu stürzen und so die parlamentarische Regierungsform vorzubereiten, die dann noch kurz vor der Revolution, am 28. Oktober 1918, Gesetz wurde. Der Kaiser hatte als oberster Kriegsherr in militärischen Angelegenheiten eine unbeschränkte Machtvollkommenheit, die in dem bedeutenden Einfluß der Obersten Heeresleitung auch auf Fragen der Politik zum Ausdruck kam. Gerade dadurch büßte der Reichskanzler an Macht ein; es war wie ein Vorzeichen des nahenden Endes der Bismarckschen Verfassung, daß die Reichskanzler von 1914—1918 so gar nicht die Stellung einnahmen, die eines Bismarck würdig gewesen wäre.

Hungersnot, Krankheit, feindliche Übermacht, Mißerfolge im Westen, Ungeschicklichkeiten bei der Reform des preußischen Wahlrechts führten zum Zusammenbruch im November 1918. Eine Matrosenmeuterei in Kiel machte den Anfang. Die Bewegung dehnte sich rasch aus und ergriff am 9. November 1918 auch die Reichshauptstadt. Durch eine den Tatsachen voraneilende Bekanntmachung über den Entschluß des Kaisers und Königs, dem Throne zu entsagen, suchte der Reichskanzler, Prinz Max von Baden, das preußische Königtum und die deutsche Kaiserkrone zu retten. Auch schien es einen Augenblick, als ob die Sozialisten, Ebert an der Spitze, die Leitung der Reichsgeschäfte im Rahmen der Verfassung übernehmen wollten. In der Tat nannte sich Ebert nach Übertragung der Reichskanzlergeschäfte auf ihn zunächst „Reichskanzler". Aber schon am 10. November war der Bruch mit dem Vergangenen endgültig vollzogen. Ohne Mitwirkung der „unabhängigen" Sozialisten wäre in jenen Tagen eine Regierung kaum möglich gewesen. Die „Unabhängigen" aber machten ihren Eintritt in die Regierung davon abhängig, daß außer ihnen und den gemäßigten Sozialisten, den sog. „Mehrheitssozialisten", niemand in der Regierung saß und daß die politische Gewalt in den Händen der nach russischem Vorbild allerorten in Tätigkeit getretenen Arbeiter- und Soldatenräte lag. Mit dieser letzteren Forderung wurde bewußt der Zusammenhang mit dem Alten, der gesetzmäßige Übergang der Reichsgewalt auf die neuen Machthaber abgelehnt. Der Gedanke eines ursprünglichen Rechtes der Revolution kam in ihr zum Ausdruck. Die Mehrheitssozialisten gaben nach. Es wurde eine sechsköpfige Regierung gebildet, von der drei — Ebert, Scheidemann, Landsberg — den Mehrheitssozialisten, die drei anderen — Haase, Dittmann, Barth — den unabhängigen Sozialisten angehörten. Die Regierung wurde noch am 10. November von der Vollversammlung der Berliner Arbeiter- und Soldatenräte bestätigt und nannte sich von nun an „Rat der Volksbeauftragten" oder „Reichsregierung".

Mit der Bildung des Rates der Volksbeauftragten hatte die Revolution im Reiche ihren vorläufigen Abschluß gefunden. Vom Rate der Volksbeauftragten führte die Entwicklung in gerader Linie zur Nationalversammlung, von da zur vorläufigen und von hier zur endgültigen Reichsverfassung. Die Entwicklung wurde an keiner Stelle entscheidend unterbrochen. Mannigfache Versuche, die Regierung Ebert-Haase und später die Regierung Ebert-Scheidemann mit Gewalt zu stürzen, mißlangen. Das Deutsche Reich hatte, verfassungsrechtlich betrachtet, bis zur Weimarer Reichsverfassung nur eine Revolution, und diese Revolution war am 10. November 1918 beendet.

Erkennt man die Revolution an, so bereitet die Frage der Rechtsgültigkeit der Weimarer Verfassung keine Schwierigkeiten. Aber gerade zwischen dem 9. und 10. November 1918 klafft für viele eine unüberbrückbare Kluft. Woher nahmen die neuen Machthaber das Recht, im Widerspruche mit Bismarcks Verfassung neues Recht zu schaffen? Die Revolution war — begreiflicherweise — in Bismarcks Verfassung nicht vorgesehen oder, wenn sie vorgesehen war, doch nur als strafbarer Hochverrat (Art. 74). Wie kann aber eine strafbare Handlung vollgültiges Recht schaffen? Die Frage drängt sich jedem Denkenden auf, mag er nun die Neuordnung bekämpfen oder nicht.

Die Frage der Rechtsgültigkeit der neuen Verfassung. Die Frage beantwortet sich einfach aus dem Wesen der Staatsgewalt. Wie an anderer Stelle gezeigt, ist das charakteristische Merkmal der Staatsgewalt deren Ursprünglichkeit. Wie eine neue Staatsgewalt entsteht, ist ganz gleichgültig; sobald eine, wenn auch revolutionär entstandene, ursprüngliche Gewalt da ist, ist sie auch Staatsgewalt; und umgekehrt: sobald die bisher vorhanden gewesene Staatsgewalt machtlos geworden ist, hat sie aufgehört, Staatsgewalt zu sein. So wie man sich zu der Vorstellung bequemen muß, daß 1866 mit der Eroberung Hannovers die Staatsgewalt Hannovers durch die Preußens ersetzt wurde und damit Hannover aufhörte, ein Staat zu sein, so liegt es nahe, die Revolution als eine Eroberung der alten Staatsgewalt durch eine neue aufzufassen.

Und doch bleibt ein Stachel zurück. „Entworfen bloß ist's ein gemeiner Frevel, Vollführt ist's ein unsterblich Unternehmen; Und wenn es glückt, so ist es auch verziehn." Aber warum: „verziehn"? Die Antwort des Dichters: „Denn aller Ausgang ist ein Gottes-Urtel" befriedigt nur den Abergläubischen. Auch die Lehre von der Volkssouveränität überzeugt nicht. Darnach läge die Staatsgewalt immer und begriffsnotwendig beim Volke, auch in der Monarchie, auch im monarchischen Bundesstaat. Die Revolution wäre demgemäß nur eine besondere Äußerung des unbedingt maßgeblichen Volkswillens gewesen. Allein im Deutschen Reiche, dem Hort der echten monarchischen Staatsform, war das Volk zu wenig aktiv an der Ausübung der Staatsgewalt beteiligt, als daß man von einem souveränen Volkswillen hätte sprechen können. Der überlieferte Wille zum Gehorsam den Befehlen des Monarchen gegenüber ist sicher keine Äußerung des höchsten Staatswillens gewesen. Besser zum Ziele gelangt man durch Betrachtung der Staatszwecke. Einer der am sichersten anerkannten Staatszwecke ist die Herstellung und Aufrechterhaltung der Ordnung im Staatsinnern. Die mißglückte Revolution gefährdet und stört die alte Ordnung und ist deshalb als Hochverrat strafbar. Die geglückte Revolution zerstört die alte Ordnung, setzt aber an deren Stelle eine neue. Kann sich die alte Ordnung nicht mehr halten, so rettet die revolutionäre Gruppe, indem sie die Macht an sich reißt, den Staat sogar vor der völligen Auflösung. Bejaht man also den Staat und stellt ihn als Hüter der Ordnung höher als seine zufällige Staatsform, so kann man getrost das durch eine Revolution geschaffene Recht anerkennen, mag man die Revolution selbst noch so sehr bedauern. Völlig befriedigt allerdings auch diese Lösung nicht. Die Reichsbeamten hatten doch dem Kaiser Treue geschworen, und nun verließen sie ihn und gehorchten den neuen Machthabern. Zwar entband sie Wilhelm II.

am 28. November 1918 der Treuepflicht. Aber dies war sein freier Wille und behebt nicht die quälenden Zweifel für die ersten Wochen der Revolution. Aus dieser Schwierigkeit gibt es eine Lösung nur für den nicht, der nichts vom Zusammenstoß zweier sich ausschließender sittlicher Pflichten gehört hat. Wenn ich meinem Freunde sage: „Spring ins Wasser, ich rette dich, wenn du untersinkst!", und er sinkt unter, im gleichen Augenblicke aber sehe ich, daß mein Vater am Ertrinken ist, so wird es mir niemand verdenken, wenn ich meinen Vater rette und den Freund ertrinken lasse. In einem ähnlichen Gewissenskonflikt befand sich der Deutsche im November 1918. Sollte er den Treueid halten, selbst wenn das Vaterland darüber zugrunde ging? Man darf ihn nicht tadeln, wenn er die Pflicht dem Vaterlande gegenüber höher einschätzte als den geschworenen, durch die Umordnung überdies seines Sinnes beraubten Treueid.

Der Rat der Volksbeauftragten begann seine Wirksamkeit mit einem Aufruf an das deutsche Volk vom 12. November 1918. Der Aufruf enthält eine Anzahl unmittelbar geltender Rechtssätze und eine Reihe von Verheißungen. Die wichtigste Verheißung war die, daß die „Konstituierende Versammlung, über die nähere Bestimmung noch erfolgen wird" nach dem gleichen, geheimen, direkten, allgemeinen Wahlrecht „auf Grund des proportionalen Wahlsystems" von allen mindestens 20 Jahre alten männlichen und weiblichen Personen werde gewählt werden.

Die Fertigstellung des Wahlgesetzes für die Verfassunggebende Versammlung verzögerte sich bis Ende November. Dadurch entstand eine große Beunruhigung bei der bürgerlichen Bevölkerung, da man befürchtete, die Regierung habe nicht die feste Absicht, ihre Diktatur in gesetzliche Bahnen zu lenken. Verstärkt wurde die Beunruhigung durch einen berühmt gewordenen Ausspruch, den der Vorsitzende des Vollzugsrats des Arbeiter- und Soldatenrats Groß-Berlin in einer Versammlung am 19. November tat: „Der Weg zur Konstituante wird über meine Leiche führen". Erst am 30. November 1918 erschien die „Verordnung über die Wahlen zur verfassunggebenden deutschen Nationalversammlung (Reichswahlgesetz)", die die Verheißung vom 12. November in allen Punkten erfüllte. Als Wahltag war ursprünglich der 16. Februar 1919 vorgesehen. Dem hauptsächlich von Mehrheitssozialisten beschickten ersten Allgemeinen Kongreß der Arbeiter- und Soldatenräte Deutschlands, der vom 16. bis zum 19. Dezember 1918 in Berlin tagte, ist es zu danken, daß der Wahltag auf den 19. Januar 1919 vorverlegt wurde. An diesem Tage fanden die Wahlen auch wirklich statt. Über dreißig Millionen Wähler beteiligten sich an ihnen. Zwei Tage nach den allgemeinen Wahlen beriefen die Volksbeauftragten die Nationalversammlung auf den 6. Februar nach Weimar. Dort trat sie am festgesetzten Tage im Theater zusammen. Volksbeauftragter Ebert eröffnete die Sitzung mit einer Ansprache. Darauf übernahm der Alterspräsident den Vorsitz. Am nächsten Tage wählte die Nationalversammlung ihren Präsidenten und die Vizepräsidenten. Tags darauf, am 8. Februar, erledigte sie einen Gesetzentwurf über die vorläufige Reichsgewalt in erster, am 10. Februar in zweiter und dritter Lesung. Die Nationalversammlung fühlte sich so sehr als den souveränen Inhaber der Staatsgewalt, daß ihr Präsident das Gesetz ohne Mitwirkung der Regierung und ohne Bestätigung der Länder am gleichen Tage ausfertigte und am 11. Februar im Reichsgesetzblatt bekanntgab. Die sich souverän fühlende Nationalversammlung setzte sich sogar über den sonst bei Gesetzen üblichen Verkündigungszwang hinweg. Denn in Kraft trat das Gesetz nach § 10 bereits mit seiner Annahme durch die Nationalversammlung.

Der Inhalt des Gesetzes war kurz folgender: Die verfassunggebende Gewalt ruht ausschließlich bei der Nationalversammlung; die zu verabschiedende endgültige Reichsverfassung soll also nicht der Bestätigung der Länder bedürfen, eine politische Kurzsichtigkeit, da in den größeren Ländern noch sehr beachtliche Kräfte lebendig waren, die sich nicht einfach totschweigen ließen. Die gewöhnliche Gesetzgebung dagegen wird von der Nationalversammlung in Gemeinschaft mit dem Staatenausschuß, einer Versammlung von Ländervertretern, ausgeübt. Die Geschäfte des Reichs werden im übrigen von einem Reichspräsidenten geführt, der von der Nationalversammlung mit absoluter Stimmenmehrheit zu wählen ist. Für die Führung der Reichsregierung beruft der Reichspräsident ein Reichsministerium, dessen Mitglieder der Nationalversammlung verantwortlich sind und zu ihrer Amtsführung des Vertrauens der Nationalversammlung bedürfen.

Mit Annahme des Gesetzes über die vorläufige Reichsgewalt war das Deutsche Reich nach drei Monaten der „Diktatur des Proletariats" wieder ein Verfassungsstaat geworden. Der Geburtstag der demokratischen Republik im Deutschen Reiche ist der 10. Februar 1919. Der Rat der Volksbeauftragten zog die Folgerungen daraus, indem er sofort nach Annahme des Gesetzes seine Macht in die Hand der Nationalversammlung legte. Am Tage darauf wurde einer von ihnen, Ebert, mit 277 gegen 51 Stimmen bei 51 Stimmenthaltungen zum Reichspräsidenten gewählt.

Trotz der Revolution zeigte die vorläufige Verfassung unverkennbar ihre Verwandtschaft mit der Verfassung Bismarcks. Die Nationalversammlung entsprach dem Reichstag, der Staatenausschuß dem Bundesrat, der Reichspräsident dem Kaiser, das Reichsministerium dem Reichskanzler. Es konnte daher nicht überraschen, wenn das Übergangsgesetz vom 4. März 1919 diese Parallelen für die Auslegung älterer Gesetze ausdrücklich zog. Deutlich kam hierbei zum Ausdruck, daß sich die stärkste Änderung in der Stellung des Reichskanzlers vollzogen hatte; an die Stelle des einen Reichsministers war ein Kollegium von Ministern getreten, von denen jeder für seinen Geschäftsbereich selbständig handelte.

Die Nationalversammlung. Hauptaufgabe der Nationalversammlung war die Beratung und Verabschiedung der endgültigen Verfassung. Der erste, halbamtliche Verfassungsentwurf erschien am Tage nach den Wahlen zur Nationalversammlung, am 20. Januar 1919, im Reichsanzeiger. Er stammte aus der Feder des früheren Professors Dr. Preuß, den der Rat der Volksbeauftragten am 15. November zum Staatssekretär ernannt und mit der Ausarbeitung eines Verfassungsentwurfs betraut hatte. Als Demokrat Anhänger der 48er Ideen und somit Vorkämpfer des deutschen Einheitsstaates, als Schüler Otto v. Gierkes Vertreter der sogenannten organischen Staatstheorie, d. h. der Auffassung vom Staate als einem natürlichen Organismus, und daher Gegner aller nach seiner Ansicht unnatürlichen Staatenbildungen und -vergrößerungen, suchte Preuß in seinem Entwurfe den Bundesstaat Bismarckscher Prägung in einen Einheitsstaat zu verwandeln und die Zerlegung des größten deutschen Einzelstaats, Preußens, in dessen natürliche Bestandteile zu begünstigen. Wie die Aufnahme des Verfassungsentwurfs in der Presse bewies, hatte aber Preuß die Kraft der deutschen Einzelstaaten unterschätzt. In einer Besprechung von Staatenvertretern, die am 25. Januar in Berlin begann, wurde denn auch der Entwurf stark bundesstaatlich, ja partikularistisch umgestaltet und nach nochmaliger Beratung in dem inzwischen ins Leben getretenen Staatenausschuß in dieser umgestalteten Form am 21. Februar der Nationalversammlung vorgelegt. Trotz der bedeutenden Änderungen des ursprünglichen Entwurfs hat Preuß als Vertreter der Regierung weiterhin an den Verfassungsberatungen bis zur Verabschiedung der Verfassung teilgenommen, zunächst als Reichsminister des Innern und nach seinem Rücktritt anläßlich der Annahme des Friedensvertrages als „Vertreter des Reichsministeriums".

Die Nationalversammlung beriet den Entwurf in erster Lesung vom 24. Februar bis zum 4. März und überwies ihn an diesem Tage einem Ausschuß von 28 Mitgliedern, der sich aus Vertretern sämtlicher Parteien zusammensetzte und unter dem Vorsitze des demokratischen Abgeordneten Haußmann noch am gleichen Tage die Beratung begann. Die erste Beratung im Verfassungsausschuß dauerte vom 4. März bis zum 2. Juni, die zweite vom 3. bis zum 18. Juni. Der Ausschuß arbeitete hingebend und gewissenhaft, trotzdem waren die Beratungen nicht frei von Irrtümern und Ungenauigkeiten. Das Ergebnis war eine Umgestaltung des Regierungsentwurfs im unitarischen Sinne und ein starker Ausbau des Abschnitts über die Grundrechte und die Grundpflichten. Unter Zugrundelegung des Entwurfs des Verfassungsausschusses begann die Nationalversammlung die zweite Beratung im Plenum am 2. Juli und beendete sie am 22. Juli, ohne den Entwurf stark zu ändern. Die dritte Beratung im Plenum dauerte vom 29. bis zum 31. Juli. An diesem Tage wurde die Verfassung in namentlicher Abstimmung mit 262 gegen 75 Stimmen bei einer Stimmenthaltung angenommen. Dagegen stimmten die Deutschnationalen, die Deutsche Volkspartei, die Unabhängigen Sozialisten, der Bayerische Bauernbund und ein Mitglied der Bayerischen Volkspartei.

Die so beschlossene Verfassung, bekannt unter dem Namen der Weimarer Reichsverfassung, bedurfte nach § 6 Abs. 5 des Gesetzes über die vorläufige Reichsgewalt nur noch der Verkündung durch den Reichspräsidenten. Einer Zustimmung des Staatenausschusses oder der einzelnen Länder bedurfte es nach dem Gesetze nicht, da sich die Nationalversammlung bewußt als die, und zwar die einzige, verfassunggebende Macht des Deutschen Reiches fühlte, ohne die kritische Frage aufzuwerfen, ob dieses Gefühl den tatsächlichen Machtverhältnissen entsprach. So war es ein Glück, daß die Länder wenigstens hinter den Kulissen des Weimarer Theaters zu Worte gekommen waren, vor allem in der sog. Weimarer Verfassungsvereinbarung über die Gestaltung der künftigen deutschen Heeresmacht.

Es vergingen mehrere Tage, bevor ein einwandfreies gedrucktes Stück der Reichsverfassung für die Unterschrift hergestellt war. So kommt es, daß der Reichspräsident erst am 11. August 1919 unterschrieb. Das ganze Reichsministerium gegenzeichnete. Verkündet wurde die Reichsverfassung in Nr. 152 des Reichsgesetzblattes von 1919. Sie trat nach Art. 181 mit dem Tage der Ausgabe des Reichsgesetzblattes in Berlin, am 14. August 1919, in Kraft. Mit dem gleichen Tage waren die Verfassung Bismarcks und das Gesetz über die vorläufige Reichsgewalt aufgehoben.

Welches ist also der Geburtstag der Weimarer Reichsverfassung? Für den Juristen ist es der 14. August, der Tag des Inkrafttretens; für den Verfechter des Gedankens der Volkssouveränität der 31. Juli, der Tag der Annahme der Verfassung durch die Nationalversammlung. Beide Daten haben einen tieferen Sinn. Ganz allgemein gilt aber als Verfassungstag der 11. August, der Tag der Unterzeichnung, obgleich der Reichspräsident verpflichtet war, den endgültig beschlossenen Entwurf, so wie er ihm vorlag, zu unterzeichnen. Diese Bevorzugung des 11. August hängt mit der Datierung unserer Gesetze überhaupt zusammen. In der Überschrift erhält das Gesetz immer das Datum der Unterschrift. So war es unter der Herrschaft der alten Verfassung, so ist es bis heute geblieben. Daher lautet die Überschrift der Weimarer Verfassung: „Die Verfassung des Deutschen Reichs. Vom 11. August 1919.“ Dieser Äußerlichkeit ist es zuzuschreiben, daß ein so nebensächlicher Tag, wie der Tag der Unterzeichnung, die Ehre erlangt hat, als Verfassungstag zu gelten.

Die Weimarer Verfassung ist bis heute im wesentlichen unverändert geblieben. Sie hat auch die bisher stärkste Kraftprobe, den Kapp-Putsch vom März 1920, siegreich überstanden. Andererseits haben es die Machthaber nicht immer verstanden, die Verfassung vor Unbotmäßigkeiten und Verhöhnungen zu schützen.

Literatur. Über die Revolution, das Werden der Reichsverfassung und deren Grundgedanken berichtet die Abhandlung des Verfassers „Revolution und Reichsverfassung“ im Jahrbuch des öffentlichen Rechts, Bd. IX, 1920, S. 1—128. — Als Kommentare zur Weimarer Verfassung seien die von Poetzsch (2. Aufl., 1921), Anschütz (1921), Giese (5. Aufl., 1923) und Bühler (1922), als Lehrbücher des neuen Staatsrechts die von Hubrich (Das demokratische Verfassungsrecht des Deutschen Reiches, 1921), Giese (Grundriß des Reichsstaatsrechts, 3. Aufl., 1923), Meißner (Das Staatsrecht des Reichs und seiner Länder, 2. Aufl., 1923), Hatschek (Deutsches und Preußisches Staatsrecht, 2 Bände, 1922/23), Finger (Staatsrecht des Deutschen Reichs, 1923) und Stier-Somlo (Deutsches Reichs- und Landesstaatsrecht I, 1924) hervorgehoben. Eine umfassende Würdigung der Verfassung bringt Wittmayer, Die Weimarer Reichsverfassung (1922), eine stark kritische Beleuchtung Frhr. v. Freytagh-Loringhoven, Die Weimarer Verfassung in Lehre und Wirklichkeit (1924), kurze Einführungen Nawiasky, Die Grundgedanken der Reichsverfassung (1920), und Zorn, Die alte und die neue Reichsverfassung (1924). — Auch für die Kenntnis des geltenden Staatsrechts kann nicht dringend genug das genaue Studium von Textausgaben empfohlen werden. Als solche kommen vor allem in Betracht: Sartorius, Sammlung von Reichsgesetzen staats- und verwaltungsrechtlichen Inhalts (5. Aufl., 1921), Triepel, Quellensammlung zum deutschen Reichsstaatsrecht (3. Aufl., 1922), Freiherr Marschall von Bieberstein, Verfassungsrechtliche Reichsgesetze und wichtige Verordnungen (1924).

B. Die Weimarer Verfassung.

I. Einleitung. Reich und Länder.

1. Namen und Symbole. Die zwei großen Wandlungen vom monarchischen Bundesstaate zur demokratischen Republik und vom Föderalismus mit preußischer Hegemonie und süddeutschem Partikularismus zum Unitarismus kommen zum Teil in Äußerlichkeiten zum Ausdruck.

„Das Deutsche Reich ist eine Republik" (Art. 1). Es ist eine Republik, heißt aber nicht „Deutsche Republik", obgleich der Gedanke zu dieser Benennung im Laufe der Beratungen auftauchte. „Reich" ist ursprünglich eine monarchische Bezeichnung, da das Wort mit „rex, regnum" zusammenhängt, doch war diese verschollene Bedeutung dem Verfassungsgesetzgeber nicht zum Bewußtsein gekommen. Dagegen ist durch eine Reihe von Verordnungen die Bezeichnung gewisser Behörden als „Kaiserlicher" beseitigt worden.

Die deutschen Einzelstaaten heißen jetzt „Länder" (Art. 2), eine gewisse Herabsetzung, da man unter Ländern außer Staaten auch Halbstaaten, wie die früheren österreichischen Kronländer, das Reichsland Elsaß-Lothringen, das frühere Finnland, das frühere Island und ähnliche gehobene Provinzen verstand, die Bezeichnung es also jetzt im Dunkeln läßt, ob die deutschen Länder noch Staaten sind oder nicht.

Die Absicht der Väter der Verfassung, einen Strich zwischen der Verfassung Bismarcks und der Weimarer Verfassung zu ziehen und dafür die Verbindung mit der Bewegung von 1848 und 1849 aufzunehmen, kommt in dem viel umstrittenen Flaggenwechsel des Art. 3 zum Ausdruck. Die Reichsfarben sind jetzt wie die von 1848/49 schwarz-rot-gold. Das schwarz-weiß des Führerstaates Preußen ist also aus den Reichsfarben verschwunden. Nur für die See hat die Verfassung aus Gründen der Sichtbarkeit die alten Farben beibehalten, indem sie bestimmt: „Die Handelsflagge ist schwarz-weiß-rot mit den Reichsfarben in der oberen inneren Ecke", ein Trost für die vielen, die durch die Preisgabe der alten Farben in ihrem Innern schwerer verletzt wurden als durch den ganzen Umsturz und die sonstige Neuordnung. Nach der Verordnung des Reichspräsidenten vom 11. April 1921 ist auch die Reichskriegsflagge, die Gösch und die Dienstflagge der Reichsbehörden zur See schwarz-weiß-rot, ein scheinbarer Widerspruch mit der Verfassung, in Wirklichkeit aber ein Beispiel für die sinngemäße Auslegung einer lückenhaften Verfassungsbestimmung, da der Zweck der Ausnahmevorschrift für die Handelsflagge — bessere Sichtbarkeit auf hoher See — bei der Kriegsmarine genau so zutrifft wie bei der Handelsmarine.

Eine ähnliche symbolische Bedeutung hatte die Änderung des Reichswappens. Das kaiserliche Wappen war der schwarze einköpfige Adler, „auf dem Brustschilde den mit dem

Hohenzollernschilde belegten preußischen Adler, über demselben die Krone in der Form der Krone Karls des Großen" (Erl. v. 3. August 1871). Als neues Wappen wurde ein anders gestalteter Adler gewählt, bei dem jedes monarchische Symbol und jeder Hinweis auf eine Vormachtstellung Preußens fehlt (Bek. v. 11. November 1919).

Der Übergang von der Monarchie zur Republik findet ferner in dem Kampfe gegen die Kaiserbilder und die Kaisergeschichten in den Schulbüchern seinen Niederschlag. Doch hat die Reichsverfassung keinen Anteil daran. Es sind durchweg Verordnungen und Verfügungen der Länder, die sich mit diesem Gegenstande beschäftigen.

Die Zerrissenheit des deutschen Volkes spiegelt sich in der Wahl des Nationalfeiertags, denn bis heute hat man sich auf einen solchen Feiertag gesetzlich nicht einigen können. Der 9. November verletzt das Bürgertum, ebenso der 1. Mai, der für das Jahr 1919 als allgemeiner Feiertag festgesetzt wurde (Ges. v. 17. April 1919). Da der 18. Januar nicht nur an 1871 erinnert, sondern auch an die Krönung des ersten preußischen Königs, können sich die Republikaner, insbesondere die Sozialisten, nicht für ihn erwärmen. So ist es denn üblich geworden, den Tag der Unterzeichnung der Weimarer Verfassung, den 11. August, als Nationalfeiertag zu begehen. Ein Gesetzentwurf, der diesen Brauch gesetzlich festlegen will, ist dem Reichstag zu wiederholten Malen zugegangen, aber noch nicht verabschiedet. Kraft Landesverordnung gilt der 11. August als Feiertag in Baden.

Symbolische Bedeutung hat endlich das Verhältnis zwischen Offizier und Mann, das nicht unterschätzt werden darf, da doch die Revolution einer Matrosenmeuterei ihren Ursprung verdankte. Das heutige Verhältnis ist demokratischer als früher, insofern gewisse Bevorzugungen der Offiziere oder Offizierdiensttuer weggefallen sind. Der Mann trägt heute dieselbe Kokarde wie der Offizier, der Mann grüßt jetzt auch im Stehen genau wie der Offizier durch Anlegung der Hand an die Kopfbedeckung, der Mann hat heute einen unbedingten Anspruch auf Gegengruß, auch wenn ihm mehrere Offiziere begegnen, während in einem solchen Falle früher nur der älteste Offizier dankte, selbst wenn einer der Begleiter den Mann persönlich kannte oder gar sein unmittelbarer Vorgesetzter war.

2. Unitarismus. Die Rechtsnatur des Reichs. Die Weimarer Verfassung wurde bewußt unitarischer gestaltet als die Verfassung Bismarcks. In vielen Beziehungen zeigt sich dieser Zug zum Einheitsstaat. So haben die Länder zwar nach wie vor ihre Gebietshoheit. Doch kann heute unter Umständen ein einfaches, auf alle Fälle ein verfassungsänderndes Reichsgesetz den Gebietsbestand eines Landes selbst gegen dessen Willen ändern (Art. 18). Geblieben ist auch die besondere Landesangehörigkeit der deutschen Staatsbürger. Auch heute noch ist es die Regel, daß man Preuße oder Bayer oder Sachse usw. ist und erst durch Vermittelung der Landesangehörigkeit Reichsdeutscher. Aber „jeder Deutsche hat in jedem Lande des Reichs die gleichen Rechte und Pflichten wie die Angehörigen des Landes selbst" (Art. 110).

Die Verfassung Bismarcks kannte nur ein rein unitarisches oberstes Reichsorgan: den Reichstag. Die Weimarer Verfassung kennt deren drei: den Reichstag, den Reichspräsidenten, die Reichsregierung. Nur der Reichsrat erinnert an den bundesstaatlichen Charakter des Reiches. Im Gegensatze zum Bundesrat fehlt aber im Reichsrat die Vorherrschaft Preußens und fehlen die süddeutschen Reservatrechte. Vor allem ist der Reichsrat kein unentbehrliches Organ, da Gesetze, selbst verfassungsändernde, zustande kommen können, ohne daß er sich zu rühren braucht.

Das Reich hat ferner eine umfassendere Zuständigkeit zur Gesetzgebung als früher. Die Zuständigkeit erstreckt sich jetzt namentlich auch auf das Landesverfassungsrecht, das Kirchen-, Schul-, Beamten- und Bodenrecht, alles Gebiete, die früher den Ländern so gut wie völlig vorbehalten waren.

Die reichseigene Verwaltung hat an Bedeutung zugenommen. Die auswärtige Verwaltung ist jetzt, von geringen Resten abgesehen, ausschließlich Sache des Reichs (Art. 78). Das Heer ist ein Reichsheer, nicht mehr die Zusammenfassung mehrerer selbständiger Landeskontingente. Die Reichspost- und die Reichstelegraphenverwaltung erstrecken sich auch auf Bayern und Württemberg. Dem Reiche gehören die wichtigeren Eisenbahnen und die größeren Wasserstraßen. In seinen Finanzen ist das Reich nicht mehr auf Matrikularbeiträge angewiesen, sondern erhebt in weitestem Umfange Steuern, die es durch eigene Behörden, nicht, wie bisher, durch Landesbehörden verwalten läßt.

Endlich zeigt sich der unitarische Zug auch in der Ausgestaltung der Reichsaufsicht, insofern deren Handhabung heute ausschließlich reinen Reichsorganen, nämlich der Reichsregierung, dem Reichspräsidenten und dem Staatsgerichtshof für das Deutsche Reich, anvertraut ist und daher im Gegensatze zu früher, wenigstens theoretisch, auch ein Einschreiten gegen Preußen möglich macht.

Angesichts dieser Stärkung des Reichs durch die Vorschriften der Verfassung erhebt sich die Frage, ob die deutschen Länder noch Staaten sind oder nicht, ob mithin das Reich als Einheitsstaat oder als Bundesstaat aufgefaßt werden muß. Die Frage hat juristische Bedeutung, für den Fall etwa, daß ein Gesetz oder ein völkerrechtlicher Vertrag von „Staaten" spricht und es zweifelhaft ist, ob die deutschen Länder darunter verstanden sind oder nicht. Darüber hinaus ist aber die Beantwortung der Frage auch wichtig für die Ehre der einzelnen Länder; denn Staat-sein ist ehrenvoll, und der öffentlichen Meinung zum mindesten in den größeren deutschen Ländern ist es nicht gleichgültig, ob das Land zur bloßen Reichsprovinz herabgewürdigt worden ist oder noch die Merkmale des Staates in sich trägt.

Souverän sind die Länder sicher nicht. Wäre Souveränität, d. h. Innehabung der höchsten Gewalt, ein notwendiges Merkmal des Staates, so wären die deutschen Länder keine Staaten, wären es aber dann auch nicht unter Bismarcks Verfassung gewesen, denn auch vor 1918 lag die höchste Gewalt beim Reiche und nicht bei den einzelnen Ländern. Bei nichtsouveränen Gebietskörperschaften lautet die Frage: was würde sein, wenn man sich den über ihnen stehenden Staat wegdächte? Würde die Gebietskörperschaft durch den Wegfall des übergeordneten Staates ihrer bisherigen Macht entkleidet werden und entweder in Anarchie auseinanderfallen oder gezwungen sein, sich wie bei Revolutionen und Staatengründungen neu zu organisieren, dann war sie eine Gemeinde, eine Provinz, ein Nebenland, aber kein Staat. Würde dagegen die Gebietskörperschaft ohne unregelmäßigen Bruch mit der Vergangenheit in ihrer bisher in Kraft gewesenen Verfassung weiter bestehen, so würde dies ein Zeichen dafür sein, daß die Landesgewalt nicht von Reiches Gnaden war; die Gebietskörperschaft wäre ein Staat gewesen.

Hieran gemessen sind die Länder Staaten. Denn trotz Revolution und unitarischer Neuordnung ist eine ursprüngliche, sogar, wie Bayern zeigt, oft überschäumende Gewalt in ihnen lebendig geblieben. Wenn heute das Reich fortfiele, würden Preußen, Bayern, Sachsen usw. sofort souveräne Staaten sein. Folglich sind sie auch jetzt Staaten, wenn auch nicht souveräne.

Überhaupt wird der Unterschied zwischen heute und früher leicht übertrieben. Auch unter Bismarcks Verfassung konnte der Gebietsbestand eines Einzelstaates gegen dessen Willen vom Reiche geändert werden, zum mindesten beim Friedensschlusse. Auch unter Bismarcks Verfassung bestand eine, wenn auch nicht vollkommen durchgeführte, Gleichstellung der einzelnen deutschen Staatsangehörigen untereinander. Auch unter Bismarcks Verfassung war die Staatsform nicht dem Willen der Einzelstaaten überlassen; die monarchische Staatsform wurde bei ihnen, abgesehen von den Hansestädten, als selbstverständlich vorausgesetzt, in

Preußen war sie unbedingt nötig. Und doch gab es kaum jemand, der den Einzelstaaten den Staatscharakter absprach.

Die Länder sind ferner wie vordem vermöge ihrer Vertretung im Reichsrat an der Bildung des Reichswillens beteiligt. Allerdings hat der Reichsrat keine unbedingte Möglichkeit, das Zustandekommen eines Gesetzes zu verhindern; aber er kann durch Erzwingung des Volksentscheids das Schicksal eines Gesetzentwurfs wesentlich beeinflussen (Art. 74, 76).

Da also das Reich ein Staat ist, zusammengesetzt aus ihm unterworfenen anderen Staaten, die an der Bildung des Reichswillens beteiligt sind, ist das Reich auch heute noch ein Bundesstaat. Die von Bayern gegen den Unitarismus der Weimarer Verfassung gerichteten Bestrebungen können daher nur den Zweck haben, den bundesstaatlichen Charakter des Reiches wieder stärker auszuprägen, und nicht, den deutschen Bundesstaat neu zu schaffen.

3. Reichszuständigkeiten zur Gesetzgebung. Man pflegt drei Staatstätigkeiten zu unterscheiden: Gesetzgebung, Verwaltung und Rechtspflege. Es wäre denkbar, daß die Zuständigkeiten im Bundesstaate so verteilt würden, daß die Zuständigkeit zur Gesetzgebung die Zuständigkeiten zur Verwaltung und Rechtspflege ohne weiteres nach sich zöge. Dies ist in den Vereinigten Staaten von Amerika der Fall. Auch im Deutschen Reiche kommen solche Zuständigkeitsverteilungen vor, z. B. auf dem Gebiete der Reichssteuern, die durch Reichsgesetz beschlossen und von Reichsbehörden erhoben werden und bei denen Reichsfinanzgerichte und der Reichsfinanzhof über die im Einzelfalle bestrittene Zulässigkeit der Erhebung entscheiden. Doch bildet diese Art der Zuständigkeitsverteilung nicht die Regel. Vielmehr ist die Zuständigkeit des Reichs zur Gesetzgebung umfassender als die Zuständigkeit zur Verwaltung und Rechtspflege. Wenn von den Zuständigkeiten des Reichs schlechthin gesprochen wird, denkt man daher nur an die Zuständigkeit zur Gesetzgebung.

Da das Deutsche Reich durch den Zusammenschluß souveräner Staaten entstanden ist, spricht auch heute noch die Vermutung für die Zuständigkeit der einzelnen Länder. Die Zuständigkeit der Länder bedarf daher im Einzelfalle keines Beweises, vielmehr muß umgekehrt das Reich seine Zuständigkeit durch Hinweis auf Bestimmungen der Verfassung dartun. Diese Bestimmungen finden sich vor allem in den Listen der Artikel 6 u. ff., aber auch zerstreut an sonstigen Stellen der Verfassung, so im Art. 150 Abs. 2, der es für Sache des Reichs erklärt, die Abwanderung deutschen Kunstbesitzes in das Ausland zu verhüten. Hierbei entscheidet in erster Linie, aber nicht unbedingt der Wortlaut der Verfassungsbestimmung, denn auch auf diesem Gebiete ist vernünftige Gesetzesauslegung zulässig. Wenn z. B. Art. 6 Ziff. 7 dem Reiche die Gesetzgebung über das Telegraphenwesen zuweist, so kann das Reich über den Wortlaut hinaus auch Bestimmungen über das Legen von Lichtkabeln treffen, sofern der Strom in den Telegraphendrähten vom Strome in den Lichtkabeln beeinflußt wird. Neben diese Einzelzuständigkeiten tritt aber auch noch eine allumfassende Zuständigkeit, nämlich die, durch Verfassungsänderung dem Reiche weitere Zuständigkeiten beizulegen, die schon unter Bismarcks Verfassung dem Reiche zugestandene sog. Kompetenz-Kompetenz, die aber heute mehr bedeutet als früher, da der Schwerpunkt der Verfassungsänderung jetzt im unitarischen Reichstag liegt und nicht wie vordem im föderalistisch-partikularistischen Bundesrat. Darüber hinaus kann sogar ein einfaches Gesetz die Zuständigkeiten des Reichs erweitern, da ein solches Gesetz zwar nicht ergehen darf, aber einmal ergangen, anders als in Amerika, nach herrschender Ansicht wie ein verfassungsmäßiges Gesetz verbindlich ist.

Die dem Reiche nach den Artikeln 6 ff. beigelegten Zuständigkeiten unterscheiden sich deutlich durch verschiedene Stärkegrade. In den Gegenständen des Art. 6 hat das Reich die ausschließliche Gesetzgebung. Wenn also dort die Beziehungen zum Ausland, das Kolonialwesen, die Staatsangehörigkeit, die Freizügigkeit, die Ein- und Auswanderung, die Auslieferung, die Wehrverfassung, das Münzwesen, das Zoll-, das Post-, Telegraphen- und Fernsprechwesen genannt werden, so heißt dies, daß nur das Reich und nicht daneben auch ein Land Gesetze über die genannten Gegenstände erlassen kann, dies selbst dann, wenn das Reich von seiner Befugnis zur Gesetzgebung noch keinen Gebrauch gemacht hat. Würde also z. B. heute Preußen das niederländische Auslieferungsgesetz nachahmen und durch Gesetz bestimmen, daß Ausländer nur dann ausgeliefert werden dürfen, wenn eine vertragliche Pflicht zu deren Auslieferung besteht, so würde das Gesetz ungültig sein, obgleich ein Reichsauslieferungsgesetz noch nicht erlassen ist. Dagegen hindert die ausschließliche Reichszuständigkeit nicht das Fortbestehen älterer landesrechtlicher Bestimmungen, sofern sie dem Reichsrecht nicht widersprechen. Fraglich ist, ob in Fällen der ausschließlichen Reichszuständigkeit ein Reichsgesetz den Landesgesetzgeber ermächtigen kann, nach freiem Ermessen von sich aus Bestimmungen zu treffen. Der Reichsgesetzgeber bestimmt z. B., daß es den Landesgesetzen überlassen bleiben soll, die Einwanderung zu verbieten oder zu gestatten. Der Verfassungsausschuß war der Ansicht, daß eine solche Übertragung der Gesetzgebungsgewalt auf den Landesgesetzgeber zulässig sei. Da diese Meinung auch für Bismarcks Verfassung vertreten wurde, mag man sie als dem Sinne der Verfassung entsprechend gelten lassen, obgleich der Wortlaut stark für die gegenteilige Auffassung spricht. Art. 7 und 8 nennen dann die Gegenstände der unbedingten einfachen Reichszuständigkeit, d. h. die Gegenstände, die gleichmäßig zur Zuständigkeit des Reichs und zur Zuständigkeit der Länder gehören, mit der Maßgabe allerdings, daß das einmal erlassene Reichsgesetz dem auf gleichem Gebiete erlassenen Landesgesetz vorgeht. Beispiele für Reichsgesetze über Gegenstände des Art. 7 sind das Bürgerliche Gesetzbuch, das Reichsstrafgesetzbuch, die Zivil-, die Strafprozeßordnung, das Paß-, das Preß-, das Jugendfürsorgegesetz, das Reichsseuchen-, das Viehseuchengesetz, die Reichsversicherungsordnung, die Gewerbeordnung, das Lichtspielgesetz und viele wichtige Gesetze mehr. Nach Ziff. 12 z. B. könnte ein einheitliches Reichsenteignungsgesetz erlassen werden. Dies ist noch nicht geschehen. Folglich können die Länder, anders als bei den Gegenständen der ausschließlichen Reichszuständigkeit, nach eigenem Gutdünken Enteignungsgesetze erlassen. bis das Reich von seiner Zuständigkeit umfassenden Gebrauch gemacht hat.

Nur bedingt zuständig ist das Reich in den Fällen des Art. 9, d. h. auf dem Gebiete der Wohlfahrtspflege und des Schutzes der öffentlichen Ordnung und Sicherheit; das Reich hat hier die Gesetzgebung nur, „soweit ein Bedürfnis für den Erlaß einheitlicher Vorschriften vorhanden ist". Da die Bedürfnisfrage nach dem Willen des Gesetzes meist eine Ermessensfrage ist, darf man annehmen, daß auch hier nach dem Willen der Verfassung die Frage, ob ein solches Bedürfnis vorliegt, dem Ermessen des Reichsgesetzgebers überlassen werden sollte, sofern nur der Gesetzgeber eine einheitliche, also mindestens über die Grenzen eines einzelnen Landes hinausreichende Regelung zu treffen gedenkt. Endlich überträgt die Verfassung in den Artikeln 10 und 11 auf gewissen Gebieten dem Reiche die sog. Grundsatzgesetzgebung, d. h. das Reich kann über die Rechte und Pflichten der Religionsgesellschaften, das Schulwesen, das Beamtenrecht, das Bodenrecht und verwandte Gegenstände, das Bestattungswesen und das Landesabgabenrecht im Wege der Gesetzgebung nur Grundsätze aufstellen, nicht Einzelheiten anordnen. Auch hier ist dem freien Ermessen bei der Beantwortung der Frage, ob etwas eine bloß grundsätzliche oder eine schon ins einzelne gehende Regelung bedeutet, ein großer Spielraum gegeben, jedoch kein größerer als bei der Abgrenzung anderer im Rechtsleben vorkommender unbestimmter Begriffe wie „Treu und Glauben", „gute Sitten", „Menschenmenge". Es gibt ganz sicher eine Linie, bei der man mit Bestimmtheit erklären kann: hier handelt es sich nicht mehr um eine bloß grundsätzliche Regelung. Würde das Reich z. B. sein Reichsbeamtengesetz in vollem Umfange auf die Landesbeamten ausdehnen wollen, so würde man mit Recht erklären können, daß dies ohne Verfassungsänderung nicht geht.

Betrachtet man die Zuständigkeit des Reichs im ganzen, so gibt es kaum mehr einen wichtigen Gegenstand, den das Reich nicht im Wege der Gesetzgebung ganz oder doch in den Grundsätzen regeln könnte. Vor allem die Gegenstände der Grundsatzgesetzgebung und einzelne Regelungen in der Verfassung selbst zeigen den Fortschritt zum Einheitsstaat. Nach früheren Darlegungen war das Landesverfassungs-, das Landesbeamtenrecht, das Kirchen- und Schulwesen, das Landwirtschaftswesen und das Landesfinanzrecht so gut wie ausschließlich Sache des Landesgesetzgebung. Nach der Weimarer Verfassung hat sich das Reich auch auf diesen Gebieten betätigt und kann sich weiter auf ihnen betätigen.

4. Reichsaufsicht. Die Zuständigkeit des Reichs zur Gesetzgebung umfaßt, wie gezeigt, nicht ohne weiteres auch die Zuständigkeit zur Handhabung der Gesetze im Einzelfall. „Die Reichsgesetze werden durch die Landesbehörden ausgeführt, soweit nicht die Reichsgesetze etwas anderes bestimmen" (Art. 14). Dadurch entsteht die Möglichkeit eines Auseinanderfallens von Reichswillen und Landeswillen. Um diesem Übelstande abzuhelfen, räumt die Verfassung der Reichsregierung wenigstens die sog. Reichsaufsicht ein oder nach den Worten der Verfassung (Art. 15) „die Aufsicht in den Angelegenheiten ..., in denen dem Reiche das Recht der Gesetzgebung zusteht", eine Einrichtung, die auch der Bismarckschen Verfassung wohlbekannt war. Am wichtigsten wird diese Aufsicht dann sein, wenn das Reich von seiner Gesetzgebungsbefugnis schon Gebrauch gemacht hat. Das Reich räumt z. B. jedem Deutschen die Befugnis ein, sich an beliebigem Orte des Reichs niederzulassen (Art. 111, Freizügigkeitsgesetz), ein süddeutscher Staat aber weist in einer Anzahl von Fällen Norddeutsche aus seinem Gebiet aus. Hier kann die Reichsregierung im Wege der Aufsicht gegen die süddeutsche Regierung vorgehen. Da das Reich die Durchführung eines Reichsgesetzes verlangt, kann man diese Art von Aufsicht gesetzesvollziehende Aufsicht nennen. Daneben gibt es aber noch die von Triepel so genannte selbständige Aufsicht in allen Angelegenheiten, die das Reich zwar durch Gesetz regeln könnte, aber noch nicht geregelt hat, z. B. in Enteignungssachen. Die Tatsache ist angesichts des Wortlauts der Verfassung unbestreitbar, der Umfang der Aufsicht aber nicht ganz einfach zu bestimmen. Keinesfalls geht die selbständige Aufsicht so weit wie die gesetzesvollziehende, namentlich fehlt hier der Reichsregierung die Befugnis, im Verhalten der Landesregierung oder sonstiger Landesorgane in bindender Weise einen Mangel festzustellen, den die Landesregierung verpflichtet wäre zu beseitigen. Denn mangelhaft sein kann ein Verhalten nur gemessen an einer Norm, und die fehlt hier gerade. Allerdings besteht für die Länder der allgemeine Satz, in ihrem Tun und Lassen das Interesse des Reichs zu berücksichtigen; aber wie Art. 12 Abs. 2 lehrt, bedarf es immer einer besonderen gesetzlichen Grundlage, wenn das Reich auf Grund einer Interessengefährdung gegen ein Land soll einschreiten dürfen; sonst würde auch der von der Verfassung selbst gewollte Unterschied zwischen selbständiger und gesetzesvollziehender Aufsicht hinfällig, da dann alle Aufsicht gesetzesvollziehende Aufsicht wäre. So bleiben denn für die selbständige Aufsicht nur Maßnahmen weniger einschneidender Art übrig. Die Reichsregierung kann Anfragen an die Landesregierungen richten, und diese sind verpflichtet zu antworten; sie kann auch Maßnahmen anregen, auf Übelstände hinweisen, deren Beseitigung nahelegen, ohne daß die Landesregierung berechtigt wäre, dies als Einmischung oder gar als unfreundlichen Akt zurückzuweisen. Gibt die Landesregierung nicht nach, so steht es der Reichsregierung ja frei, die Reichsgesetzgebung in Bewegung zu setzen; ohne ein solches Gesetz zwingen kann sie nicht. Der sog. Grundsatz von der Gesetzmäßigkeit der Verwaltung, d. h. die Unzulässigkeit eines Eingriffs in die Rechtssphäre des einzelnen, es sei denn auf Grund eines Gesetzes, gilt auch im Verhältnis zwischen Reich und Ländern.

Nach dem Verfassungsentwurfe des Reichsministers Dr. Preuß sollte die Reichsaufsicht eine unmittelbare Aufsicht sein. Der Reichsregierung sollte es freistehen, sich unmittelbar an den Beamten zu wenden, der das Reichsgesetz unrichtig gehandhabt hatte, also z. B. unmittelbar an den Bezirksamtmann, der die Bestimmungen über die Freizügigkeit verletzt hatte. Die Weimarer Reichsverfassung unterscheidet: Beschränkt sich die Reichsregierung darauf, die richtige Ausführung durch *allgemeine Anweisungen*, z. B. über die Auslegung des Begriffs „Freizügigkeit", „Presse", „Gewerbe", zu gewährleisten, so kann sie sich an alle Landesbehörden, auch die mittleren und unteren, wenden, also *unmittelbare Aufsicht* ausüben. Allerdings bedarf sie hierzu nach dem sehr unglücklich zum Ausdruck gekommenen Willen der Verfassung (Art. 15 Abs. 2, Art. 77) der Zustimmung des Reichsrats, in dem die Landesregierungen vertreten sind, so daß von einer völlig unmittelbaren Aufsicht auch hier nicht gesprochen werden kann. Die von bedeutenden Juristen vertretene Gegenmeinung, daß nämlich hier die Zustimmung des Reichsrats nicht erforderlich sei, beruht entweder auf einer mißverstandenen Verwertung der Verfassungsberatungen oder führt zu dem unannehmbaren Ergebnis, daß die Zustimmung des Reichsrats zu den allgemeinen Anweisungen der Reichsregierung erforderlich ist, solange kein Anlaß zur Rüge besteht, aber nicht erforderlich, sobald eine falsche Handhabung des Reichsgesetzes zutage getreten ist. Den Gegensatz zu diesen allgemeinen Anweisungen bildet die *Rüge im Einzelfall*. Ein preußischer Amtsvorsteher untersagt z. B. Laienreden am Grabe. Die Reichsregierung ist der Ansicht, daß das Verbot nicht im Einklang mit der reichsrechtlich gewährleisteten Versammlungsfreiheit steht. In diesem Falle ist die Reichsaufsicht *mittelbare Aufsicht*. Die Reichsregierung darf sich nicht unmittelbar an den Amtsvorsteher wenden, sondern nur an die preußische Landesregierung. Denn nach Art. 15 Abs. 3 sind nur „die Landesregierungen ... verpflichtet, auf Ersuchen der Reichsregierung Mängel, die bei der Ausführung der Reichsgesetze hervorgetreten sind, zu beseitigen". Sache der Landesregierung ist es dann, in geeigneter Weise gegen den Amtsvorsteher vorzugehen.

Das Verfahren bei Ausübung des Aufsichtsrechts gestaltet sich sehr einfach, wenn die Landesregierung sofort nachgibt oder die Reichsregierung von der Unbegründetheit ihres Einschreitens überzeugt. Im Interesse des inneren Friedens wird es meist liegen, wenn über den Streitpunkt auf die eine oder die andere Weise eine Einigung erzielt wird, sofern nur die Reichsregierung nicht durch Nachgeben wider bessere Überzeugung die Würde des Reichs und des Rechts verletzt. Wie aber, wenn eine Einigung nicht erzielt wird? Während in solchen Fällen Bismarcks Verfassung eine Entscheidung des Bundesrats vorsah, überträgt die Weimarer Verfassung die Entscheidung einer unparteiischen Stelle: dem *Staatsgerichtshof für das Deutsche Reich*. Hat auch dieser zuungunsten des Landes entschieden und gibt das Land auch jetzt nicht nach, so ist es am Reichspräsidenten, gegen das Land zwangsweise vorzugehen, etwa durch die Entsendung eines Reichskommissars, durch Absetzung der Landesregierung, schlimmstenfalls durch Einschreiten mit der bewaffneten Macht (Art. 48 Abs. 1). Bei Gefahr im Verzuge braucht allerdings der Reichspräsident den Spruch des etwa anzurufenden Staatsgerichtshofs nicht abzuwarten, bewährt vielmehr die Überordnung des Reichs und dessen Staatsnatur gerade darin, daß er sofort gegen das widerspenstige Land vorgehen kann unbeschadet der Befugnis des Landes, nachträglich den Staatsgerichtshof für das Deutsche Reich anzurufen (Art. 48 Abs. 2, Art. 19) und so die Reichssouveränität mit dem Rechtsstaatsgedanken wieder zu versöhnen.

5. Beziehungen zwischen Reichsgewalt und Landesgewalt außerhalb der Reichsaufsicht. Die Staatsgewalt wird ausgeübt durch *Staatsorgane*. Eine bezeichnende Eigenart des Bismarckschen Reiches war es gewesen, daß Reichsorgane vielfach mit preußischen Landesorganen zusammenfielen. Diese durch Preußens Vormachtstellung erklärlichen *Personalunionen* zeigten sich am sichtbarsten an der Spitze, da der König von Preußen zugleich Deutscher Kaiser war. Der Reichskanzler war zugleich preußischer Bevollmächtigter zum Bundesrat, die Preußische Oberrechnungskammer zugleich Rechnungshof des Deutschen Reichs, die Preußische Hauptverwaltung der Staatsschulden zugleich Reichsschuldenverwaltung. All diese Verquickungen haben aufgehört. Reichspräsident und Reichskanzler sind von Preußen völlig losgelöst, der Rechnungshof für das Deutsche Reich steht seit der Reichshaushaltsordnung vom 31. Dezember 1922, die Reichsschuldenverwaltung seit der Reichsschuldenordnung vom 13. Februar 1924 ganz auf eigenen Füßen. Allerdings kann nun umgekehrt der Reichsschuldenverwaltung die Verwaltung der preußischen Staatsschulden übertragen werden (VO. v. 13. 2. 24 § 39). Damit wird aber die Reichsschuldenverwaltung dem Lande Preußen nicht organisatorisch angegliedert, sie wird keine preußische Behörde, sowenig der Amtsvorsteher dadurch zu einer Reichsbehörde wird, daß er die Reichsgewerbeordnung zur Ausführung bringt.

Die Staatsorgane betätigen sich in Gesetzgebung, Verwaltung und Rechtspflege. Es frägt sich, ob und welche Beziehungen zwischen Reich und Ländern bei Ausübung dieser drei Tätigkeiten bestehen.

Die wichtigste, wenn auch nicht einzige Beziehung zwischen Reichsgesetzgebung und Landesgesetzgebung ist die des Konflikts, der Unvereinbarkeit. Ein Landesgesetz steht im Widerspruch mit einem Reichsgesetz. Die Reichsverfassung z. B. bestimmt, der ordentliche Rechtsweg dürfe bei Schadensersatzansprüchen wegen Amtspflichtverletzungen nicht ausgeschlossen werden (Art. 131). Ein preußisches Gesetz sieht die Vorentscheidung des Oberverwaltungsgerichts vor. Was ist Rechtens? Von den drei Möglichkeiten: „Landrecht bricht Reichsrecht", „das spätere Gesetz gilt" und „Reichsrecht bricht Landrecht" hatte schon Bismarcks Verfassung die letztgenannte gewählt, und die Weimarer Verfassung hat sie übernommen (Art. 13). Also auch die älteste Vorschrift des Reichsrechts, und wäre sie nur in Form einer gültigen Reichsverordnung ergangen, ist stärker als eine widersprechende Vorschrift des Landesrechts, selbst wenn solche in neuester Zeit von den höchsten Landesorganen, etwa als Landesverfassungssatz, erlassen wurde. Reichsrecht bricht Landrecht. Es besteht nicht etwa nur die Pflicht des Landes, die reichswidrige Vorschrift zu beseitigen, vielmehr ist die reichswidrige Vorschrift von sich aus nichtig, darf daher von niemand, insbesondere nicht vom Richter, angewandt werden. Nun kann es aber unter Umständen sehr zweifelhaft sein, ob das Landesgesetz gültig ist oder nicht, so zweifelhaft, daß verschiedene Gerichte zu verschiedenen Ergebnissen kommen, vielleicht sogar dasselbe Gericht seine Meinung im Laufe der Zeit ändert. Gegen diesen Mißstand gab es früher kein Heilmittel. Selbst wenn das Reichsgericht einmal eine landesrechtliche Vorschrift, etwa über Schlägermensuren, für ungültig erklärte, waren die Gerichte und sonstigen Behörden an die Entscheidung nur für den gerade zur Aburteilung gelangten Fall gebunden, konnten aber in einem anderen Falle die Gültigkeit der landesrechtlichen Vorschrift bejahen. Diesen Übelstand der Rechtsunsicherheit beseitigt die Weimarer Verfassung dadurch, daß sie die Anrufung eines obersten Gerichtshofs des Reichs durch die zuständige Reichs- oder Landeszentralbehörde gestattet, wenn Zweifel oder Meinungsverschiedenheiten darüber bestehen, ob eine landesrechtliche Vorschrift mit dem Reichsrecht vereinbar ist (Art. 13 Abs. 2). Dieser Gerichtshof entscheidet dann ausschließlich über die Rechtsfrage unabhängig von jeglichem Tatbestand. Durch Reichsgesetz vom 8. April 1920 wurde das Reichsgericht mit dieser Aufgabe betraut; nur über die Gültigkeit landesrechtlicher Steuerbestimmungen entscheidet nach § 6 Abs. 1 des Finanzausgleichsgesetzes vom 23. Juni 1923 der Reichsfinanzhof in München. „Die Reichsregierung hat die Entscheidung ohne Begründung im Reichsgesetzblatt zu veröffentlichen. Die Entscheidung hat Gesetzeskraft." Gerade darin liegt die große Neuerung. Ihre Wichtigkeit zeigte sich vor kurzem in der oben berührten Frage, ob bei Geltendmachung eines Schadensersatzanspruchs gegen den Staat wegen Schädigung durch schuldhaft rechtswidriges

Verhalten eines Beamten der Richter verpflichtet sei, die Vorentscheidung der Verwaltungsbehörden oder -gerichte abzuwarten oder nicht. Das Reichsgericht hatte im gewöhnlichen Verfahren unter Hinweis auf RV. Art. 131 mehrmals verneint, der preußische Gerichtshof zur Entscheidung der Kompetenzkonflikte mehrmals bejaht. Nach früherem Rechte wäre es unmöglich gewesen, diesen für das Rechtsbewußtsein sehr gefährlichen Zwiespalt zu beseitigen. Von einer Zufälligkeit hing es ab, ob der Prozeß so oder so entschieden wurde, nämlich davon, ob die zuständige preußische Behörde rechtzeitig den sog. Kompetenzkonflikt erhob oder ob es dem Kläger gelang, den Prozeß ungestört bis ans Reichsgericht zu bringen. Der Ausfall des Prozesses war also eine reine Glückssache. Diesem unwürdigen Zustande hat der Beschluß des Reichsgerichts vom 20. Februar 1923, abgedruckt im Reichsgesetzblatt I S. 292, ein Ende gemacht. Diesmal entschied das Reichsgericht gemäß Art. 13 Abs. 2 die Rechtsfrage für sich mit Gesetzeskraft. Von nun an ist dem preußischen Gerichtshof zur Entscheidung der Kompetenzkonflikte jede Möglichkeit genommen, seine abweichende Meinung zur Geltung zu bringen. Darüber hinaus wird es aber in Zukunft zu einem solch hartnäckigen Kampfe zwischen dem Reichsgericht und einer anderen Behörde immer seltener kommen, da das Reichsgericht, wie gezeigt, mit Leichtigkeit in die Lage versetzt werden kann, seine Rechtsmeinung mit Gesetzeskraft auszustatten.

Die Anrufung des Reichsgerichts hat aber ihre in der Verfassung nicht ausdrücklich genannten, dennoch selbstverständlichen Grenzen. Nur dann kann das Reichsgericht nach Art. 13 Abs. 2 entscheiden, wenn die etwa zu erwartende Ungültigkeitserklärung des Landesgesetzes imstande ist, den Streitfall zu erledigen. Dies ist aber nur dann der Fall, wenn an die Stelle des für ungültig erklärten Landesgesetzes eine eindeutige Reichsnorm tritt, nicht auch dann, wenn eine Lücke entsteht, die erst wieder nach mehrdeutigen Bestimmungen des Reichsrechts durch einen Akt der Landesgesetzgebung ausgefüllt werden muß. Nach Art. 17 z. B. dürfen die Wahlen zur Volksvertretung in den einzelnen Ländern nicht anders vor sich gehen als nach den Grundsätzen der Verhältniswahl. Man nehme an, ein Land führe ein Wahlsystem ein, das nach Ansicht der Reichsregierung den Grundsätzen der Verhältniswahl nicht entspricht. Darf das Reichsgericht das Landeswahlgesetz gemäß Art. 13 für ungültig erklären? Die Folge wäre ein Chaos, namentlich, wenn der Beschluß des Reichsgerichts nach Auflösung des Landtags und vor der Neuwahl erginge. Denn es gibt kein eindeutig bestimmbares Verhältniswahlsystem, das an die Stelle des für nichtig erklärten Landeswahlgesetzes treten könnte, sondern deren sehr viele, unter denen das Land die Wahl hat. Also würde das Land dann überhaupt kein Wahlgesetz haben, ein Zustand, der mit der Reichsverfassung ebenfalls nicht im Einklang steht. Folglich muß sich in derartigen Fällen das Reichsgericht für unzuständig erklären; es liegt dann eine solche Streitigkeit zwischen Reich und Land vor, über die nach Art. 19 der Staatsgerichtshof für das Deutsche Reich entscheidet.

Der Satz „Reichsrecht bricht Landrecht", auf Justiz und Verwaltung übertragen, würde bedeuten, daß ein Justiz- oder Verwaltungsakt des Reiches einem solchen des Landes immer vorgeht. Dies ist aber nicht ohne weiteres der Fall. Pfändet eine preußische Steuerbehörde einen Schmuckgegenstand, und pfändet eine Reichssteuerbehörde denselben Gegenstand tags darauf, so wird aus dem Versteigerungserlös in erster Linie der Landesfiskus und dann erst der Reichsfiskus befriedigt. Nur wo die Reichsbehörde der Landesbehörde im Instanzenzuge übergeordnet ist, hat die Reichsbehörde nach Maßgabe der besonderen gesetzlichen Bestimmungen die Befugnis, Akte der Landesbehörden aufzuheben. Im allgemeinen sind aber die Beziehungen zwischen Reich und Ländern namentlich auf dem Gebiete der Verwaltung anderer Art.

Die wichtigste dieser Beziehungen ist die Verwendung der Landesjustiz und der

Landesverwaltung für Reichszwecke. Denn das amerikanische System der „reichseigenen" Verwaltung gilt noch immer nicht als Regel. „Die Reichsgesetze werden durch die Landesbehörden ausgeführt, soweit nicht die Reichsgesetze etwas anderes bestimmen" (Art. 14). So sind es preußische, bayerische Amtsgerichte, Landgerichte und Oberlandesgerichte, die das Bürgerliche Gesetzbuch oder das Reichsstrafgesetzbuch zur Anwendung bringen, preußische, bayerische Verwaltungsbehörden, die die in der Reichsgewerbeordnung vorgesehenen Genehmigungen erteilen. Wie die Konflikte Bayerns mit dem Reich lehren, wird in Bayern gerade auf diese Vollziehungshoheit entscheidendes Gewicht gelegt. Das Reich hat in solchen Fällen nur die Befugnis der mittelbaren Aufsicht von Regierung zu Regierung, sofern sich die Beziehungen zwischen Reich und Ländern nicht ausnahmsweise zur Unterstellung der Landesjustiz und -verwaltung unter die Reichsjustiz und -verwaltung verdichtet haben. Dies ist z. B. der Fall auf dem Gebiete der ordentlichen Gerichtsbarkeit. Das Reichsgericht kann Urteile der preußischen, bayerischen Oberlandesgerichte aufheben; soweit das Reichsgericht, ohne in der Sache selbst zu entscheiden, die Sache an das Oberlandesgericht zurückverweist, ist dies Gericht an die Auffassung des Reichsgerichts gebunden. Deutlicher noch kommt die Unterordnung bei der Staatsanwaltschaft zum Ausdruck. „In den Sachen, für welche das Reichsgericht in erster und letzter Instanz zuständig ist, haben alle Beamten der Staatsanwaltschaft den Weisungen des Oberreichsanwaltes Folge zu leisten" (Gerichtsverf.-Ges., Fass. v. 22. März 1924, § 146 Abs. 2). Ähnlich „kann das Reichskriminalpolizeiamt ausnahmsweise . . . allen Polizeibehörden Weisungen erteilen, wenn es sich um Einzelfälle handelt, durch die Interessen des Reichs unmittelbar berührt werden" (Reichskriminalpolizeiges. v. 21. Juli 1922 § 7 Abs. 3). Doch bilden solche Möglichkeiten unmittelbarer Weisungen die Ausnahme. Eine dritte Beziehung zwischen Reich und Ländern wird hergestellt durch die Aufstellung von Organisationsnormen für die Landesbehörden seitens des Reichsgesetzgebers. So sind die Amtsgerichte, Landgerichte, Oberlandesgerichte zwar Gerichte der einzelnen Länder, aber ihre Organisation beruht auf reichsrechtlichen Normen. Das gleiche gilt von der Staatsanwaltschaft, den Gewerbe- und Kaufmannsgerichten, den unteren und mittleren Behörden der sozialen Versicherung, der Militärversorgung, der Jugendwohlfahrtspflege u. a. m. Die Einwirkung des Reichs kann sich hierbei so verflüchtigen, daß es nur das Dasein gewisser Behörden anordnet, deren nähere Ausgestaltung aber den Ländern überläßt, so die Anordnung von Verwaltungsgerichten nach Art. 107.

6. Die Rechte der Länder und deren Schutz. Zur Vervollständigung des Bildes vom Verhältnis zwischen Reich und Ländern gehört noch die Darstellung des Schutzes, den die Reichsverfassung den Rechten der Länder angedeihen läßt. Diese Rechte können eine innere Angelegenheit der Länder sein oder sich nach außen richten, sei es gegen einen fremden Staat oder ein deutsches Land oder das Deutsche Reich.

Im eigenen Lande ist das Land Staat genug, um seine Rechte selbst zu schützen. Eine Klage der Landesregierung vor einer Reichsinstanz, die Bürger zum Gehorsam anzuhalten, würde uns lächerlich erscheinen. Bei erheblicher Störung oder Gefährdung der öffentlichen Sicherheit und Ordnung wird die Landesregierung, wenn sie nicht mehr Herrin der Lage ist, den Reichspräsidenten bitten, nach Art. 48 Abs. 2 einzuschreiten, oder wird sie die Wehrmacht um Hilfeleistung ersuchen (Wehrgesetz v. 23. März 1921 § 17). Die Rolle des Klägers wird in der Regel dem Bürger überlassen bleiben (Art. 107). Nicht für die inneren Rechte eines Landes stellt das Reich seinen gerichtlichen Schutz zur Verfügung, sondern unter Umständen für das innere Recht eines Landes, nämlich für das Landesverfassungsrecht, wenn eine Verfassungsstreitigkeit entsteht und das Land für deren gerichtliche Erledigung keine Vorsorge getroffen hat. Hier entscheidet auf Antrag eines der streitenden Teile in der

Regel der Staatsgerichtshof für das Deutsche Reich. Verfassungsstreitigkeit ist jede Streitigkeit über einen Punkt der Landesverfassung, streitende Teile können aber nicht „einzelne" sein, sofern für deren Schutz die Verwaltungsgerichte nach Art. 107 bestimmt sind, sondern höchste Staatsorgane oder Teile von ihnen, also z. B. Regierung und Landtag, Regierung und preußischer Staatsrat, Landtagsminderheit und Landtagsmehrheit, Antragsteller zum Volksbegehren und Regierung. So hat der Staatsgerichtshof für das Deutsche Reich am 29. September 1923 in einer von der deutschnationalen Fraktion des sächsischen Landtags gegen die Regierung des Freistaates Sachsen erhobenen Verfassungsstreitigkeit für Recht erkannt: „Es wird festgestellt, daß die §§ 6 und 11 des sächsischen Gesetzes über den Staatsrechnungshof vom 4. Juli 1922 mit Art. 48 der Sächs. Verf. in Widerspruch stehen." Derartige Entscheidungen kann aber der Staatsgerichtshof nur in Landesverfassungsstreitigkeiten fällen, während für Verfassungsstreitigkeiten des Reichs eine streitentscheidende Stelle seltsamerweise nicht vorgesehen ist.

Rechte eines Landes gegen einen fremden Staat, etwa vertragsmäßige Rechte auf Beseitigung von Störungen der Schiffahrt, gehören dem Völkerrechte an. Da nach Art. 78 die „Pflege der Beziehungen zu den auswärtigen Staaten ausschließlich Sache des Reichs" ist, ist das in seinen Rechten verletzte Land unbedingt auf den Schutz des Reiches angewiesen, das durch seinen Gesandten die Regierung des fremden Staates auf ihre Verpflichtung aufmerksam machen und den Streitfall nötigenfalls einem internationalen Schiedsgericht unterbreiten wird.

Streitigkeiten nichtprivatrechtlicher Art zwischen verschiedenen deutschen Ländern entscheidet nach Art. 19 „auf Antrag eines der streitenden Teile der Staatsgerichtshof für das Deutsche Reich, soweit nicht ein anderer Gerichtshof des Reichs zuständig ist." Nichtprivatrechtlich sind alle Streitigkeiten, die dem Völkerrecht angehören würden, wenn die deutschen Länder souverän wären. Kauft der sächsische Fiskus in einer Versteigerung vom preußischen Forstfiskus Holz und entsteht hierüber eine Streitigkeit, so entscheidet das zuständige Amts- oder Landgericht. Schließt aber Preußen mit Oldenburg einen Vertrag über die Gestattung des Lotteriespiels in den beiderseitigen Gebieten, so liegt ein öffentlich-rechtliches Rechtsverhältnis vor, über das im Streitfalle der Staatsgerichtshof entscheidet. Nichtprivatrechtlicher Art sind vor allem auch Streitigkeiten aus dem ungeschriebenen Nachbarrecht der Gebietshoheit, so der Streit zwischen Württemberg und Baden über die angebliche Pflicht Badens, die Versinkung der Donau auf badischem Gebiet zu verhindern, und die angebliche Pflicht Württembergs, der natürlichen Versinkung der Donau auf württembergischem Gebiete nicht entgegenzuwirken, oder die Frage, ob Preußen berechtigt ist, die auf preußischem Gebiete fließende untere Geeste zu vertiefen, selbst wenn dadurch das auf bremischem Gebiete liegende rechte Ufer einzustürzen droht. Die streitenden Länder sind aber nicht gezwungen, den Staatsgerichtshof anzurufen, sie sollten sicher nicht schlechter gestellt werden als Privatpersonen. Wie aber diese an die Stelle des Gerichts durch freie Vereinbarung ein Schiedsgericht setzen können, so ist auch die zwischen den Ländern sei es vor, sei es nach der Weimarer Verfassung vereinbarte Schiedsgerichtsklausel gültig und geeignet, die Zuständigkeit des Staatsgerichtshofs auszuschließen.

Endlich gibt es Rechte nichtprivatrechtlicher Art, die den Ländern gegen das Reich zustehen. So wie der einzelne Rechte gegen den Staat haben kann, obgleich der Staat dem einzelnen übergeordnet ist, so können auch dem Lande Rechte gegen das übergeordnete Reich zustehen. Allerdings kann ein verfassungsänderndes Reichsgesetz heute alle diese Rechte beseitigen. Man muß daher die Stärke der Rechte näher betrachten. Denkbar sind Rechte mit bloßer Verordnungskraft; eine Reichsverordnung billigt den einzelnen Ländern einen Anspruch auf Reichsleistungen geldlicher Art zu, eine Reichsverordnung aber ist es auch, die diesen Anspruch wieder beseitigen kann. Wichtiger sind die Rechte mit Gesetzeskraft. So bestimmt § 20 des Finanzausgleichsgesetzes vom 23. 6. 23/14. 2. 24: „Das Aufkommen an Einkommensteuer und Körperschaftssteuer erhalten die Länder vom 1. Februar 1924 an in Höhe von 90 vom Hundert." Hiermit ist den Ländern ein Anspruch gegen das Reich gewährt, aber nur gegen das Reich, vertreten durch die unter dem Gesetzgeber stehenden Organe, also vor allem den Reichsfinanzminister, nicht gegen das Reich, vertreten durch den Gesetzgeber. Denn ein Reichsgesetz kann das ganze Finanzausgleichsgesetz und damit innerhalb des weiten Rahmens des Art. 8 der Reichsverfassung das Recht der Länder auf Beteiligung an den Reichssteuern beseitigen. Soll das Recht auch vor gesetzlichen Eingriffen geschützt werden, muß es ein Recht mit Verfassungskraft sein. Ein solches Recht ist z. B. das Recht auf Beibehaltung eines bestehenden Freihafens. Denn nach Art. 82 Abs. 4 kann für Freihäfen der Ausschluß aus dem Zollgebiete „nur durch ein verfassungsänderndes Gesetz" aufgehoben werden. Die Aufhebung durch gewöhnliches Gesetz wäre eine Verfassungsverletzung und zugleich Verletzung des einem Lande zustehenden Rechtes. Aber ein verfassungsänderndes Gesetz kann auch ein solches Recht beseitigen, und es fragt sich, ob es nicht eine noch höhere Stufe von Länderrechten gibt, nämlich Rechte, die nicht einmal durch Verfassungsänderung gegen den Willen des berechtigten Landes aufgehoben werden können. Derartige Sonderrechte gab es unter Bismarcks Verfassung namentlich zugunsten der süddeutschen Staaten, vor allem Bayerns, auf dem Gebiete des Heerwesens, des Verkehrwesens, der Verbrauchssteuern; ihre Eigenart kam zum Ausdruck im Art. 78 Abs. 2 der Bismarckschen Verfassung, wonach „diejenigen Vorschriften der Reichsverfassung, durch welche bestimmte Rechte einzelner Bundesstaaten in deren Verhältnis zur Gesamtheit festgestellt sind, . . nur mit Zustimmung des berechtigten Bundesstaates abgeändert werden" konnten. Die Weimarer Verfassung kennt aber solche Sonderrechte nicht mehr, wenigstens das geschriebene Recht nicht, während allerdings das ungeschriebene Recht sich seiner engen Beziehung zur Macht entsinnen und, um nicht seinen eigenen Bestand durch einen ohnmächtigen Versuch zu gefährden, undurchführbare Eingriffe in die Sphäre des widerstrebenden Landes verbieten muß.

Die Rechte aber, die den Ländern im einzelnen zustehen, sind entweder Freiheiten mit Ansprüchen auf Unterlassung oder Ansprüche auf Leistungen oder Beteiligungsrechte. Die Länder haben einen Anspruch darauf, daß das Reich in ihre Interessen nur nach Maßgabe der Verfassung und der Gesetze eingreift. Gegen weitergehende Eingriffe haben sie einen Anspruch auf Unterlassung. So haben die Länder einen Anspruch darauf, daß die Reichsregierung Einzelanweisungen nur an die Landesregierung richtet und nicht unmittelbar an die örtlichen Verwaltungsbehörden, oder daß das Reich nicht auf dem Wege der einfachen Gesetzgebung ein Gesetz erläßt, zu dem die verfassungsmäßige Zuständigkeit fehlt. Beispiele für Ansprüche auf Leistungen finden sich vor allem in dem soeben erwähnten Finanzausgleichsgesetz. „Von dem Aufkommen an Umsatzsteuer erhalten die Länder . . . 20 vom Hundert" (§ 38); das bedeutet einen Anspruch der Länder gegen das Reich auf Überweisung von Geldbeträgen. Auch der Rechtsschutzanspruch gehört hierher. Bei Streitigkeiten nichtprivatrechtlicher Art zwischen zwei deutschen Ländern hat, wie gezeigt, jedes Land einen Anspruch auf Tätigwerden des Staatsgerichtshofs für das Deutsche Reich, also auf eine Leistung des Reichs. Das wichtigste Beteiligungsrecht der Länder ist ihre Mitwirkung im Reichsrat; hier üben die Länder unmittelbar Reichsgewalt aus und haben ein Recht, es zu tun. Sie haben insbesondere ein Recht auf verfassungsmäßige Wertung ihrer Stimme, z. B. das Recht, bei Verfassungsänderungen nicht anders überstimmt zu werden als mit Zweidrittelmehrheit.

Ein Recht ist unvollkommen, wenn es nicht geschützt ist. Unter Bismarcks Verfassung bestand kein geordneter Rechtsschutz. So konnte es fraglich sein, ob der Bundesrat berechtigt war, den Herzog von Cumberland von der Regierung in Braunschweig auszuschließen; allein, kein unabhängiger Richter war da, der die Frage hätte entscheiden können. Selbst die Frage des Bestehens oder des Umfangs eines Sonderrechts wurde letzten Endes von einer so wenig richterlichen Stelle wie dem Bundesrat entschieden. Hier zeigt die Weimarer Verfassung einen bedeutenden Fortschritt in rechtsstaatlicher Richtung. Auch „über Streitigkeiten nichtprivatrechtlicher Art ... zwischen dem Reich und einem Lande entscheidet auf Antrag eines der streitenden Teile der Staatsgerichtshof für das Deutsche Reich, soweit nicht ein anderer Gerichtshof des Reichs zuständig ist" (Art. 19). Die Zuständigkeit des dem Bundesrat entsprechenden Reichsrats ist hiermit ausgeschlossen, aber nur bei Streitigkeiten „rechtlicher" Art, also solchen, die nach dem Willen des Gesetzes eindeutig entschieden werden sollen. Betraut daher der Gesetzgeber, wie im Finanzausgleichsgesetz, den Reichsrat mit der Entscheidung von Streitigkeiten, die wegen der Unbestimmtheit der gesetzlichen Vorschriften an sich verschiedene Lösungen zulassen, so muß man, statt die Bestimmung für verfassungswidrig zu erklären, lieber die Streitigkeiten als Ermessensangelegenheiten ansehen. Stünde im Finanzausgleichsgesetz § 3: „Landessteuern ... sollen nicht erhoben werden, wenn nach Ermessen des Reichsrats überwiegende Interessen der Reichsfinanzen entgegenstehen", so würde niemand Bedenken gegen die Zuständigkeit des Reichsrats haben. Dies ist aber der Sinn der Bestimmung, wenn auch nicht ihr Wortlaut.

Nach dieser Darstellung des Verhältnisses zwischen Reich und Ländern betrachten wir das Reich in seiner Eigenschaft als Staat. Zu einem Staate gehört aber dreierlei: das Gebiet, die Bevölkerung und die Staatsgewalt. Wir richten daher unsere Aufmerksamkeit zunächst auf das Reichsgebiet.

II. Das Reichsgebiet.

1. Umfang und Änderung. Der Umfang des Reichsgebiets bestimmt sich nach dem Friedensvertrag von Versailles und dem, was auf Grund des Friedensvertrages inzwischen geschehen ist. Im Verhältnis zu 1914 hat das Reich verloren die Kolonien, Elsaß-Lothringen, Moresnet, Eupen und Malmedy, Nordschleswig, das Memelgebiet, Danzig, Teile von Posen, Westpreußen, Ostpreußen und von Schlesien. Die Gebietshoheit über das Saargebiet hat das Reich nur der Ausübung nach und nur auf Zeit und bedingt verloren. Die so festgelegten Grenzen bilden in der Regel eine unveränderliche geometrische Linie. Nur bei Wassergrenzen erleidet die Regel Ausnahmen, so beim Meere, wenn sich die Küste vorschiebt oder überflutet wird, oder bei Grenzflüssen, wenn nicht eine feste Linie, sondern, wie beim Rhein zwischen Baden und Elsaß-Lothringen, der steten Änderungen unterworfene Talweg als Grenze vereinbart worden ist. Die Grenzverhältnisse am Bodensee sind bestritten. Am meisten für sich hat die auch neuestens vom Reichsgericht vertretene Ansicht, daß der See durch eine feste „Mittellinie" unter den Uferstaaten geteilt ist, während andere den mittleren Teil des Sees für staatenlos erklären oder eine Mitherrschaft der Uferstaaten über den mittleren Teil oder den ganzen See annehmen.

Nach Art. 2 besteht „das Reichsgebiet ... aus den Gebieten der deutschen Länder". Es gibt kein Reichsland mehr. Ein verfassungsänderndes Reichsgesetz wäre nötig, wenn etwa Preußen seine Staatlichkeit aufgeben und unmittelbares Reichsgebiet werden wollte.

Über Gebietsveränderungen enthält die Verfassung an zwei verschiedenen Stellen Bestimmungen (Art. 2 u. 78), die in ihrem Verhältnis zu einander nicht ohne weiteres klar sind, außerdem aber den Gegenstand nicht erschöpfend regeln, sondern auch noch Platz für Sätze des ungeschriebenen Rechtes lassen. So muß man zunächst unterscheiden Gebietsveränderungen bei einem Friedensschluß und solche in Friedenszeiten. Da der Frieden durch Reichsgesetz geschlossen wird (Art. 45 Abs. 2), ist für jede Gebietsveränderung bei Friedensschluß ein gewöhnliches Reichsgesetz erforderlich und genügend. Es bedarf also keines verfassungsändernden Gesetzes, auch wenn ein Gebiet als Reichsland erworben wird, es bedarf auch nicht der Zustimmung des von der Gebietsveränderung betroffenen Landes, selbst wenn das ganze Land abgetreten oder, unter dem Zwange der Friedensbedingungen, ein etwa im Tausche erworbenes Gebiet einem bestimmten Lande einverleibt wird. In Friedenszeiten sind die Regeln viel mannigfaltiger. Hier gilt zunächst der ungeschriebene Grundsatz, daß für eine Gebietsveränderung ein verfassungsänderndes Reichsgesetz ergehen muß. Die Verfassung sieht z. B. nicht die Loslösung eines Landes oder Landesteils zwecks Erlangung staatlicher Selbständigkeit vor, auch nicht die Abtretung eines Gebietes ohne Zustimmung des hiervon betroffenen Landes; für diese und andere nicht vorgesehene Fälle bedarf es eines verfassungsändernden Reichsgesetzes. Im übrigen unterscheidet die Verfassung Gebietsabtretungen und Gebietserwerbungen. Gebietsabtretungen ohne Verfassungsänderung sind auf Grund einer Vereinbarung des Reichs mit einem fremden Staate nach Zustimmung des beteiligten Landes zulässig. In welcher Form die Zustimmung erteilt wird, richtet sich nach der Landesverfassung. Handelt es sich um bloße Berichtigung der Grenzen unbewohnter Gebietsteile, so genügt auf seiten des Reichs die Mitwirkung des Reichspräsidenten und des Reichsministers des Auswärtigen (Art. 45, 50). Bei Abtretung bewohnter Gebiete dagegen bedarf es der Mitwirkung der Volksvertretung in der Form eines Reichsgesetzes. Das gleiche gilt für Gebietserwerbungen, doch sieht die Verfassung hier noch einen weiteren Fall vor. Fremde Gebiete können nämlich „durch Reichsgesetz in das Reich aufgenommen werden, wenn es ihre Bevölkerung kraft des Selbstbestimmungsrechts begehrt" (Art. 2). Vergißt man die Fesseln des Friedensvertrags von Versailles, so bedeutet dies z. B., daß das Deutsche Reich ohne Vereinbarung mit Österreich und ohne die Form der Verfassungsänderung durch einfaches Reichsgesetz das Reichsgebiet durch ein neues Land „Tirol" vergrößern darf, wenn die Tiroler Bevölkerung durch Volksabstimmung den Anschluß an das Deutsche Reich begehrt.

2. Gliederung. Bei Inkrafttreten der Reichsverfassung bestand das Reich aus den Ländern der Bismarckschen Verfassung, doch so, daß Elsaß-Lothringen fehlte und die beiden Reuß ein einziges Land bildeten. Inzwischen haben sich Koburg mit Bayern, Pyrmont mit Preußen, die Länder Sachsen-Weimar-Eisenach, Sachsen-Meiningen, Sachsen-Gotha, Sachsen-Altenburg, Reuß und die beiden Schwarzburg zum Lande Thüringen vereinigt. Es gibt also nur noch die Länder Preußen, Bayern, Sachsen, Württemberg, Baden, Thüringen, Hessen, Hamburg, Mecklenburg-Schwerin, Oldenburg, Braunschweig, Anhalt, Bremen, Lippe, Lübeck, Mecklenburg-Strelitz, Waldeck, Schaumburg-Lippe. Während aber Bismarcks Verfassung die Länder mit Namen bezeichnete, findet sich in der Weimarer Verfassung keine Aufzählung der Länder, und zwar mit Absicht nicht, da die Weimarer Verfassung in dem vielumstrittenen Art. 18 mit einer Änderung der inneren Landkarte Deutschlands rechnet. „Die Gliederung des Reichs in Länder soll unter möglichster Berücksichtigung des Willens der beteiligten Bevölkerung der wirtschaftlichen und kulturellen Höchstleistung des Volkes dienen." Über die Ausführung dieses Programms trifft Art. 18 und das Reichsgesetz vom 8. Juli 1922 nähere Bestimmungen. Darnach gilt zunächst der wichtige Grundsatz, daß ohne Zustimmung des Reichs die Änderung des Gebiets von Ländern und die Neubildung von Ländern ausgeschlossen ist. Selbst wenn sich also die Bevölkerung Hannovers in einer Volksabstimmung für Loslösung von Preußen aussprechen sollte, so könnte doch der Reichsgesetzgeber mit Rücksicht etwa auf das Interesse des Reichs an einem starken Preußen seine Zustimmung versagen und damit die hannöversche Bewegung ersticken. Will das Reich zu einer Neugliederung seine Zustimmung geben, so bedarf es hierzu in der Regel der Form eines verfassungsändernden Reichsgesetzes. Obgleich Art. 18 ursprünglich gerade gegen Preußen gemünzt war, ist es daher sehr schwer, Preußen etwas anzuhaben, wenn Preußen einig bleibt. So wird es Hamburg kaum gelingen, sich auf Kosten Preußens gegen dessen Willen zu vergrößern. Denn bei einheitlicher Abgabe der preußischen Regierungs- und Provinzialstimmen im Reichsrat kann Preußen, falls der Reichstag kraft seiner parteimäßigen Einstellung das verfassungsändernde Gesetz beschließen sollte, hiergegen den Volksentscheid im ganzen Reiche anrufen, da Preußen mit seinen zwei Fünfteln Stimmen über mehr als ein Drittel der Reichsratsstimmen verfügt und schon eine Minderheit von mehr als einem Drittel den Volksentscheid erzwingen kann (Art. 76). Aus einem Volksentscheide aber wird ein einigermaßen einiges Preußen immer als Sieger hervorgehen, da Preußens Bevölkerung doppelt so stark ist als die des übrigen Deutschen Reichs zusammengenommen.

Ein einfaches Reichsgesetz genügt, wenn die unmittelbar beteiligten Länder zustimmen. In dieser Form wurde z. B. Pyrmont mit Preußen vereinigt.

„Ein einfaches Reichsgesetz genügt ferner, wenn eines der beteiligten Länder nicht zustimmt, die Gebietsänderung oder Neubildung aber durch den Willen der Bevölkerung gefordert wird und ein überwiegendes Reichsinteresse sie erheischt" (Art. 18 Abs. 3). Die Tragweite und Bedeutung dieser vielumkämpften Bestimmung, die von der einen Seite als Sicherheitsventil gepriesen, von der andern Seite als Sprengpatrone bekämpft wird, läßt sich am besten durch ein praktisches Beispiel veranschaulichen. Hamburg hat Interesse an der Erwerbung Altonas, Preußen ist nicht gewillt, Altona abzutreten, ein Teil der Einwohner Altonas aber ist für die Einverleibung Altonas in Hamburg. Diese Freunde eines Groß-Hamburg können sich zusammentun und, wenn sie 5000 Stimmberechtigte zählen, einen Zulassungsantrag beim Reichsminister des Innern stellen. Der Reichsminister des Innern ordnet hierauf eine Vorabstimmung in Altona darüber an, ob über die Abtretung Altonas an Hamburg eine Volksabstimmung stattfinden soll. Erklärt sich bei dieser Vorabstimmung wenigstens ein Drittel der in Altona ansässigen Reichstagswähler für die Volksabstimmung, so ordnet der Reichsminister die endgültige Abstimmung in ganz Schleswig-Holstein an. Denn nach Art. 18 Abs. 5 hat auch das Hinterland mitzureden, und zwar in Preußen der ganze Regierungsbezirk, dem der abzutrennende Teil angehört, d. i. für Altona der Regierungsbezirk Schleswig-Holstein. Die Abstimmung ist aber noch dadurch erschwert, daß die Abtrennung erst dann als bejaht gilt, wenn mindestens drei Fünftel der abgegebenen Stimmen, die zugleich mehr als der Hälfte aller schleswig-holsteinischen Reichstagswähler entsprechen müssen, für die Abtrennung abgegeben worden sind. Aber selbst in diesem unwahrscheinlichen Falle ist das Schicksal Altonas noch nicht besiegelt, da der Reichsgesetzgeber seine Zustimmung versagen kann, etwa weil er Wert auf ein starkes Schleswig-Holstein als Vorposten gegen Dänemark legt und daher ein überwiegendes Reichsinteresse für eine Schwächung dieser Provinz zugunsten Groß-Hamburgs verneint.

3. Gebietshoheit im Reiche. Wenn es richtig ist, daß zu einem Staate dreierlei gehört: ein Gebiet, ein Volk, eine Staatsgewalt, so muß die Staatsgewalt zum Gebiete in ganz bestimmten Beziehungen stehen; diese Beziehungen nennt man Gebietshoheit. Kraft der Gebietshoheit kann der Staat die Einwirkung einer andern Macht auf das Gebiet ausschließen und innerhalb des Gebietes alles anordnen, was menschenmöglich ist. Hierbei scheiden die persönlichen Beziehungen zwischen dem Staat und seinen Staatsangehörigen aus, da sie unabhängig vom Aufenthalt auf dem Gebiete sind; daher kommt die Gebietshoheit am reinsten zum Ausdruck im Verhältnis zu den Ausländern und zu den auf dem Gebiete befindlichen Sachen, deren sich der Staat jederzeit bemächtigen kann, also im Fremdenrecht und im Enteignungsrecht.

Den Schutz der Gebietshoheit gegen Störungen hat das Reich übernommen, einmal in der Abwehr des Hochverrats, dann in der Abwehr kriegerischer Angriffe. Das Reichsstrafgesetzbuch stellt unter Strafe jedes Unternehmen, das darauf abzielt, das Reichsgebiet

„ganz oder teilweise einem fremden Staate gewaltsam einzuverleiben oder einen Teil desselben vom Ganzen loszureißen" (§ 81 Ziff. 3), oder „das Gebiet eines Bundesstaats ganz oder teilweise einem andern Bundesstaate gewaltsam einzuverleiben oder einen Teil desselben vom Ganzen loszureißen" (§ 81 Ziff. 4). Das Reich schützt dadurch sowohl die Gebietshoheit des Reichs als auch die der Länder, allerdings mit dem Unterschied, daß es die Aburteilung des Hochverrats gegen das Reich dem Reichsgericht vorbehält, also selbst in die Hand nimmt, die des Hochverrats gegen ein Land aber den Gerichten der Länder überläßt. Ebenso ist es ausschließlich das Reich, das seine eigene Gebietshoheit und die der Länder vor kriegerischen Störungen beschirmt. Denn „Kriegserklärung erfolgt durch Reichsgesetz" (Art. 45 Abs. 2), und: „Der Reichspräsident hat den Oberbefehl über die gesamte Wehrmacht des Reichs" (Art. 47).

In engem Zusammenhang mit der Gebietshoheit steht das Enteignungsrecht, nicht etwa, wie das noch in der Bezeichnung „Kondominat" für „Mitherrschaft" zum Ausdruck kommt, das Eigentum, denn theoretisch kann ein Staat die Gebietshoheit haben, ohne Eigentümer eines einzigen Grundstücks seines Gebietes zu sein. Es genügt, daß er jedes Grundstück seines Gebietes dem Eigentümer zwangsweise nehmen kann. Daß diese Enteignungsbefugnis ein Ausfluß der Gebietshoheit ist, zeigt sich darin, daß sie nur bis zur Grenze des Gebietes reicht. Wenn daher das eine oder das andere deutsche Land nach der Revolution sein Fürstenhaus enteignete, so hatte die Enteignung, ihre Gültigkeit im übrigen vorausgesetzt, nur Wirkung im eigenen Lande, und Art. 357 des Versailler Friedens enthält eine unter Umständen unmögliche Bestimmung, wenn verlangt wird, daß das Deutsche Reich an Frankreich Docks, Lagerhäuser u. dgl. abtrete, „die deutsche Reichsangehörige oder deutsche Gesellschaften im Hafen von Rotterdam am 1. August 1914 besaßen". Denn wenn die deutschen Eigentümer die Hafenanlagen dem Reiche nicht freiwillig zur Verfügung stellen und das Reich die Eigentümer nicht durch Zwangsmittel, wie Entziehung der Staatsangehörigkeit, zum Nachgeben veranlassen kann, ist die Verpflichtung unerfüllbar. Nur der niederländische Staat könnte enteignen, ist aber nicht verpflichtet und nach Maßgabe seiner inneren Gesetze wohl nicht einmal berechtigt, es auf Antrag des Deutschen Reichs zu tun.

Neben dem Enteignungsrecht ist es das Fremdenrecht, in dem die Gebietshoheit zum Ausdruck kommt. Denn der Hauptunterschied zwischen Inländern und Ausländern besteht darin, daß die Inländer ein Recht auf Aufenthalt im Reichsgebiete haben (Art. 111), während den Ausländern das Betreten des Reichsgebiets und das Verweilen im Reichsgebiet untersagt werden kann. Daraus, daß im Reiche zwei Gebietshoheiten nebeneinander bestehen, die des Reichs und die der Länder, ergeben sich Fragen und Schwierigkeiten bei der Abweisung, der Ausweisung und der Auslieferung.

Kraft ungeschriebenen Rechtes steht jedem Staate, also auch einem solchen, der noch kein Fremdengesetz erlassen hat, das Recht der Abweisung zu. Unbestrittenermaßen kann also jedes deutsche Land jedem nach seiner Ansicht „lästigen" Ausländer die Einreise in sein Gebiet untersagen, gleichgültig, ob der Ausländer aus dem Auslande oder aus einem andern deutschen Lande kommt. Das Reich kann die Einreise zum mindesten erschweren, indem es durch Verordnung nach § 9 des Paßgesetzes vom 12. 10. 1867/24. 2. 1923 die Paßpflicht für die Einreise einführt. Ob das Reich darüber hinaus ohne besondere gesetzliche Grundlage und ohne Verhängung des sog. Ausnahmezustands nach Art. 48 einen Ausländer an der Reichsgrenze abweisen kann, erscheint zunächst fraglich. Denn das Reich hat zwar die Gesetzgebung über die Fremdenpolizei (Art. 7 Ziff. 4), aber nicht die Fremdenpolizei selbst. Auch stünden ihm für die reichseigene Abweisung praktisch nur die Reichszollbeamten und die Reichswehr zur Verfügung. Trotzdem muß man auch dem Reiche das Recht der körperlichen Abweisung zubilligen. Denn man vergesse nicht, daß das Reich ein Staat ist und daher an dem ungeschriebenen Rechte aller Staaten teilnimmt, einen Fremden von seinem Gebiete fernzuhalten. Auf die mit der Abweisung nahe verwandte Versagung der Einbürgerung hat freilich das Reich nach dem aus föderalistischer Zeit stammenden Reichs- und Staatsangehörigkeitsgesetz vom 22. Juli 1913 keinen maßgebenden Einfluß. Der Reichsminister des Innern stellt allerdings durch Rundfrage fest, ob gegen die in einem Lande geplante Einbürgerung eines Ausländers von einem andern Lande Bedenken erhoben werden; ist dies der Fall, so beschließt der Reichsrat über die Bedenken. Aber der Reichsminister selbst hat kein Einspruchsrecht; wenn alle Länder mit der Einbürgerung einverstanden sind, muß er sie geschehen lassen, eine ungewollte Schwächung des Reichs gegen früher, da vor der Revolution dem Reiche tatsächlich-politisch, wenn auch nicht rechtlich, die preußische Regierung beisprang und so einen Reichseinspruch ermöglichte.

Ähnliche Fragen erheben sich bei der Ausweisung. Auch ohne besondere gesetzliche Grundlage kann jedes Land einen lästigen Ausländer aus seinem Gebiete ausweisen, aber nur aus seinem Gebiete, nicht aus dem Reichsgebiet. Die Reichsverweisung steht den Ländern nur kraft reichsrechtlicher Anordnung zu. So kann der unter Polizeiaufsicht gestellte, der der Landespolizeibehörde überwiesene, der wegen gewerbsmäßigen Glückspiels verurteilte Ausländer von der Landespolizeibehörde aus dem Reichsgebiet gewiesen werden, da das Reichsstrafgesetzbuch (§§ 39, 362, 285 a) die Landespolizeibehörde hierzu ausdrücklich ermächtigt. Die Frage, ob auch das Reich, ohne Erlassung eines Reichsgesetzes, zur Reichsverweisung befugt ist, ob es also z. B. im Notfalle einen gefährlichen Kommunisten durch die Reichswehr über die Grenze bringen lassen kann, ist aus den gleichen Gründen wie bei der Abweisung zu bejahen, da eben das Reich ein Staat ist und als solcher das ungeschriebene Recht hat, sein Gebiet von reichsfremden Elementen freizuhalten.

Steht es dem Ausländer bei der Ausweisung frei, wohin er sich begeben will, so ist die Auslieferung die körperliche Übergabe des ausländischen Verbrechers an die für seine Verurteilung zuständigen ausländischen Gerichtsbehörden. Für die Zukunft ist das Auslieferungswesen dem Reiche unbedingt vorbehalten, da das Reich die ausschließliche Gesetzgebung über die Auslieferung hat (Art. 6 Ziff. 3) und die Pflege der Beziehungen zu den auswärtigen Staaten ausschließlich Sache des Reichs ist (Art. 78 Abs. 1), doch gelten die von den Ländern früher geschlossenen Auslieferungsverträge vorläufig fort und ist die Ausführung der Auslieferung nach wie vor Sache der Länder (Art. 14). Vor anderweiter Regelung durch das in der Verfassung vorgesehene Auslieferungsgesetz bleibt es auch bei der ungeschriebenen Regel, daß die Auslieferungsverträge ohne sachliche Beschränkung abgeschlossen werden können, also für alle Straftaten, die politischen eingeschlossen, und daß die Auslieferungsverträge nur das Mindestmaß an Auslieferungsmöglichkeiten festsetzen, dem Reiche also freie Hand lassen, im einzelnen Falle durch Auslieferung über das Maß der Verpflichtung hinaus einer fremden Macht einen Gefallen zu erweisen. Dies zu betonen liegt nahe angesichts der viel rechtsstaatlicheren Regelung in den Niederlanden. Dort dürfen Auslieferungsverträge nur im Rahmen des Auslieferungsgesetzes abgeschlossen werden, und über das Maß der vertraglichen Verpflichtung ist eine Auslieferung ausgeschlossen. Diese Regelung war es, die es der niederländischen Regierung gestattete, das Ansinnen der Entente auf Auslieferung Wilhelms II. als rechtswidrig zurückzuweisen.

III. Die Reichsangehörigen.

1. Inhalt der Reichs- und Landesangehörigkeit. Kraft der Gebietshoheit herrscht das Reich über alle Menschen, die sich auf seinem Gebiete befinden. Sie alle sind seine augenblicklichen Untertanen. Reichsangehörige aber sind nur solche Menschen, die der Befehlsgewalt des Reichs auch außerhalb des Reichsgebiets unterworfen sind, andrerseits ein Recht auf Aufenthalt im Reichsgebiete haben. So ergibt sich die Zweiteilung der Menschen in Inländer und Ausländer. Inländer ist, wer die Reichsangehörigkeit besitzt, Ausländer, wer sie nicht besitzt, gleichgültig, ob er einem fremden Staate oder überhaupt keinem Staate angehört. Neben der Gesetzesunterworfenheit im Auslande und dem Rechte auf Aufenthalt im Inland ist der Inländer durch die Begabung mit politischen Rechten, wie Wahlrecht, Stimmrecht, Ämterfähigkeit vor dem Ausländer ausgezeichnet (Str. G. B. § 4 Ziff. 2; Reichsverf. Art. 111, 112, 17, 20).

Bei der bundesstaatlichen Gestaltung des Deutschen Reichs entsteht zunächst die Frage nach dem Verhältnis der Reichsangehörigkeit zur Landesangehörigkeit. Sie wird beantwortet durch das Reichs- und Staatsangehörigkeitsgesetz vom 22. Juli 1913 § 1: „Deutscher ist, wer die Staatsangehörigkeit in einem Bundesstaat (= Lande) oder die unmittelbare Reichsangehörigkeit (§§ 33—35) besitzt." Es gibt also keine Landesangehörigkeit ohne gleichzeitige Reichsangehörigkeit (s. auch RV. Art. 110), wohl aber eine Reichsangehörigkeit ohne gleichzeitige Landesangehörigkeit. Die erste Form der Reichsangehörigkeit, die sog. mittelbare Reichsangehörigkeit, bildet die Regel. Man ist zunächst Preuße, Bayer, Sachse, Württemberger usw. und erst hierdurch Reichsangehöriger. Die unmittelbare Reichsangehörigkeit war in erster Linie eine Einrichtung für unsere Kolonien. Sie kommt auch heute noch vor, doch so selten, daß, wer Umschau unter seinen Bekannten hält, kaum einen unmittelbaren Reichsangehörigen unter ihnen entdecken wird.

Schwieriger zu beantworten ist die Frage nach dem Verhältnis der einzelnen Landesangehörigkeiten zueinander. Hat es heute noch irgendwelche Bedeutung, daß man Preuße ist und nicht Sachse oder Württemberger und nicht Bayer? Schon in Bismarcks Verfassung waren die Landesangehörigkeiten durch das sog. Indigenat des Art. 3 einander sehr genähert, aber nur in den Punkten, die dort ausdrücklich genannt waren, wie Zulassung zum Wohnsitz, zum Gewerbebetrieb, zu öffentlichen Ämtern, nicht dagegen z. B. bei der Ausübung des Landtagswahlrechts. Die Weimarer Verfassung geht noch bedeutend weiter, wenn sie bestimmt: „Jeder Deutsche hat in jedem Lande des Reichs die gleichen Rechte und Pflichten wie die Angehörigen des Landes selbst" (Art. 110 Abs. 2). Unterscheidet sich diese Meistbegünstigungs- und -belastungsklausel überhaupt noch von der durchgängigen Einführung der unmittelbaren Reichsangehörigkeit, wie sie während der Verfassungsberatung wirklich geplant war? Sehr viel bleibt für die Landesangehörigkeit in der Tat nicht übrig, und doch ist es, wie im folgenden angedeutet werden mag, auch heute nicht gleichgültig, welchem Lande man angehört. Da sind einmal die Zuständigkeitsbestimmungen. Der Preuße kann einen Antrag auf Entlassung aus dem Staatsverbande nur bei der preußischen Behörde stellen, nur die preußische Behörde kann ihm gegebenenfalls die preußische Staatsangehörigkeit einseitig entziehen, über das Bestehen oder Nichtbestehen der bayerischen Staatsangehörigkeit entscheidet ausschließlich der bayerische Verwaltungsgerichtshof. Auch die örtliche Zuständigkeit der Finanzbehörden richtet sich unter Umständen nach der Staatsangehörigkeit, insofern nach Reichsabgabenordnung § 51 Abs. 2 bei mehrfachem Wohnsitz der Wohnsitz im Heimatstaate maßgebend ist. Jener Artikel der Reichsverfassung verbietet ferner nicht die Erheblichkeit der Landesangehörigkeit in privatrechtlicher Beziehung. Der bayerische Erbonkel z. B. kann seine preußischen Neffen von der gesetzlichen Erbfolge ausschließen, und nach wie vor ist in Ermangelung sonstiger gesetzlicher Erben „der Fiskus des Bundesstaats, dem der Erblasser zur Zeit des Todes angehört hat, gesetzlicher Erbe" (BGB. § 1936). Kraft ausdrücklicher Anordnung der Verfassung hat weiterhin die Landesangehörigkeit Bedeutung für den Dienstsitz der Reichsbeamten (Art. 16). „Die mit der unmittelbaren Reichsverwaltung in den Ländern betrauten Beamten sollen in der Regel Landesangehörige sein" — ein Zugeständnis an die Eigenbrötelei des Deutschen, der sich ungern von einem eine andere Mundart sprechenden Deutschen regieren läßt, aber eine an diesem ihrem Zwecke gemessen unvollkommene Bestimmung, da sie nicht die Versetzung eines Berliners nach Sigmaringen verhindert. Zu einer öffentlichrechtlichen Unterscheidung der Landesangehörigen gelangt man auch durch eine enge Auslegung des Gleichstellungsartikels selbst. „Jeder Deutsche hat in jedem Lande des Reichs die gleichen Rechte und Pflichten wie die Angehörigen des Landes selbst"; also nur innerhalb des Landes gilt die Gleichsetzung, nicht außerhalb der Landesgrenzen. Gültig ist daher § 4 Abs. 3 der Württembergischen Verfassung vom 25. September 1919, die lautet: „Durch Gesetz kann das Stimm- und Wahlrecht auch solchen württembergischen Staatsbürgern verliehen werden, die ihren Wohnsitz nicht im Lande haben." Für die Wahlen im Lande gewährt die Verfassung das Stimm- und Wahlrecht notgedrungen allen deutschen Staatsbürgern (§ 4 Abs. 2). Endlich zeigt sich kraft ungeschriebenen Rechts auch ein Rest fremdenrechtlicher Anschauung bei Betrachtung der deutschen Landesangehörigkeiten. Auch ein Deutscher ist nämlich innerhalb der Reichsgrenzen vor Ausweisungen nicht sicher. Ein Württemberger z. B., der in Preußen innerhalb der letzten zwölf Monate wegen wiederholten Bettelns bestraft worden ist, kann nach einer weitverbreiteten Auslegung des Freizügigkeitsgesetzes vom 1. November 1867 § 3 Abs. 2 aus Preußen, nach dem klaren Wortlaut der Bestimmung außerdem aus allen andern deutschen Ländern ausgewiesen werden. Da er aber nicht des Reiches verwiesen werden darf, muß es ein Land geben, das ihn aufnimmt; dies kann vernünftigerweise nur sein Heimatland Württemberg sein.

2. Erwerb der Reichs- und Landesangehörigkeit. „Die Staatsangehörigkeit im Reiche und in den Ländern wird nach den Bestimmungen eines Reichsgesetzes erworben und verloren" (Art. 110). Dieses auch heute noch geltende, aber vielfach nicht mehr passende Reichsgesetz ist das „Reichs- und Staatsangehörigkeitsgesetz" vom 22. Juli 1913. Daneben gibt es noch völkerrechtliche Verträge, namentlich auch Bestimmungen des Versailler Friedens, auf deren Inhalt aber nicht näher eingegangen werden soll.

Die Landes- und damit die mittelbare Reichsangehörigkeit wird entweder kraft Gesetzes, d. h. ohne darauf gerichteten staatlichen Verwaltungsakt, oder durch staatliche Verleihung erworben.

Beim Erwerb der Landesangehörigkeit kraft Gesetzes frägt es sich zunächst, welchem Lande der Mensch bei der Geburt angehört. Von den verschiedenen Möglichkeiten, entweder die Staatsangehörigkeit der Eltern oder deren Wohnsitz oder den Ort der Geburt entscheiden zu lassen, hat der deutsche Gesetzgeber die erste gewählt. „Durch die Geburt erwirbt das eheliche Kind eines Deutschen die Staatsangehörigkeit des Vaters, das uneheliche Kind einer Deutschen die Staatsangehörigkeit der Mutter" (§ 4 Abs. 1). Da nach dem neuen Gesetz und bei Eintragung in die Konsularmatrikel auch nach dem Gesetze von 1870 die deutsche Staatsangehörigkeit durch Aufenthalt im Auslande nicht verloren geht und ging, ist es denkbar, daß irgendwo in Südamerika deutsche Staatsangehörige leben, obgleich weder sie noch ihre Eltern noch ihre Großeltern je deutschen Boden betreten haben. Umgekehrt ist es möglich, daß jemand in Deutschland als Ausländer geboren wird, obwohl schon sein Urgroßvater aus der Schweiz nach Deutschland eingewandert war. Wenn die ausländische Gesetzgebung nicht genau mit der deutschen übereinstimmt, oder wenn nicht durch Verträge etwas anderes festgesetzt wird, wird daher die Häufung der Staatsangehörigkeit in einer Person (sog. „sujet mixte") und die Staatenlosigkeit (sog. „Apolid" = Mensch ohne πόλις) unter Umständen zur Notwendigkeit. Ob der Vater oder die Mutter oder deren Vorfahren Deutsche waren, bestimmt sich nach den früheren Gesetzen, also zunächst nach dem Gesetze des Norddeutschen Bundes vom 1. Juni 1870, dann nach den älteren Gesetzen der deutschen Länder. Läßt sich so der genaue Nachweis der deutschen Staatsangehörigkeit nicht führen, ein Fall, der gerade dann eintreten wird, wenn die Familie schon seit unvordenklichen Zeiten in Deutschland lebt, so bleibt nichts übrig, als tatsächliche Vermutungen zu Hilfe zu nehmen und auf diesem Umwege den Wohnsitz der Vorfahren in Deutschland als Beweis für deren deutsche Staatsangehörigkeit anzuerkennen. Bei einem Findelkinde hat der Gesetzgeber selbst die widerlegbare Vermutung aufgestellt, daß es als Kind eines Angehörigen des Landes gilt, in dem es gefunden wurde.

Nach der Geburt kann die Landesangehörigkeit durch Legitimation und durch Eheschließung erworben werden. „Eine nach den deutschen Gesetzen wirksame Legitimation durch einen Deutschen begründet für das Kind die Staatsangehörigkeit des Vaters" (§ 5). Hat also ein Preuße ein uneheliches Kind von einer Dänin und heiratet er die Mutter oder erwirkt er dessen Ehelichkeitserklärung beim preußischen Justizminister, so erlangt das Kind die preußische Staatsangehörigkeit. Dabei darf als selbstverständlicher Wille des Gesetzes angenommen werden, daß dieser Erwerbsgrund nur für das minderjährige Kind gilt. Ebenso erwirbt kraft Gesetzes und ohne die Möglichkeit eines Vorbehalts „durch Eheschließung mit einem Deutschen ... die Frau die Staatsangehörigkeit des Mannes" (§ 6).

Außer diesen kraft Gesetzes wirkenden Erwerbsgründen kennt das Gesetz die Verleihung der Landesangehörigkeit durch staatlichen Verwaltungsakt. Die Verleihung an einen Deutschen, also z. B. die Verleihung der preußischen Landesangehörigkeit an einen Sachsen, nennt das Gesetz „Aufnahme", die Verleihung an einen Ausländer „Einbürgerung" (früher „Naturalisation"). Die Wirkungen der beiden Akte sind völlig gleich, der Preuße kraft Einbürgerung ist ebensogut Preuße wie der Preuße kraft Aufnahme. Wenn daher einmal in Preußen versehentlich ein Ausländer „aufgenommen" oder ein Deutscher „eingebürgert" wird, wie dies schon vorkam, so sind die beiden doch Preußen geworden. Auch die Rechtsnatur der beiden Akte ist gleich; in beiden Fällen handelt es sich um zweiseitige Verwaltungsakte, nicht um Verträge, denn die Verleihung der Landesangehörigkeit hat immer die Vermutung der Gültigkeit für sich, selbst wenn behauptet wird, es sei kein rechtswirksamer Antrag gestellt worden, aber doch um zweiseitige Verwaltungsakte, da der Akt nichtig ist, wenn der Nachweis gelingt, daß ein rechtswirksamer Antrag nicht vorlag. Was die beiden Akte unterscheidet, sind lediglich ihre Voraussetzungen.

Für die Aufnahme gilt der Satz, daß sie einem Deutschen von jedem Lande, in dessen Gebiet er sich niedergelassen hat, auf seinen Antrag erteilt werden muß, wenn er nicht aus armen- oder polizeirechtlichen Gründen ausgewiesen werden kann (§ 7). Der Deutsche hat also in diesem Falle einen Anspruch auf Aufnahme. Er hat so die Möglichkeit, allmählich alle deutschen Landesangehörigkeiten auf sich zu vereinigen, denn mit dem Erwerb einer neuen Landesangehörigkeit geht die alte nicht verloren. Darüber hinaus bleibt es aber dem einzelnen Lande unbenommen, einem Deutschen, auch wenn er sich nicht auf dem Gebiete des Landes niederläßt, die Landesangehörigkeit auf Antrag zu verleihen, nur daß in diesem Falle dem Antragsteller kein Anspruch auf die Verleihung zusteht.

Im Gegensatze zur Aufnahme ist die Einbürgerung im Normalfalle (§ 8) immer ein Akt des freien Ermessens. Der Ausländer, der nicht besondere Beziehungen zum Reiche, wie ehemalige Reichsangehörigkeit, Reichsdienst u. dgl. (§§ 10ff.) nachweisen kann, hat nie einen Anspruch auf Einbürgerung. Die Landesregierung kann der für die Einbürgerung zuständigen Behörde sogar, ohne damit das Reichsrecht zu verletzen, ganz allgemein verbieten, irgendeinen Ausländer oder bestimmte Arten von Ausländern einzubürgern. Ist die Behörde hier somit in der Richtung frei, in der sie bei der Aufnahme gebunden ist, so ist sie andrerseits gebunden, wo bei der Aufnahme Freiheit herrscht. Sie darf nämlich nur dann einbürgern, wenn der Antragsteller einen unbescholtenen Lebenswandel geführt, sich im Lande niedergelassen und am Orte seiner Niederlassung eine eigene Wohnung oder ein

Unterkommen gefunden hat und an diesem Orte sich und seine Angehörigen zu ernähren imstande ist. Die Einbürgerung eines Österreichers z. B., der seinen Wohnsitz in Wien beibehält, ist unzulässig. Während also die Aufnahme manchmal erteilt werden muß und immer erteilt werden kann, gilt für die Einbürgerung, daß sie niemals erteilt werden muß und manchmal erteilt werden kann. Nur dann nähert sich die Einbürgerung der Aufnahme, wenn, wie schon angedeutet, der Ausländer besondere Beziehungen zum Reiche nachweist. So haben unter gewissen Voraussetzungen einen Anspruch auf Einbürgerung die Witwe oder die geschiedene Ehefrau eines Ausländers, die zur Zeit ihrer Eheschließung eine Deutsche war (§ 10), der ehemalige Deutsche, der als Minderjähriger die Reichsangehörigkeit durch Entlassung verloren hat, wenn er den Antrag auf Einbürgerung innerhalb zweier Jahre nach der Volljährigkeit stellt (§ 11), der Ausländer, der mindestens ein Jahr wie ein Deutscher im Heere oder in der Marine aktiv gedient hat (§ 12), der Ausländer, der im Reichsdienst angestellt wird, ein Diensteinkommen aus der Reichskasse bezieht, aber seinen dienstlichen Wohnsitz im Ausland hat (§ 15), der ehemalige Deutsche, der nach früherem Rechte die Reichsangehörigkeit durch Aufenthalt im Ausland verloren und sich wieder in Deutschland niedergelassen hat (§ 31), der zu Unrecht für fahnenflüchtig Erklärte (§ 26). In andern Fällen besteht zwar kein Anspruch, aber ausnahmsweise die Möglichkeit der Einbürgerung trotz fehlender Niederlassung im Inland, so beim ehemaligen Deutschen oder dem Abkömmling eines solchen, wenn er einen gültigen Antrag stellt und sich gut geführt hat (§ 13), und beim Ausländer, der im Reichsdienst — etwa als Wahlkonsul — angestellt wird, ohne ein Diensteinkommen aus der Reichskasse zu beziehen, und seinen dienstlichen Wohnsitz im Ausland hat (§ 15).

Zuständig für die Aufnahme wie für die Einbürgerung ist die „höhere Verwaltungsbehörde", in Preußen z. B. der Regierungspräsident. Vor der Einbürgerung ist die Gemeinde des Niederlassungsortes zu hören. Vor allem aber darf die Einbürgerung in einem Lande regelmäßig erst dann vollzogen werden, nachdem durch den Reichsminister des Innern festgestellt worden ist, daß keines von den übrigen Ländern Bedenken dagegen erhoben hat; erhebt ein Land Bedenken, so entscheidet der Reichsrat (§ 9). Der Grund für diese erst seit dem Gesetze vom 22. Juli 1913 geltende Bestimmung wird klar, wenn man den berühmten Fall kennt, der offenbar den Anlaß für sie gegeben hatte. Ein Russe sollte als lästiger Ausländer aus Preußen ausgewiesen werden. Er bat um Aufschub, den er erhielt, reiste nach Gotha, ließ sich dort naturalisieren und kehrte mit der Naturalisationsurkunde in der Tasche nach Preußen zurück. Als man jetzt mit der Ausweisung Ernst machen wollte, legte er der erstaunten Behörde die sachsen-koburg-gothaische Naturalisationsurkunde vor. Obgleich das sachsen-koburg-gothaische Staatsministerium auf Anregung Preußens die Naturalisation für nichtig erklärte, erkannte das preußische Oberverwaltungsgericht an, daß der Russe Deutscher geworden und geblieben sei, und erklärte seine Ausweisung für unzulässig. Nach heutigem Rechte würde sich der Fall so nicht mehr ereignen können. Denn Preußen würde schon vor der Einbürgerung Einspruch erheben und hierdurch die thüringische Regierung veranlassen, von der Einbürgerung abzusehen, oder Preußen würde doch wenigstens den Fall vor den Reichsrat bringen können.

Die Form, in der die Aufnahme oder Einbürgerung sich vollzieht, ist die Aushändigung einer von der höheren Verwaltungsbehörde hierüber ausgefertigten Urkunde (§ 16). Die Aushändigung ist ein empfangsbedürftiger Verwaltungsakt, wird also nur wirksam, wenn der Empfänger geschäftsfähig ist, also z. B. nicht bei Geisteskrankheit des Empfängers. Der Aufnahme oder Einbürgerung wird gleichgesetzt „die von der Regierung oder der Zentral- oder höheren Verwaltungsbehörde eines Landes vollzogene oder bestätigte Anstellung im unmittelbaren oder mittelbaren Staatsdienst, im Dienste einer Gemeinde oder eines Gemeindeverbandes, im öffentlichen Schuldienst oder im Dienste einer von dem Lande anerkannten Religionsgemeinschaft ..., sofern nicht in der Anstellungs- oder Bestätigungsurkunde ein Vorbehalt gemacht wird" (§ 14). Auch der im Reichsdienste angestellte Ausländer erlangt nicht die unmittelbare Reichsangehörigkeit, sondern die Landesangehörigkeit des Landes, in dem er seinen dienstlichen Wohnsitz hat (§ 15). Voraussetzung für eine derartige Ersatzaufnahme oder Ersatzeinbürgerung ist aber immer die Aushändigung der Anstellungsurkunde (§ 16). Ein Sachse also, der gegen Ende des Krieges preußischer aktiver Leutnant wurde, aber sein Patent nicht mehr ausgehändigt erhielt, hat die preußische Staatsangehörigkeit nicht erworben.

Die Wirkung der Aufnahme und der Einbürgerung ist die, daß die Landesangehörigkeit dauernd, unwiderruflich, unvernichtbar verliehen wird. Selbst wegen Erschleichung oder sonstiger Fehler kann sie nicht zurückgenommen werden, da die Gründe für den Verlust der Landesangehörigkeit im § 17 erschöpfend aufgezählt sind, die Zurücknahme sich aber nicht darunter befindet. Ein entgegengesetzter Wille des Gesetzgebers hätte, wie in der Schweiz, klar zum Ausdruck kommen müssen, zumal das preußische Oberverwaltungsgericht in jener Entscheidung über die Ausweisung des naturalisierten Russen die Zulässigkeit der Zurücknahme verneint hatte. Persönlich erstreckt sich die Aufnahme oder Einbürgerung, sofern nicht in der Urkunde ein Vorbehalt gemacht wird, „zugleich auf die Ehefrau und auf diejenigen Kinder, deren gesetzliche Vertretung dem Aufgenommenen oder Eingebürgerten kraft elterlicher Gewalt zusteht. Ausgenommen sind Töchter, die verheiratet sind oder verheiratet gewesen sind" (§ 16). Ob dem Einzubürgernden die elterliche Gewalt zusteht, entscheidet sich hierbei nach dem Zeitpunkt im Augenblicke vor der Einbürgerung, also nach ausländischem Rechte.

Für den Erwerb der unmittelbaren Reichsangehörigkeit gelten ähnliche Regeln wie für den Erwerb der Landesangehörigkeit. Das eheliche Kind eines unmittelbaren Reichsdeutschen wird mit der Geburt unmittelbarer Reichsdeutscher, ebenso das uneheliche Kind einer unmittelbaren Reichsdeutschen. Die Vorschriften über Legitimation und Eheschließung gelten entsprechend. Als Verleihung der unmittelbaren Reichsangehörigkeit kommt nur die Einbürgerung vor, nicht die Aufnahme, da der Preuße, Bayer, Sachse bereits Reichsangehörige sind und daher kein Interesse an nochmaliger Verleihung der Reichsangehörigkeit haben. Der wichtigste, für die Abkömmlinge und für die Eheschließung auch heute noch bedeutungsvolle Fall war früher die Verleihung der Reichsangehörigkeit an einen Ausländer, der sich in einem deutschen Schutzgebiete niedergelassen hatte, oder an einen Eingeborenen in einem deutschen Schutzgebiete. Heute kommt die Verleihung der unmittelbaren Reichsangehörigkeit noch vor bei ehemaligen Deutschen und deren Abkömmlingen, die sich nicht im Inland niedergelassen haben, und bei Ausländern, die im Reichsdienst angestellt werden und ihren Wohnsitz im Ausland haben (§§ 33—35).

3. Verlust der Reichs- und Landesangehörigkeit. Der Verlust der Reichs- und Landesangehörigkeit tritt ähnlich wie der Erwerb entweder kraft Gesetzes oder kraft eines darauf gerichteten staatlichen Verwaltungsaktes ein.

Kraft Gesetzes verliert die Landesangehörigkeit ein uneheliches Kind durch Legitimation seitens seines ausländischen oder einem anderen deutschen Lande angehörigen Vaters, doch, wie man auch hier annehmen muß, nur ein minderjähriges Kind (§ 17 Ziff. 5). Wichtiger ist, daß die Landesangehörigkeit unbedingt und ohne die Möglichkeit eines Vorbehalts für eine Deutsche verloren geht, die sich mit dem Angehörigen eines anderen Landes oder mit einem Ausländer verheiratet (§ 17 Ziff. 6). So unglaublich es klingt, es kann also eine Badnerin, die heiratet, ohne zu ahnen, daß ihr Ehemann ein Schweizer ist, als lästige Ausländerin ausgewiesen werden. Ebenso führt der freiwillige Erwerb einer ausländischen Staatsangehörigkeit mit gewissen Maßgaben den Verlust der Landesangehörigkeit kraft Gesetzes herbei, wenn der die ausländische Staatsangehörigkeit Erwerbende im Inland weder seinen Wohnsitz noch seinen dauernden Aufenthalt hat (§ 25). Endlich verliert ein fahnenflüchtiger Deutscher, der im Inland weder seinen Wohnsitz noch seinen dauernden Aufenthalt hat, seine Landesangehörigkeit mit dem Ablauf von zwei Jahren nach Bekanntmachung des Beschlusses, durch den er für fahnenflüchtig erklärt worden ist (§ 26), eine Bestimmung, die trotz der veränderten Wehrverfassung auch heute noch gilt.

Der Verwaltungsakt, durch den die Landesangehörigkeit verloren geht, ist entweder die Entlassung auf Antrag oder der einseitige Ausspruch der Behörde. Die Entlassung auf Antrag ist, wie die Aufnahme und die Einbürgerung, ein zweiseitiger, nur bei Vorliegen eines gültigen Antrags wirksamer Verwaltungsakt. So kann weder ein Minderjähriger noch eine verheiratete Frau einen gültigen Antrag stellen (§§ 18, 19). Liegt ein gültiger Antrag vor, so muß ihm in Friedenszeiten in der Regel entsprochen werden. Das Reich zwingt grundsätzlich niemand, Bürger seines Heimatlandes zu bleiben; die in der Verfassung festgelegte Auswanderungsfreiheit (Art. 112) kommt in dem jedem Deutschen zustehenden Anspruch auf Entlassung zum Ausdruck. Der Anspruch besteht unbedingt, wenn der Antragsteller nur beabsichtigt, sich einer oder einiger von vielen deutschen Landesangehörigkeiten zu entledigen, aber mindestens eine Landesangehörigkeit behält (§ 21). Aber auch wenn der Antragsteller die Reichsangehörigkeit gänzlich ablegen will, hat er in Friedenszeiten einen Anspruch auf Entlassung, sofern er nicht zu den Mannschaften des aktiven Heeres oder der aktiven Marine gehört oder aktiver Beamter oder Offizier ist (§ 22 Ziff. 2 u. 5). „Die Entlassung wird wirksam mit der Aushändigung einer von der höheren Verwaltungsbehörde des Heimatstaats ausgefertigten Entlassungsurkunde" (§ 23 Abs. 1). Doch bleibt die Wirkung der Entlassung, wenn sie ohne Vorbehalt einer anderen Landesangehörigkeit geschieht, also die Entlassung aus der Reichsangehörigkeit ein Jahr lang in der Schwebe. Denn „die Entlassung gilt als nicht erfolgt, wenn der Entlassene beim Ablauf eines Jahres nach der Aushändigung der Entlassungsurkunde seinen Wohnsitz oder seinen dauernden Aufenthalt im Inland hat" (§ 24). Die Wirkung der Entlassung ist nach ausdrücklicher Bestimmung des Gesetzes umfassender, als man an sich annehmen dürfte. Die Entlassung aus der Landesangehörigkeit in einem Lande bewirkt nämlich gleichzeitig die Entlassung aus der Landesangehörigkeit in jedem anderen Lande, falls nicht ein Vorbehalt gemacht wird (§ 20). Der Sachse, der durch Anstellung im preußischen Staatsdienst zu der sächsischen noch die preußische Landesangehörigkeit erworben hat und nach Aufgabe seiner Reichsangehörigkeit auswandern will, braucht also, um auch die sächsische Landesangehörigkeit aufzugeben, nur beim zuständigen preußischen Regierungspräsidenten zu beantragen, aus dem preußischen Staatsverbande entlassen zu werden; mit Aushändigung der Entlassungsurkunde verliert er beide Landesangehörigkeiten. Persönlich erstreckt sich die Entlassung nur auf den Antragsteller selbst, es sei denn, daß die Ehefrau oder die Kinder des Antragstellers mit Namen in der Entlassungsurkunde aufgeführt werden (§ 23). Die Entlassung ist also im Interesse der Erhaltung des Deutschtums anders geregelt als die Aufnahme und die Einbürgerung, bei denen sich die Erstreckung des Verwaltungsakts auf die Angehörigen von selbst versteht (§ 16).

Die unfreiwillige Entziehung der Reichsangehörigkeit durch Ausspruch der Behörde ist, wenn auch nicht Strafe im eigentlichen Sinne, so doch als strafähnliche Maßnahme gedacht. Das Gesetz unterscheidet drei Fälle. „Ein Deutscher, der sich im Auslande aufhält, kann seiner Staatsangehörigkeit durch Beschluß der Zentralbehörde seines Heimatstaats verlustig erklärt werden, wenn er im Falle eines Krieges oder einer Kriegsgefahr einer vom Reichspräsidenten angeordneten Aufforderung zur Rückkehr keine Folge leistet" (§ 27). Man nennt dies den militärischen Landesverrat im Gegensatze zum sog. diplomatischen Landesverrat, der die gleichen Folgen nach sich zieht und der vorliegt, wenn ein Deutscher, der ohne Erlaubnis seiner Regierung in ausländische Staatsdienste getreten ist, einer Aufforderung seiner Regierung zum Austritt nicht Folge leistet (§ 28). Eine dritte Möglichkeit wurde vorübergehend durch das Gesetz gegen die Steuerflucht vom 26. Juli 1918 § 23 geschaffen. Auch Deutsche, die wegen Steuerflucht rechtskräftig verurteilt sind, können ihrer Landesangehörigkeit durch Beschluß der Zentralbehörde ihres Heimatlandes verlustig erklärt werden. In allen drei Fällen wirkt der Ausspruch der Behörde auf alle etwa vorhandenen Landesangehörigkeiten und erstreckt sich, im Gegensatze zur Entlassung auf Antrag, mit gewissen Maßgaben auch auf die Familienangehörigen, unter Umständen eine große Härte gegen die Ehefrau und die minderjährigen Kinder, die auf diese Weise Strafe für ein fremdes Tun und Lassen erleiden, das sie nicht beeinflussen konnten.

Für den Verlust der unmittelbaren Reichsangehörigkeit gelten die Vorschriften über den Verlust der Landesangehörigkeit entsprechend (§ 35).

4. Streitigkeiten über die Reichs- und Landesangehörigkeit. Streit kann es geben über das Bestehen oder Nichtbestehen der Reichs- und Landesangehörigkeit und über den Anspruch auf Aufnahme, Entlassung und in Sonderfällen auf Einbürgerung.

Die Frage nach dem Vorhandensein der Reichs- und Landesangehörigkeit wird kaum streitig werden, wenn der Bürger, um den es sich handelt, eine Bescheinigung seiner Landesangehörigkeit vorlegen kann. Ein solcher „Staatsangehörigkeitsausweis" ist im Gesetze ausdrücklich vorgesehen (§ 39) und wird z. B. in Preußen vom Regierungspräsidenten nach Prüfung des Sachverhalts ausgestellt. Er begründet aber nur die Vermutung für das Vorhandensein der preußischen Landesangehörigkeit, hat also keine unbedingte Beweiskraft. Trotz des Ausweises, vor allem aber dann, wenn kein Ausweis vorliegt und der Regierungspräsident Bedenken trägt, ihn auszustellen, können Zweifel über das Vorhandensein der preußischen Landesangehörigkeit entstehen. Ergibt sich eine solche Meinungsverschiedenheit zwischen Preußen und einem andern deutschen Lande, z. B. bei einer Ausweisung nach dem Freizügigkeitsgesetze, so entscheidet, soweit nicht etwa der Gothaer Vertrag vom 15. Juli 1851 zur Anwendung kommt, nach RV. Art. 19 der Staatsgerichtshof für das Deutsche Reich über das Recht zur Ausweisung und damit auch über die Vorfrage der bestrittenen Landesangehörigkeit. Entsteht der Streitfall zwischen dem Deutschen Reiche und einer auswärtigen Macht, so gehört der Fall vor ein internationales Schiedsgericht. Am häufigsten wird der Fall zwischen dem Bürger und seinem angeblichen Heimatlande streitig werden. Bildet die Landesangehörigkeit dabei nur die Vorfrage für eine andere Frage, z. B. die Zulässigkeit der Ausweisung, so entscheiden die für die Hauptfrage zuständigen Stellen, in der Regel die Verwaltungsgerichte, auch über die Vorfrage. Dies geschah, wie gezeigt, in jenem berühmten Falle des Russen, der die sachsen-koburg-gothaische Staatsangehörigkeit erschlichen hatte, nach Nichtigerklärung der Naturalisation aus Preußen ausgewiesen wurde und nun den Schutz des preußischen Oberverwaltungsgerichts anrief. Der einzelne kann aber auch ein Interesse haben, noch vor einem solchen bedrohlichen Zusammenstoß mit der Staatsgewalt seine Landesangehörigkeit einmal für allemal festgestellt zu sehen. Diese Möglichkeit ist ihm jedoch nicht überall gegeben, da das Reich die Frage überhaupt nicht geregelt hat und die Verwaltungsrechtspflegegesetze der Länder in der Zulassung der Feststellungsklage weit auseinandergehen. In Preußen z. B. gibt es eine solche verwaltungsgerichtliche Feststellung der preußischen Landesangehörigkeit nicht, während in Bayern „über den bestrittenen Besitz der bayerischen Staatsangehörigkeit" in erster Instanz die Bezirksverwaltungsbehörde, in letzter Instanz der Verwaltungsgerichtshof entscheidet. Das Vorhandensein der Landesangehörigkeit kann endlich zwischen zwei Privatpersonen streitig werden oder sonstwie den Nebenpunkt irgendeines vor den ordentlichen Gerichten auszutragenden Prozesses bilden. A verkauft und übereignet z. B. ein Grundstück an B und behauptet später die Nichtigkeit der Übereignung, da B Ausländer und daher nach gewissen landesrechtlichen Bestimmungen gar nicht fähig sei, Grundeigentum zu erwerben. Oder X wird vom Schwurgericht verurteilt und ficht das Urteil wegen unvorschriftsmäßiger Besetzung des Gerichts an, da ein Geschworener als Österreicher geboren und trotz Ernennung zum preußischen Reserveoffizier die preußische Landesangehörigkeit nicht erworben habe. In allen derartigen Fällen entscheidet das ordentliche Gericht auch über das Vorhandensein der Landesangehörigkeit, im Strafverfahren nach dem Buchstaben des Gesetzes unbedingt, im Zivilprozeß mit der Möglichkeit, das Verfahren bis zur Entscheidung des zuständigen Verwaltungsgerichts auszusetzen. Allerdings wird hierdurch die Landesangehörigkeit weder einmal für allemal festgestellt, noch einmal für allemal abgesprochen. Auch wenn das Reichsgericht das schwurgerichtliche Urteil bestätigt, da der Geschworene Deutscher sei, kann der Geschworene als lästiger Ausländer ausgewiesen werden, wenn die Polizeibehörde der Rechtsansicht des Reichsgerichts nicht beitritt und das zuständige Verwaltungsgericht die Klage des angeblichen Ausländers abweist. Anders, wenn der bayerische Verwaltungsgerichtshof, „über den bestrittenen Besitz der bayerischen Staatsangehörigkeit" angerufen, das Vorhandensein dieser Staatsangehörigkeit verneint hat. Da die Anrufung des Verwaltungsgerichtshofs gerade den Zweck hat, endgültig Klarheit über den Besitz der bayerischen Landesangehörigkeit zu schaffen, ist der Ausspruch des Verwaltungsgerichtshofs für alle Behörden bindend.

Außer der Reichs- und Landesangehörigkeit selbst kann der Anspruch auf Aufnahme, Einbürgerung oder Entlassung streitig werden. Das Gesetz sieht für diesen Fall eine förmliche Beschwerde, den sog. „Rekurs", vor, läßt aber der Landesgesetzgebung freie Hand in der Ausgestaltung des Rechtsmittels (§ 40). Die Landesgesetzgebung ist denn vielfach weitergegangen und hat für die bezeichneten Ansprüche das verwaltungsgerichtliche Verfahren eröffnet, so in Preußen durch Gesetz vom 18. Juni 1914.

IV. Die Organisation der Reichsgewalt.

1. Das Reichsvolk als höchstes Reichsorgan. In den monarchischen deutschen Landesverfassungen vor 1918 fand sich fast überall die Wendung: „Der König (Großherzog usw.) ist das Oberhaupt des Staats, vereinigt in sich alle Rechte der Staatsgewalt und übt sie unter den von ihm gegebenen in der gegenwärtigen Verfassungsurkunde festgesetzten Bestimmungen aus" (so bayer. Verf. v. 26. Mai 1818 Tit. II § 1). Diesem sog. „monarchischen Prinzip" setzt die Weimarer Reichsverfassung den Grundsatz der Volkssouveränität entgegen, wenn sie im Art. 1 bestimmt: „Das Deutsche Reich ist eine Republik. Die Staatsgewalt geht vom Volke aus." Damit ist das deutsche Volk zum Inhaber der höchsten Staatsgewalt erklärt im Gegensatze nicht nur zu den Dynastien, sondern auch zu der Gesamtheit der deutschen Länder, die unter Bismarcks Verfassung als Inhaber der Reichsgewalt angesehen werden konnten. Einer wissenschaftlichen Prüfung hält allerdings die Theorie von der Volkssouveränität ebensowenig stand wie die frühere vom monarchischen Prinzip. Auch das Volk ist wie früher der König nur Diener des Staates. Der in einem Volksentscheid zum Ausdruck gebrachte und dann Gesetz gewordene Wille der Abstimmenden ist Staatswille genau wie eine königliche Verordnung früher Staatswille war, und nicht nur Wille des Volks oder des Königs. Auch das Volk ist, anders ausgedrückt, ein Organ des Reiches oder der Länder. Nach Art. 5 wird „die Staatsgewalt . . in Reichsangelegenheiten durch die Organe des Reichs auf Grund der Reichsverfassung, in Landesangelegenheiten durch die Organe der Länder auf Grund der Landesverfassungen ausgeübt". Sollte die Reichsverfassung hiermit eine Unterscheidung zwischen dem Volke, das die Reichsgewalt in deren Fülle zu eigen besitzt, und dem Reichstag, dem Reichspräsidenten und anderen Stellen bezweckt haben, die die Reichsgewalt nur als Organe ausüben, so würde dem nicht beigepflichtet werden können, da auch das Volk die ihm anvertraute Reichsgewalt nur als Organ des Reiches ausübt.

Das Reichsvolk als Organ des Reichs macht nur einen Teil des Reichsvolkes im weiteren Sinne aus; es fällt, kurz gesagt, zusammen mit der Gesamtheit der Reichstagswähler und soll daher erst im Zusammenhang mit der Darstellung der Reichstagswahl näher umgrenzt werden. Obgleich so eine große Anzahl von Deutschen, vor allem die noch nicht zwanzig Jahre alten, von der Aktivbürgerschaft ausgeschlossen sind, ist doch die Umgrenzung des Reichsvolks so demokratisch wie möglich, da fast ohne Ausnahme alle über 20 Jahre alten deutschen Männer und Frauen zum Reichsvolk gehören, der im wesentlichen einzige, wenn man will, aristokratische Zug also in der Bevorzugung der über 20 Jahre alten Deutschen vor den jüngeren liegt.

Die Reichsgewalt des Volks äußert sich in den regelmäßigen Wahlen, der Wahl nach Auflösung des Reichstags, der Abberufung des Reichspräsidenten, dem Volksentscheid und dem Volksbegehren.

Das Reichsvolk wählt regelmäßig alle vier Jahre den Reichstag (RV. Art. 22, 23), alle sieben Jahre den Reichspräsidenten (Art. 41, 43). Auf die Ernennung der Mitglieder der Reichsregierung hat das Volk keinen unmittelbaren Einfluß. Immerhin ist es der vom Volke gewählte Reichspräsident, der den Reichskanzler und die Reichsminister ernennt und entläßt, und der vom Volke gewählte Reichstag, der durch ein Mißtrauensvotum die Reichsregierung oder einzelne ihrer Mitglieder zum Rücktritt zwingen kann. Kräftiger als durch diese formalen Beziehungen wird allerdings das Volk durch die öffentliche Meinung die Zusammensetzung und die Politik der Reichsregierung beeinflussen. Der Reichsrat endlich entzieht sich der rechtlichen Einwirkung durch das Reichsvolk völlig, doch besteht ein mittelbarer Zusammenhang zwischen ihm und dem Volke der einzelnen Länder. Denn der Reichsrat setzt sich aus Mitgliedern der Landesregierungen oder deren Stellvertretern zusammen, die Mitglieder der Landesregierungen werden von den Landtagen insgesamt oder teilweise gewählt und können insgesamt vom Landtag zum Rücktritt gezwungen werden, der Landtag aber geht aus Volkswahlen hervor. Auch bei den von den preußischen Provinzialverwaltungen bestellten Reichsratsmitgliedern lassen sich ähnliche Zusammenhänge mit dem Volke aufweisen.

Die Reichstagswahl nach Auflösung des Reichstags muß als Äußerung des Volkswillens neben den regelmäßigen Reichstagswahlen besonders hervorgehoben werden, weil das Volk hier, wenn der Reichstag nicht nur wegen Überalterung oder Unfähigkeit zu politischer Arbeit aufgelöst wird, zu einem zwischen Reichstag und Reichsregierung ausgebrochenen Streit Stellung nimmt (Art. 25). Die Reichstagsauflösung hat die Bedeutung eines Appells an das Volk, das so zum Schiedsrichter zwischen Reichstag und Reichsregierung angerufen wird. Eine ähnliche Bedeutung hat die Wiederwahl des Reichspräsidenten durch Ablehnung seiner Absetzung (Art. 43), indem sich hier das Volk im Streite zwischen Reichstag und Reichspräsidenten für diesen entscheidet.

Der Streit zwischen Reichstag und Reichspräsident ist der einzige Fall, in dem dem Reichsvolke ein Abberufungsrecht nach Art des amerikanischen „Recall" gegeben ist, und selbst hier kann der Reichspräsident vorzeitig durch Volksabstimmung nur auf Antrag des Reichstags abgesetzt werden (Art. 43). Es fehlt also dem Volke die Befugnis zur Abberufung aus eigener Initiative, wenn auch nicht vergessen werden darf, daß das Volk durch Volksbegehren und Volksentscheid eine Verfassungsänderung und in der Form einer Verfassungsänderung auch die Abberufung des Reichstags und des Reichspräsidenten erzwingen kann. Die vom Reichstag herbeigeführte Volksabstimmung über Absetzung des

Reichspräsidenten enthält zugleich eine mittelbare Ermächtigung zur Abberufung des Reichstags; denn die Ablehnung der Absetzung „hat die Auflösung des Reichstags zur Folge".

Während sich das Reichsvolk bei den Wahlen und bei der Abstimmung über die Absetzung des Reichspräsidenten nur an der Bestellung und der Rückberufung oberster Reichsorgane beteiligt, handelt es beim **Volksentscheid** als Gesetzgeber. Der Reichspräsident kann jedes vom Reichstag beschlossene Gesetz vor dessen Verkündung binnen eines Monats zum Volksentscheid bringen (Art. 73 Abs. 1). Bei Meinungsverschiedenheiten zwischen Reichstag und Reichsrat kann der Reichspräsident dies binnen dreier Monate tun (Art. 74 Abs. 3) und muß es auf Verlangen des Reichsrats bei Verfassungsänderungen (Art. 76 Abs. 2) tun, ferner auf Volksbegehren, das nicht in normaler Weise Gesetz wird (Art. 73 Abs. 3), und auf Antrag eines Zwanzigstels der Stimmberechtigten bei Gesetzen, deren Verkündung auf Antrag von mindestens einem Drittel des Reichstags ausgesetzt ist (Art. 73 Abs. 2).

Anders als beim Volksentscheid, wo das Reichsvolk nur auf Befragen tätig wird, kann es endlich beim **Volksbegehren** aus eigenem Antrieb einen Gesetzentwurf einbringen (Art. 73 Abs. 3). Erst das Volksbegehren in Verbindung mit dem Volksentscheid ermöglicht es dem Volke, seinen Willen unbedingt, selbst gegen den Reichstag, den Reichsrat, den Reichspräsidenten und die Reichsregierung, zum Gesetze zu erheben, erst hierdurch wird es zum höchsten Gesetzgeber und bewahrheitet den Satz von der Volkssouveränität. Das Beispiel eines solchen übermächtigen Volkswillens bot vor kurzem die schweizerische Eidgenossenschaft, als das Volk die Einführung der Verhältniswahl durch „Volksanregung (Initiative)" und Volksabstimmung gegen den Willen der Bundesversammlung erzwang.

Diese umfassende Ausstattung des Reichsvolkes mit unmittelbarer Reichsgewalt legt die Frage nach dem Grunde der Erscheinung nahe. Auch in der Demokratie verlangt doch eine vernünftige Politik, daß die Besten regieren, auch die Demokratie hat in der Auslese des Tüchtigsten einen aristokratischen Einschlag. Erlesen aber sind die Gewählten, also die Reichstagsabgeordneten und der Reichspräsident, mittelbar auch die Reichsregierung und die Mitglieder des Reichsrats. Wie kommt es da, daß man in außerordentlichen, also besonders wichtigen Fällen das Volk mit seiner Durchschnittsbegabung zum Schiedsrichter und Gesetzgeber über die Auserlesenen eingesetzt hat? Der Grund mag einmal ganz allgemein in dem mystischen Zauber liegen, den wir mit der Vorstellung „Volk" verbinden, jener Quelle alles Schönen, Guten und Weisen, dann aber in dem Werte, den man dem Unverbildetsein des Volkes beilegt. Der Reichstag handelt fast ausschließlich nach Parteigrundsätzen, das natürliche Gefühl tritt beim einzelnen Abgeordneten so gut wie völlig zurück. Das Volk dagegen ist lange nicht so stark parteimäßig eingestellt wie die Abgeordneten, es entscheidet politische Fragen nach seiner natürlichen Anschauung. Es ist also eine Art „Rückkehr zur Natur", die dem Verfassungsgesetzgeber bei der Einführung der Volksabstimmung, dem Volksentscheid und dem Volksbegehren vorgeschwebt haben mag.

Eine weitere Frage, die sich aufdrängt, ist die, ob der Gedanke der Volkssouveränität in der Weimarer Verfassung wirklich restlos durchgeführt ist, oder ob, wie es Scheinmonarchien gibt, auch der Souverän „Volk" im Deutschen Reiche nur scheinbar mit der höchsten Machtvollkommenheit ausgestattet ist. Wodurch unterscheidet sich der echte König vom Scheinkönig? Doch dadurch, daß gegen den Willen des echten Königs dessen Befugnisse nicht geschmälert werden können, während der Scheinkönig durch ein ohne seine Mitwirkung zustandekommendes verfassungsänderndes Gesetz gestürzt werden kann. So hätten wir im Deutschen Reiche nur eine scheinbare Volkssouveränität, in Wirklichkeit aber eine Parlamentssouveränität, wenn dem Volke alle Befugnisse zur unmittelbaren Ausübung der Reichsgewalt gegen seinen Willen genommen oder geschmälert werden könnten, wenn also z. B., wie kurz vor dem Kapp-Putsch geplant, die Wahl des Reichspräsidenten vom Volke auf den Reichstag übertragen werden könnte, ohne daß das Volk hierzu seine Zustimmung zu geben brauchte. Dies ist aber in der Tat Rechtens. Verfassungsänderungen können zwar zum Volksentscheid gebracht werden, brauchen es aber nicht, wenn Reichstag und Reichsrat, Reichspräsident und Reichsregierung einer Meinung sind. Es fehlt im Reiche das in Amerika und in der Schweiz übliche sog. obligatorische Verfassungsreferendum, d. h. die Unzulässigkeit einer Verfassungsänderung ohne Befragung des Volkes; nicht einmal Neuwahlen sind für die Beschlußfassung über ein verfassungsänderndes Gesetz vorgesehen. Und doch ist die Volkssouveränität im Deutschen Reiche mehr als eine Scheinsouveränität, und doch ist der Reichstag auch bei Einigkeit mit den übrigen gesetzgebenden Organen nicht unbedingt souverän. Denn wie der Reichstag durch verfassungsänderndes Gesetz das Volk entthronen kann, kann umgekehrt auch das Volk durch Volksbegehren und Volksentscheid den Reichstag seiner verfassungsmäßigen Befugnisse entkleiden. Allerdings ist das Volk dem Reichstag gegenüber im Nachteil, nicht so sehr wegen der Abhängigkeit des Volksbegehrens von einer Zulassungsentscheidung des Reichsministers des Innern (§ 30 Ges. v. 27. Juni 1921), der bei Erfüllung der Voraussetzungen gar nichts anderes tun kann, als das Volksbegehren zuzulassen, als wegen der Schwerfälligkeit des Verfahrens bei der unmittelbaren Volksgesetzgebung. Beim Wettrennen der beiden „Souveräne" wird immer der Reichstag als erster durchs Ziel gehen. Eine andere Frage ist, ob der Reichstag es wagen wird, den Kampf mit dem Volke aufzunehmen. Daher läßt sich über das tatsächliche Stärkeverhältnis zwischen Reichstag und Volk kein sicheres Urteil abgeben, und es bleibt bei der rechtlichen Erkenntnis, daß im Deutschen Reiche weder eine reine Volks-, noch eine reine Parlamentssouveränität besteht, sondern eine eigentümliche Art wechselseitiger Souveränität zwischen Reichsvolk und normalem Verfassungsgesetzgeber, insbesondere Reichstag

2. Der Reichstag. Da von allen Staatsbetätigungen die Gesetzgebung die vornehmste ist und da an der Gesetzgebung der Reichstag den vornehmsten Anteil hat, ist das nächst dem Volke höchste Staatsorgan der Reichstag. Seine Tätigkeit und seine Zusammensetzung führen auf zwei allgemeine Erscheinungen des staatlichen Lebens: die politischen Parteien und das parlamentarische Wahlrecht.

a) Die politischen Parteien. Die politischen Parteien sind eine, wie die Erfahrung lehrt, notwendige Einrichtung des in der Volksvertretung sich abspielenden staatlichen Lebens. Mag es vom theoretischen Standpunkte aus noch so wünschenswert erscheinen, daß in einer Versammlung der bedeutende Einzelne durch seine Persönlichkeit und die Überzeugungskraft seiner Gründe Wirkungen ausübt, so läßt sich doch nicht verhindern, daß sich Gruppen bilden, die bei Abstimmungen geschlossen für oder gegen die eingebrachten Anträge stimmen. Der Tatsache kann man sogar die gute Seite abgewinnen, daß auf diese Weise wenigstens eine teilweise Einigkeit erzielt und die Geschäftsbehandlung erleichtert wird, da sich nicht jeder einzelne verpflichtet fühlt, das Wort zu ergreifen, sondern zufrieden ist, wenn ein Parteifreund im Namen der ganzen Partei gesprochen hat. Auch erleichtert das Vorhandensein großer Parteien die Berechenbarkeit des künftigen Verhaltens der Volksvertretung. Ebenso ist schon von vielen Seiten darauf hingewiesen worden, daß das Fehlen jeglichen Parteigegensatzes der Volksvertretung alle Lebendigkeit nehmen würde. Andrerseits hat man namentlich in Deutschland die Schattenseiten des Parteiwesens gründlich kennen gelernt. Die Einschachtelung in Parteien nimmt den Abgeordneten die Unbefangenheit bei der Abstimmung. In einer Fraktionssitzung wird beschlossen, wie sich die Partei verhalten soll, und darnach, nicht nach dem natürlichen Gefühle des einzelnen, wird gesprochen und abgestimmt. An sich würde diese an das Militärische erinnernde Parteidisziplin noch nicht einmal Bedenken erregen, wenn der einzelne sein natürliches Gefühl dem natürlichen Gefühle oder dem überlegenen Verstande eines überragenden Führers unterordnete. In Wirklichkeit ist der

Führer meist keine geniale Persönlichkeit, sondern ein blutleeres Parteidogma, dem das lebendige Gefühl des einzelnen geopfert wird. Die Partei gleicht so einem Manne, der seine starren Grundsätze hat und gegenüber diesen Grundsätzen die Stimme des Herzens nicht aufkommen läßt. Bedenkt man noch die dem Deutschen eingewurzelte Neigung zur Uneinigkeit, die sich in der Parteizersplitterung und in der maßlosen Heftigkeit der Parteigegensätze offenbart, so versteht man den Widerwillen, den breite Schichten des Volkes gegen das Parteiwesen überhaupt hegen. Und doch ist das Parteiwesen eine tatsächlich notwendige, seit Einführung der Verhältniswahl sogar rechtlich vorausgesetzte Erscheinung des staatlichen Lebens.

Manche Partei verdankt einer Zufälligkeit ihre Entstehung und verschwindet auch wieder bei irgendeiner Gelegenheit. Für die meisten großen Parteien Deutschlands läßt sich aber ein ganz bestimmtes Verhältnis des einzelnen zum Staate feststellen. Der einzelne befindet sich in einem Pflichtverhältnis zum Staate, da er dem Staatswillen zu gehorchen hat, er ist aber dem Staate gegenüber auch berechtigt. Die Rechte wiederum sind entweder Beteiligungsrechte oder Freiheiten oder Ansprüche auf Staatsleistungen. Das Beteiligungsrecht, z. B. das Wahlrecht, gibt dem einzelnen unmittelbaren Anteil an der Staatsgewalt, das sog. Freiheitsrecht schützt ihn vor gesetzwidrigen Eingriffen, z. B. Verhaftungen und Haussuchungen, der Anspruch auf Staatsleistungen verpflichtet den Staat, zugunsten des einzelnen tätig zu sein, z. B. den eingereichten Antrag zu genehmigen, die Beamtenbesoldung auszuzahlen. Die Parteirichtung nun, die die möglichste Freiheit vom Staate betont, doch ohne den Staat zu verneinen, ist der Liberalismus, in Deutschland von der Deutschen Volkspartei vertreten. Artet der Liberalismus in eine Verneinung des Staates aus, so verdichtet er sich zum Anarchismus. Dagegen verlangt die Demokratie eine möglichst umfassende Beteiligung des Volkes an der Staatsgewalt, also Freiheit im Sinne einer Selbstregierung des Volkes. Freiheit im liberalen und Freiheit im demokratischen Sinne sind demnach wesentlich verschieden. Mit der größten Freiheit im demokratischen Sinne ist ein völliger Mangel an Freiheit im liberalen Sinne verträglich, wie die Geschichte gewisser antiker Staaten und die Staatstheorie Rousseaus beweisen, und umgekehrt ist Freiheit im liberalen Sinne auch in einem Staate denkbar, dem umfassende demokratische Einrichtungen fehlen, so die Religionsfreiheit in Preußen vor Einführung der Verfassung von 1848/50. Es war also eine völlige Verkennung des Wesens der beiden Freiheiten, wenn vor und nach der Verabschiedung der Weimarer Verfassung gelegentlich behauptet wurde, der zweite Hauptteil der Verfassung mit seiner Aufzählung einer großen Reihe von Grundrechten sei angesichts des demokratischen Charakters der Verfassung überflüssig. Vielmehr bedarf es auch im „Freistaat" eines Schutzes der „Freiheit" des einzelnen gegen Übergriffe der die Mehrheit bildenden Parteien. Im Gegensatze zur Partei der Liberalen und der Demokraten betont die konservative Partei den Gedanken der Pflicht gegenüber dem Staate in Erinnerung an das absolute Königtum, das in erster Linie Gehorsam verlangte. In diesem Punkte trifft sich, wie Spengler in seiner Schrift „Preußentum und Sozialismus" richtig erkannt hat, die konservative Partei merkwürdigerweise mit der sozialistischen, da der Sozialismus auf dem Gebiete der Produktion die freie Wirtschaft durch die nach einheitlichen Gesichtspunkten geregelte Zwangswirtschaft ersetzen will. Umgekehrt verlangt der Sozialismus auch die Fürsorge des Staates für den einzelnen, so daß sich bei ihm der Gedanke der Pflicht mit dem des Anspruchs auf Staatsleistungen verbindet. Kommt noch die Forderung hinzu, daß die Staatsgewalt vom Volke ohne Unterschied der Person oder der Klasse, also demokratisch, gehandhabt werde, so haben wir einen wesentlichen Teil des Programms der Sozialdemokratischen Partei Deutschlands. Anders als die genannten vier Hauptparteien widerstrebt die fünfte, das Zentrum, einer solch einfachen Orientierung am Staate, da sie im wesentlichen eine kirchliche, keine staatliche Gruppe bildet. Immerhin hat das Zentrum mit der konservativen

Partei die Betonung des Gehorsams gemein, allerdings nicht dem Staate, sondern der katholischen Kirche gegenüber, mit den Liberalen verlangt das Zentrum eine möglichste Freiheit der Kirche vom Staat, läßt es sich aber andrerseits gefallen, wenn der Staat die Kirche durch Geldleistungen unterstützt, und nimmt endlich in Gestalt einer mächtigen Partei gerne Anteil an der Staatsgewalt. Es gibt daher keine große Partei, mit der das Zentrum sich nicht für kürzere oder längere Zeit verbinden könnte. Eine besondere Note erhalten endlich die Parteien, je nachdem sie bei Stellungnahme zum Staate gerade nur ihren Staat oder den Staat schlechthin im Auge haben. Unter diesem Gesichtspunkte findet man unter den Parteien ausgesprochen nationale Parteien (wie die Deutschnationalen) und ausgesprochen internationale (wie die sozialistischen und kommunistischen).

Die Gründe, die den einzelnen bewegen, sich dieser oder jener Partei anzuschließen, können sehr mannigfach sein. Nur bei wenigen ist es eine wissenschaftlich begründete Überzeugung, bei andern wirken Abstammung und Erziehung mit, andere wieder schließen sich der Partei an, die ihnen in ihrer Zusammensetzung gesellschaftlich am meisten behagt, viele wählen die Partei, von der sie die Befriedigung ihrer nächsten wirtschaftlichen Interessen erhoffen, manche aus Ärger über irgendeine Kränkung die Partei, die durch ihre scharfe Gegnerschaft zu den Regierungsparteien bekannt ist. Angesichts dieser mannigfachen Beweggründe darf man sich nicht wundern, daß die Stärke des Parteizugehörigkeitsgefühls innerhalb der einzelnen Parteien sehr abgestuft ist. Mit Leib und Seele der Partei verschrieben sind nur die politischen Führer und die ihnen ergebenen Mitglieder des Zentralvorstands und der örtlichen Parteivorstände. Diese hauptsächlich sind es, die die Propaganda übernehmen, in ruhigen Zeiten zwischen den Wahlen Vorträge veranstalten, die Zeitungen bearbeiten, die Vorbereitungen zu den Wahlen treffen. Eine verhältnismäßig treue, aber meist kaum noch als aktiv zu bezeichnende Anhängerschaft bilden dann die eingeschriebenen Mitglieder, deren Hauptaufgabe in der Aufbringung der für das Tätigwerden der Partei nötigen Geldmittel besteht. Den der Zahl nach vielfach überwiegenden Rest stellen die Mitläufer dar, Leute ohne kräftiges politisches Wollen, die bei geringen Anlässen von einer Partei zur andern übertreten oder sich aus Interesselosigkeit der Stimme enthalten. Die Herrschaft der Parteien ist also bei Lichte besehen die Herrschaft verhältnismäßig kleiner Gruppen von Menschen, denen es Freude macht, in der Politik tätig zu sein.

b) Das parlamentarische Wahlrecht. Da das Volk nur in seltenen Fällen seinen Willen in unmittelbarer Abstimmung äußert, ist es eine wichtige Frage, auf welchem Wege die Volksvertretung gewählt werden soll. Eine ganze Reihe von Schwierigkeiten ist hierbei zu lösen.

Zunächst begegnet die Frage, ob das Wahlrecht mit einer Wahlpflicht verbunden werden soll oder nicht. Unter Wahlrecht versteht man hierbei nur das sog. aktive Wahlrecht, das Recht zu wählen, nicht das fälschlicherweise so benannte passive Wahlrecht, d. h. die Fähigkeit, nicht etwa das Recht, gewählt zu werden. Man darf gegen die Wahlpflicht, wie sie z. B. in Belgien besteht, nicht einwenden, sie sei unlogisch, da ein Recht aufhöre, ein Recht zu sein, wenn der Berechtigte nicht die Freiheit habe, von seinem Rechte Gebrauch zu machen. Vielmehr zeigt sich gerade in der Verbindung des Wahlrechts mit der Wahlpflicht die Doppelstellung des einzelnen bei der Wahl. Der einzelne ist Teil eines Staatsorgans, nämlich der Wählerschaft, und als solcher wie alle Staatsorgane verpflichtet, für den Staat tätig zu sein. Zugleich ist er aber auch ein Einzelrechtssubjekt und als solches berechtigt, Teil des Staatsorgans „Wählerschaft" zu sein. Wenn man sich trotzdem im Deutschen Reiche entschlossen hat, es beim Wahlrecht bewenden zu lassen und das Vorhandensein einer Wahlpflicht nicht durch besondere Strafen zu verdeutlichen, so mag dies in der Erwartung geschehen sein, daß der Bürger sich aus Pflichtgefühl an den Wahlen beteiligen oder ein solch geringes Interesse am öffentlichen Leben haben werde, daß auf seine Mitwirkung an der Wahl ohne Schaden für die Allgemeinheit verzichtet werden kann.

Bedeutend wichtiger ist die Frage, ob das Wahlrecht allgemein oder beschränkt sein soll. Für den demokratischen Staat gibt es nur die Möglichkeit eines allgemeinen Wahlrechts. Was aber als „allgemeines" Wahlrecht zu gelten hat, entscheidet sich nicht nach eindeutigen, sich stets gleichbleibenden Regeln, sondern nach allgemeinen, stetem Wandel unterworfenen politischen Anschauungen. „Allgemeines" Wahlrecht heißt zunächst Wahlrecht aller Staatsbürger. Die menschliche Natur aber bringt es mit sich, daß Kinder und Jugendliche nicht wählen können. Also muß das Wahlrecht mit einem bestimmten Lebensalter beginnen, aber mit welchem? Unter Bismarcks Verfassung wählte erst der Fünfundzwanzigjährige, heute steht das Wahlrecht schon dem Zwanzigjährigen zu, beide Wahlrechte nannten sich aber „allgemein". Sicher hat aber auch die Festsetzung des Wahlalters seine Grenzen; bei Heraufsetzung des Wahlrechts auf vierzig Jahre würde man sicher nicht mehr von einem „allgemeinen" Wahlrecht sprechen können. Die Neuheit des Frauenstimmrechts hat weiter zur Folge, daß ein Wahlrecht auch dann noch als allgemein gilt, wenn es die Frauen vom Wahlrecht ausschließt; daher mußte es in den Artikeln 17 und 22 der RV. ausdrücklich genannt werden. Auch die Ausschließung derer, denen die bürgerlichen Ehrenrechte aberkannt sind, vom Wahlrecht verwandelt das allgemeine Wahlrecht noch nicht zu einem beschränkten. Wohl aber muß nach heutigen Begriffen der Ausschluß des der Armenpflege Anheimgefallenen und des Konkursschuldners vom Wahlrecht als Verstoß gegen die Allgemeinheit des Wahlrechts angesehen werden, da zwischen dem Wahlrecht des Bismarckschen Reichs, das diesen Ausschluß anordnete, und dem „allgemeinen" Wahlrecht der Weimarer Reichsverfassung die Revolution von 1918 liegt, deren Zweck es gerade war, den wirtschaftlich Schwachen zu helfen. Vor allem verbietet die Allgemeinheit des Wahlrechts die Bevorzugung oder die Ausschließung gewisser Gesellschaftsklassen, Rassen, Stände, insbesondere auch die Einführung eines sog. Zensus, sei es eines Steuerzensus, demzufolge nur die Steuerzahler oder nur gewisse Steuerzahler wahlberechtigt sind, sei es eines Bildungszensus, der etwa alle Analphabeten von der Wahl ausschließt.

Das allgemeine Wahlrecht kann entweder gleich oder ungleich sein. Beim gleichen Wahlrecht hat jeder Wähler denselben Einfluß auf das Wahlergebnis wie ein anderer Wähler. Obschon die Ungleichwertigkeit der Menschen von keinem Vernünftigen geleugnet wird, ist doch das gleiche Wahlrecht mit den geringsten Willkürlichkeiten verbunden. Es berücksichtigt zwar auch nicht die Bedeutung der menschlichen Gruppen für den Staat, sondern sieht in der mannigfach gegliederten Gesellschaft nur Einzelne, aber diese objektive Ungerechtigkeit ist doch wenigstens frei von dem Verdachte irgendwelcher subjektiven Einseitigkeit, da sie ohne Ansehn der Person wirkt. Im Gegensatze dazu bevorzugt oder benachteiligt das ungleiche Wahlrecht einzelne Personen oder Gruppen von Personen. Dies geschieht einmal durch relative Vermehrung des Stimmgewichts bestimmter Wähler, so wenn vermöge einer unrichtigen Wahlkreiseinteilung („Wahlkreisgeometrie") der eine Wahlkreis stärker bevölkert ist als der andere und in beiden Wahlkreisen die gleiche Anzahl von Abgeordneten zu wählen ist, oder wenn die Wähler nach ihrer Steuerleistung derart in mehrere Gruppen geteilt werden, daß die Höchstbesteuerten, die ein Drittel der direkten Steuern aufbringen, einen Abgeordneten oder Wahlmann wählen, die Nächstbesteuerten, die das zweite Drittel der Steuern zahlen, ebenfalls einen Abgeordneten oder Wahlmann wählen und ebenso alle Niedrigstbesteuerten oder Unbesteuerten (preußisches „Dreiklassenwahlrecht"). Das Wahlrecht kann aber auch ungleich gemacht werden durch absolute Vermehrung des Stimmgewichts einzelner Wähler, nämlich durch Zuweisung einer, zweier, dreier Zusatzstimmen an gereifte, gebildete, vermögende Personen (z. B. früheres sächsisches und hessisches Mehrstimmen- oder Pluralstimmenrecht). Eine dritte Art des ungleichen Wahlrechts entsteht durch die Einräumung des Rechts an bevorzugte Einzelne, sich an verschiedenen Wahlen zu beteiligen, so an den Wahlen zur ersten und zur zweiten Kammer oder auch an den Wahlen zu einer einzigen Kammer in der „allgemeinen Wählerklasse" und außerdem in der „Wählerklasse des großen Grundbesitzes" (Österreich 1896—1907).

Eine weitere Frage ist die, ob das Wahlrecht unmittelbar oder mittelbar sein soll. Beim unmittelbaren Wahlrecht wird der Abgeordnete durch das Volk selbst gewählt, beim mittelbaren Wahlrecht durch die vom Volke gewählten Wahlmänner. Obgleich der mittelbaren Wahl der Gedanke einer verfeinerten Auslese zugrunde liegt, gehört sie in Deutschland wohl endgültig der Vergangenheit an, zumal sie im preußischen Dreiklassenwahlrecht durch häufige Unterdrückung der dritten Klasse verbitternd gewirkt hatte. Tatsächlich, nicht rechtlich, besteht die mittelbare Wahl allerdings bei der Aufstellung der zu wählenden Kandidaten, da der Kandidat vom Parteivorstand benannt zu werden pflegt, der Parteivorstand aber seinerseits einer Wahl seine Stellung verdankt.

Neben einer Reihe weiterer Einzelfragen, unter denen die bedeutendste, ob öffentlich oder geheim gewählt werden soll, durchweg im Sinne der geheimen Wahl beantwortet wird, bleibt noch das Hauptproblem: In welcher Weise soll aus der Summe der abgegebenen Stimmen der Abgeordnete ermittelt werden? Soll die Mehrheit allein siegen oder soll auch die Minderheit vertreten sein?

Das Mehrheitssystem oder Majoritätsprinzip würde in seiner brutalsten Form darin bestehen, daß das ganze Land einen einzigen Wahlkreis bildete, die Abgeordneten einzeln hintereinander oder zusammen auf einer Liste gewählt würden und als gewählt ausnahmslos die Abgeordneten gälten, die die meisten Stimmen erhalten haben. Die Folge würde sein, daß bei straffer Parteidisziplin eine einzige Partei sämtliche Sitze bekäme, ein Ergebnis, das nur durch das Erfordernis der absoluten Mehrheit gemildert werden könnte. Bei der Mehrheitswahl unterscheidet man nämlich die einfache Mehrheit, auch relative Mehrheit genannt, und die absolute Mehrheit. Die einfache Mehrheit hat der Kandidat, der mehr Stimmen auf sich vereinigt als ein anderer, die absolute Mehrheit der Kandidat, der mehr als die Hälfte aller abgegebenen gültigen Stimmen erhalten hat, also bei geraden Zahlen eine Stimme, bei ungeraden Zahlen eine halbe Stimme über die Hälfte. Verlangt nun das Gesetz absolute Mehrheit, so kommt es, wenn keine Partei die absolute Mehrheit hat, zur Stichwahl zwischen den beiden oder mehreren meistbegünstigten Bewerbern. Hierbei ist die Mehrheitspartei auf die Wahlhilfe einer anderen Partei angewiesen, die aber nur gewährt werden wird, wenn die Mehrheitspartei auch der anderen Partei zu einer Reihe von Abgeordnetensitzen verhilft.

In dieser brutalen Form ist jedoch das Mehrheitssystem nirgends verwirklicht, vielmehr werden die Abgeordneten, wie in den Reichstagswahlen vor 1918, in einzelnen Wahlkreisen gewählt. Im einzelnen Wahlkreis kommt die Minderheit allerdings auch hier nicht zu Worte. Da jedoch die Parteien nicht an allen Orten im Verhältnis zueinander gleich stark vertreten sein werden, ist es leicht möglich, daß das Gesetz der großen Zahl einen gewissen, ja sogar einen vollständigen Ausgleich schafft. Angenommen, es gäbe zwei Parteien mit einer Gesamtstärke von 6000 und 4000 Stimmberechtigten, die im ganzen 100 Abgeordnete in 100 Wahlkreisen zu wählen haben, so ist es zwar möglich, daß immer etwa 60 Wähler der Partei A 40 Wählern der Partei B gegenüberstehen und so die Partei A sämtliche Sitze erhält. Viel wahrscheinlicher aber ist es, daß auch die Partei B in einigen Wahlkreisen die Mehrheit hat. Man nehme nur den einfachen Grenzfall, daß die Parteien geographisch reinlich getrennt auftreten, so hat die Partei A in 60 Wahlkreisen je 100 Wähler hinter sich, die Partei B in 40 Wahlkreisen ebenfalls je 100 Wähler, die Minderheit würde also hier vollkommen ihrer Stärke entsprechend vertreten sein. Man muß dies besonders betonen, weil dem früheren Reichstagswahlrecht der Vorwurf gemacht wird, es habe die Minderheiten überhaupt nicht berücksichtigt. Man vergißt dabei das Gesetz der großen Zahl und die statistisch zu erhärtende Tatsache, daß in den früheren Reichstag auch kleine Parteien gewählt wurden. Daß gewisse Parteien, wie die Sozialdemokraten, unverhältnismäßig schlecht, andere, wie die Konservativen, unverhältnismäßig gut vertreten waren, lag weniger am Mehrheitssystem als an der durch Unterlassung einer neuen Wahlkreiseinteilung verschuldeten Wahlkreisgeometrie, kraft deren das schwach bevölkerte platte Land zu viel, die in starker Bevölkerungszunahme begriffenen Städte zu wenig Abgeordnete zu wählen hatten. Die Behauptung von der Erdrosselung der Minderheit durch das frühere Wahlrecht wird vollends Lügen gestraft, wenn man bedenkt, daß durch eigentümliche Zahlenkombinationen die Minderheiten sogar in die Lage versetzt werden konnten, im Reichstag als Mehrheit zu erscheinen. Man nehme im oben genannten Beispiel den Grenzfall, daß Partei B in achtzig Wahlkreisen mit je 50 Wählern, Partei A in den gleichen Wahlkreisen mit je 49 Wählern und in den übrigen zwanzig Wahlkreisen mit je 104 Wählern vertreten ist, so erhält Partei B 80 Sitze und Partei A nur 20 Sitze, obgleich ihr verhältnismäßig 120 Sitze, also sechsmal soviel, zuständen.

Zugunsten des Mehrheitssystems lassen sich eine Reihe von Gründen ins Feld führen. Gewählt wird in erster Linie nicht unbedingt die Partei, sondern die Persönlichkeit; denn da die Wahl Einzelwahl ist, ist der zu wählende Führer nicht mit einer Liste unbedeutender Parteigenossen verkoppelt; er tritt als einzelner den Wählern gegenüber und veranlaßt viele Wähler, ihn als den Tüchtigsten zu wählen, selbst wenn sie sonst Mitläufer einer anderen Partei sind. Außer dem Vorzug der Führerauslese hat die Einzelwahl nach dem Mehrheitssystem noch die Bedeutung einer Berücksichtigung der menschlichen Gruppen. Der Wahlkreis fällt vielfach ganz oder annähernd mit gewissen natürlichen oder politischen Bezirken zusammen. Ist dies z. B. eine größere Stadt, so hat die Stadt den Abgeordneten gewählt, und es ist nur recht und billig, daß die überstimmte Minderheit unberücksichtigt bleibt, da sie auch bei anderen Willensäußerungen der Stadt nichts zu sagen hat. Bei einer Zusammenzählung sämtlicher Stimmen der Minderheiten im ganzen Reiche würde eine Macht vorgetäuscht, die gar nicht besteht, da die zerstreut vorkommende Minderheit eben bedeutend schwächer ist als die zahlenmäßig gleiche geschlossene. Die Einzelwahl nach dem Mehrheitssystem ermöglicht endlich eine Ersatzwahl bei Wegfall eines Abgeordneten durch Tod oder Verzicht im Laufe der Wahlperiode, während bei der Listenwahl der nächste auf der Liste stehende, bisher unberücksichtigt gebliebene Parteifreund mechanisch nachrückt, vermutlich eine weniger bedeutende Persönlichkeit, da sie an so später Stelle auf der Liste steht. Die Ersatzwahlen haben namentlich die Bedeutung eines Barometers für einen zu erwartenden oder nicht zu erwartenden Umschwung der Volksstimmung während der Wahlperiode und sind insofern wichtig für die Entschlüsse der von der öffentlichen Meinung stark abhängigen Regierung.

Trotzdem wiegen die Zahlenwillkürlichkeiten und die Zahlenüberraschungen, die das Mehrheitssystem mit sich bringt, so schwer, daß immer lauter die Forderung nach einem System erhoben wurde, das die Minderheit und, wie wir nach obigem hinzusetzen müssen, auch die Mehrheit vor Vergewaltigungen schützt. Sieht man von den unbeholfenen Systemen der Minderheitsvertretung durch beschränkte Stimmgebung und durch Stimmenhäufung ab, so läßt sich die Forderung nur durch die Einführung der **Verhältniswahl** (Proportionalwahl) befriedigen.

Die frühesten Systeme der Verhältniswahl stammen aus der Mitte des vorigen Jahrhunderts. In Deutschland verwirklicht war die Verhältniswahl vor der Revolution z. B.

bei den Staatswahlen in Württemberg und Hamburg, den Gemeindewahlen in Bayern und Baden, den Wahlen zu den Vertreterschaften der Arbeiterversicherung und zu den Gewerbe- und Kaufmannsgerichten. Auch für die Reichstagswahlen in den großen Städten war die Verhältniswahl wenige Monate vor der Revolution eingeführt worden.

Die erste Frage bei der Verhältniswahl lautet: wieviel Abgeordnetensitze erhalten die einzelnen Parteien? oder, da wenigstens in neuerer Zeit immer Listen von Bewerbern gewählt werden, wieviele Abgeordnetensitze sind den einzelnen Listen zuzuweisen? Nach dem für die Listenwahl umgeänderten System des Engländers Hare (1859) lautet die Antwort sehr einfach so: Die Gesamtzahl der abgegebenen Stimmen wird durch die Zahl der zu wählenden Abgeordneten geteilt; man erhält so den Wahlquotienten oder die Verteilungszahl. Teilt man die für die einzelnen Listen abgegebenen Stimmen durch den Wahlquotienten, so erhält man die Zahl der auf die einzelnen Listen entfallenden Abgeordneten. Wird — wie fast immer — auf diese Weise nicht die Gesamtzahl der Abgeordnetensitze verteilt, so erhalten die Listen mit den größten bei der Division verbliebenen Resten je einen weiteren Abgeordneten, bis die Zahl der Abgeordneten voll ist. Es seien z. B. zehn Abgeordnete zu wählen, die Liste A hat 4160 Stimmen erhalten, die Liste B 3380, die Liste C 2460. Da im ganzen 4160 + 3380 + 2460 = 10000 Stimmen abgegeben sind, beträgt die Verteilungszahl 10000 : 10 = 1000. Teilt man diese Zahl in die für die einzelnen Listen abgegebenen Stimmen, so erhält Liste A vier Abgeordnete mit einem Rest von 160 Stimmen, Liste B drei Abgeordnete mit einem Rest von 380 Stimmen, Liste C zwei Abgeordnete mit einem Rest von 460 Stimmen. Gewählt wären also nur 4 + 3 + 2 = 9 Abgeordnete, folglich erhält die Liste mit den meisten Reststimmen, also Liste C, einen weiteren Abgeordneten. Dies System gilt heute z. B. für die Wahlen zu den preußischen Provinziallandtagen und Kreistagen (preuß. Ges. v. 3. Dez. 1920 §§ 8, 20) und zum sächsischen Landtag (Ges. v. 4. Sept. 1920 § 27). Aber gerade das Beispiel zeugt von einem rechnerischen Bedenken, das frühzeitig gegen das System Hare erhoben werden mußte. Das System ist zwar völlig einwandfrei, wenn es keine Reste gibt, und auch bei vorkommenden Resten kann es einwandfrei sein, nur führt es hier leicht zu einer ungerechten Begünstigung der kleinen Parteien. Im oben genanntem Beispiel hat die Partei C den letzten Abgeordneten, also im ganzen drei Abgeordnete erhalten. Auf einen Abgeordneten der Partei C entfallen demgemäß 2460 : 3 = 820 Stimmen. Hätte man den letzten Sitz der Partei B zuerkannt, so wäre die durchschnittliche Stimmenzahl für einen Abgeordneten der Partei B 3380 : 4 = 845 gewesen und bei Partei A 4160 : 5 = 832. Bei wirklich gerechter Verteilung hätte also Partei B einen weiteren Sitz erhalten müssen und nicht Partei C, vielmehr hätte Partei C sogar auch noch hinter Partei A zurücktreten müssen, da es offenbar gerechter ist, daß auf je 845 Stimmen der Partei B und auf je 832 Stimmen der Partei A ein Abgeordneter kommt, als auf je 820 Stimmen der Partei C. Diesen Mißstand vermeidet das System des Belgiers d'Hondt (1882). Während das Haresche System nur das Verhältnis der Parteien zur gesamten Wählerschaft im Auge hat, berücksichtigt d'Hondt ausschließlich das Verhältnis der Parteien zueinander. Nach d'Hondt soll keine Partei einen Sitz oder einen weiteren Sitz erhalten, wenn sie den Sitz mit einer geringeren Stimmenzahl erkaufen würde als eine andere Partei, falls man dieser den Sitz zuwiese. Um diesen beim Hareschen System leicht vorkommenden Fehler zu vermeiden, werden die für die einzelnen Parteien abgegebenen Stimmen zunächst durch 1, dann durch 2, 3, 4 usw. geteilt. Man erhält so die Stimmenzahl, mit der die Parteien einen Abgeordneten durchbringen, je nachdem ihnen ein, zwei, drei, vier usw. Sitze zugeteilt werden. Ordnet man die so gewonnenen Zahlen nach der Größe und bezeichnet sie nach der Liste, der sie angehören, und bricht man die Reihe ab, sobald die Zahl der zu wählenden Abgeordneten erreicht ist, so kann man unmittelbar ablesen, wieviel Abgeordnete auf die einzelnen Listen fallen. Im oben genannten Beispiel würde also die Rechnung sich folgendermaßen gestalten:

	Liste A	Liste B	Liste C		Liste A	Liste B	Liste C
: 1	4160	3380	2460	: 4	1040	845	615
: 2	2080	1690	1230	: 5	832	676	492
: 3	$1386^2/_3$	$1126^2/_3$	820	: 6	$693^1/_3$	$563^1/_3$	410.

Die zehn größten Zahlen sind 4160 (A), 3380 (B), 2460 (C), 2080 (A), 1690 (B), $1386^2/_3$ (A), 1230 (C), $1126^2/_3$ (B), 1040 (A), 845 (B). Liste A erhält demnach vier Sitze, Liste B ebenfalls vier Sitze, Liste C zwei Sitze. Der Sinn der Rechnung ist der, daß, wenn A viermal unter den größten Zahlen erscheint, A viermal so viel Stimmen erhalten hat, als die letzte von den vier Zahlen angibt ($4 \cdot 1040 = 4160$), und daß gerechterweise A vier Sitze zugeteilt werden müssen, ehe B mit $4 \cdot 845$ Stimmen einen vierten Sitz erhält oder C mit 820 Stimmen einen dritten. Ganz befriedigt diese Lösung allerdings auch nicht, denn es ist schwer einzusehen, warum Liste B, die noch nicht einmal das ein- und-einhalbfache der Stimmenzahl der Liste C auf sich vereinigt hat, nicht etwa die einundeinhalbfache, sondern sogar die doppelte Zahl von Abgeordneten erhält als Liste C. Der Fehler wird noch deutlicher, wenn z. B. drei Abgeordnete zu wählen sind und Liste A 2000, Liste B 1400, Liste C 900 Stimmen erhalten haben. Dann entfallen auf Liste A zwei und auf Liste B ein Abgeordneter, Liste C geht leer aus. Liste A und Liste B erhalten also, mathematisch ausgedrückt, unendlich mal soviel Abgeordnete als Liste C, obgleich sie zusammen noch nicht einmal viermal soviel Stimmen auf sich vereinigt haben als Liste C. Trotz dieser leicht in die Augen springenden Bedenken erfreut sich das d'Hondtsche System großer Beliebtheit. Die Wahlen der Reichsversicherungsordnung werden fast durchweg nach ihm vorgenommen, es galt für die Wahlen zur verfassunggebenden deutschen Nationalversammlung und zur verfassunggebenden preußischen Landesversammlung von 1919 und gilt heute z. B. für die Wahlen zum preußischen Staatsrat (Ges. v. 16. Dez. 1920 § 18). Eine Unannehmlichkeit hat das System allerdings, wenn viele Abgeordnete zu wählen sind; die Rechnung ist dann ziemlich umständlich, auch kann man sich leicht bei der Ordnung der Zahlen nach der Größe irren. Diesem Mangel sucht das System des Basler Professors Hagenbach-Bischoff abzuhelfen, das im Endergebnis mit dem d'Hondtschen übereinstimmt, in der Ausrechnung aber zunächst dem System Hare folgt. Selbst wenn nämlich das Haresche System bei der Verteilung der Reste zu ungerechten Ergebnissen führt, so bringt es doch zunächst, d. h. vor der Restverteilung, eine brauchbare Annäherung. Das Haresche System wird ferner nur in ganz seltenen, bei großen Zahlen völlig unwahrscheinlichen Fällen sofort alle Sitze zur Verteilung bringen, da hierfür der Wahlquotient in alle Zahlen restlos aufgehen müßte. Wahrscheinlich wird bei der Division mindestens ein Sitz übrig bleiben. Auf dieser Erwägung beruht die erste Vorschrift des Hagenbach-Bischoffschen Systems, daß nämlich zur Ermittelung des Wahlquotienten die Zahl der abgegebenen Stimmen nicht durch die Zahl der Sitze, sondern durch die um eins größere Zahl geteilt wird. Es wird also so verfahren, als ob ein Abgeordneter mehr gewählt werden soll, weil dann mit einiger Wahrscheinlichkeit die sämtlichen Sitze auf den ersten Hieb verteilt werden. Das trifft z. B. in dem Falle zu, daß drei Abgeordnete zu wählen sind und Liste A 2000, Liste B 1100 und Liste C 800 Stimmen erhalten hat. Der Wahlquotient ist $(2000 + 1100 + 800) : (3 + 1) = 975$. $2000 : 975 = 2$, $1100 : 975 = 1$, $800 : 975 = 0$. Wie beim d'Hondtschen System erhält also Liste A zwei Sitze, Liste B einen Sitz, während Liste C leer ausgeht. Wie aber, wenn trotz dieser Verkleinerung des Wahlquotienten ein Sitz oder mehrere Sitze übrig bleiben? Dies wäre etwa im ersten der oben genannten Beispiele der Fall, da auch bei einem Wahlquotienten 10000 : 11 = 910 (aufgerundet) Liste A vier, Liste B drei und Liste C zwei, zusammen also nur neun Sitze erhalten. Hier macht sich Hagenbach-Bischoff den d'Hondtschen Gedanken zu eigen. Es wird untersucht, was gerechter ist: daß Liste A einen fünften oder daß Liste B einen vierten oder daß Liste C einen dritten Sitz bekommt. Da sich nach der Rechnung: 4160 : 5 = 832, 3380 : 4 = 845, 2460 : 3 = 820 ergibt, daß ein Abgeordneter die verhältnismäßig größte Zahl von Wählern hinter sich hat, wenn man der Liste B den letzten Sitz zuweist (845 gegen 832 und 820), so erhält Liste B einen vierten Sitz. In dieser Weise müßte auch verfahren werden, wenn noch ein weiterer Sitz zur Verteilung käme. Der Sitz dürfte nicht ohne nähere Prüfung der Liste A zugewiesen werden, sondern es müßte erst geprüft werden, ob es nicht gerechter wäre, Liste B mit einem fünften Sitze zu bedenken. Da 3380 : 5 nur 676 ergibt, würde in diesem Falle allerdings der elfte Sitz auf Liste A fallen. In der Schweiz erdacht, wurde dies System Hagenbach-Bischoff vor allem in der Schweiz in die Tat umgesetzt, so bei den Wahlen zum Nationalrat seit 1919.

Schon konnte man glauben, die Erfindungen von Verhältniswahlsystemen seien zum Abschluß gelangt, als man in Deutschland ein Verfahren erdachte, das sich durch Einfachheit auszeichnet und würdig neben dem englischen, dem belgischen und dem schweizerischen System bestehen kann: das sog. automatische Verfahren. Bisher war man von einer festen Zahl von Abgeordnetensitzen ausgegangen, die auf die einzelnen Listen zu verteilen waren. Beim automatischen Verfahren dagegen hängt die Zahl der Abgeordneten von der Stärke der Wahlbeteiligung ab. Das Verfahren wurde zuerst für die badischen Landtagswahlen eingeführt (Verfassung § 25) und dann für die Reichstagswahlen und die preußischen, thüringischen, mecklenburg-schwerinschen und oldenburgischen Landtagswahlen übernommen. Jede Partei erhält auf je 10000 (Baden) oder 60000 (Reich) oder 40000 (Preußen) der für ihre Liste abgegebenen Stimmen einen Abgeordneten. Reste werden wie eine volle Zahl berücksichtigt, wenn sie mehr als die Hälfte (Reich, Preußen) oder mehr als drei Viertel (Baden) der vollen Zahl betragen. Das Verfahren hat also eine gewisse Ähnlichkeit mit dem Hareschen Verfahren, nur daß der Wahlquotient nicht von Fall zu Fall ermittelt wird, sondern vom Gesetzgeber ein für allemal festgesetzt ist.

Die zweite Hauptfrage bei der Verhältniswahl lautet: wie werden die den einzelnen Listen zugewiesenen Abgeordnetensitze auf die Bewerber verteilt? Welche Bewerber gelten als gewählt? Die einfachste Antwort hierauf gibt das System der streng gebundenen Liste, nach dem ausschließlich die Reihenfolge auf der Liste entscheidet. Hat also Liste A mit den Bewerbern A_1, A_2 usw. fünf Sitze erhalten, so sind die Bewerber $A_1 - A_5$ gewählt. Scheidet einer von den Abgeordneten später aus, so rückt mechanisch A_6 nach, vielfach zum großen Erstaunen der Wähler, die es nicht begreifen können, daß z. B. ihr Führer A_1 durch eine Mittelmäßigkeit ersetzt wird. Dies System herrscht z. Zt. in Deutschland. Eine etwas größere Freiheit wird dem Wähler beim System der einfach gebundenen Liste eingeräumt. Er ist zwar auch hier an die Namen der Liste insofern gebunden, als er keinen neuen Namen einsetzen darf, doch kann er einzelne Namen streichen und die Reihenfolge der Namen ändern. Früher verteilte man die Abgeordnetensitze einfach nach der Stimmenzahl. Da es aber auf diese Weise für Böswillige ein leichtes war, durch Abgabe von Stimmzetteln der Partei mit Streichung der an erster Stelle genannten Bewerber die Liste zu verschlechtern, sie zu „köpfen", die Partei ihrer Führer zu berauben, mußte ein Verfahren erdacht werden, das diesen Fehler vermeidet und nicht nur berücksichtigt, wie oft ein Kandidat überhaupt, sondern wie oft er an erster, zweiter usw. Stelle genannt wird. Dies geschieht im System des jetzigen Oberbürgermeisters von Nürnberg Luppe, das er als Magistratssyndikus in Frankfurt a. M. für die Wahlen zum Frankfurter Kaufmanns- und Gewerbegericht entworfen hat. Darnach gilt an erster Stelle als gewählt, wer die meisten Stimmen an erster Stelle erhalten hat, an zweiter Stelle, wer von den übrigen Bewerbern die meisten Stimmen an erster und zweiter Stelle zusammen erhalten hat usw. Noch größer ist die Freiheit des Wählers beim sog. Panaschieren (= Sprenkeln). Der Wähler kann die Namen aus mehreren Wahlvorschlägen nehmen und so eine eigene Liste zusammenstellen. Verbunden ist diese Freiheit vielfach mit der des Kumulierens, d. h. der Befugnis, den Namen eines bevorzugten Bewerbers auf Kosten anderer Bewerber mehrmals zu nennen. Beim Verhältniswahlsystem mit Panaschierungsfreiheit wird jede für einen Bewerber abgegebene Stimme sowohl dem Bewerber als auch der Vorschlagsliste gutgeschrieben, auf der er ursprünglich stand. Sind also für die Vorschlagsliste A mit den Bewerbern $A_1 A_2 A_3$ 100 Stimmen abgegeben, für die Vorschlagsliste B mit den Bewerbern $B_1 B_2 B_3$ 150 Stimmen und für eine daraus zusammengestellte Liste $A_1 B_2 B_3$ 80 Stimmen, so hat Bewerber A_1 100 + 80, A_2 100, A_3 100, mithin Liste A 380 Stimmen erhalten, Bewerber B_1 150, B_2 150 + 80, B_3 150 + 80, mithin Liste B 610 Stimmen. Von drei zu verteilenden Abgeordnetensitzen erhält demnach Liste A einen, Liste B zwei. Bei der Unterverteilung ist klar, daß A_1 gewählt ist. Ob dagegen von der Liste B die Bewerber B_1 und B_2 oder die Bewerber B_2 und B_3 gewählt sind, hängt davon ab, ob das System Luppe zur Anwendung kommt oder nach altem System ausschließlich die Zahl der von den einzelnen Bewerbern auf sich vereinigten Stimmen entscheidet. Das Panaschieren war z. B. bei den Wahlen zur Hamburgischen Bürgerschaft nach dem Gesetze vom 5. März 1906 gestattet und findet sich neuerdings im schweizerischen Bundesgesetz, betreffend die Wahl des Nationalrates, vom 14. Februar 1919.

Während die streng gebundene Liste den Wähler einer kleinen Gruppe von Parteidiktatoren ausliefert, räumt ihm die einfach gebundene Liste, vor allem aber das System des Panaschierens einen bescheidenen Einfluß auf die Auslese des Führers ein. Damit wird der wunde Punkt der Verhältniswahl nach den heute üblichen Verfahrensarten berührt. Über der mathematisch-technischen Seite der Verhältniswahl hat man ihr wichtigstes Problem vernachlässigt: **Verhältniswahl und Führerauslese.** Bei der Mehrheitswahl stehen sich Persönlichkeiten als Bewerber gegenüber, über sie entbrennt der Streit und endet vielfach mit dem Siege des Tüchtigsten. Bei der Verhältniswahl der typischen Art dagegen stehen sich farblose Parteidogmen gegenüber, verbrämt durch eine Liste ziemlich willkürlich zusammengestellter Namen, ein Mangel, den man allmählich stark empfindet, und auf den in wissenschaftlicher Weise vor allem Smend hingewiesen hat (Festgabe für Bergbohm 1919). Und doch ist dies kein Fehler der Verhältniswahl als solcher, sondern nur ihrer noch ganz in den Kinderschuhen steckenden Systeme. Es läßt sich nämlich ein Verfahren andeuten, das die Vorzüge der Mehrheitswahl mit den Erfordernissen der verhältnismäßigen Vertretung vereinigt und daher die Führerauslese in gleichem Maße begünstigt wie die Mehrheitswahl. Wie oben gezeigt, ist es eine Übertreibung, der Mehrheitswahl die notwendige Unterdrückung der Minderheit vorzuwerfen. Die Mehrheitswahl kann auch zu einer Unterdrückung der Mehrheit führen. Zwischen diesen beiden Polen liegt die Möglichkeit einer verhältnismäßigen oder annähernd verhältnismäßigen Vertretung aller Parteien, und diese Möglichkeit ist, weil in der Mitte liegend, wahrscheinlicher als der Eintritt der beiden Extreme. Wird die Verhältnismäßigkeit nicht erreicht, so gibt es zwei Mittel, um das Wahlergebnis „stimmend" zu machen. Entweder ergänzt man die zu schwach berücksichtigten Parteien durch Zuweisung von Abgeordnetensitzen an Bewerber, die zwar unterlegen sind, aber mit den knappsten Mehrheiten geschlagen wurden oder die verhältnismäßig meisten Wähler hinter sich hatten. Oder man nimmt den zu stark vertretenen Parteien die Bewerber, die mit der knappsten Mehrheit gesiegt haben oder der verhältnismäßig kleinsten Wählerzahl ihren Sieg verdanken. Auch an eine Verbindung des Ergänzungs- und des Kürzungsverfahrens wäre zu denken. Wie sich das System im einzelnen gestaltet, ist nebensächlich. Daß aber die Entwicklung zu dieser oder einer ähnlichen Lösung drängt, darf man als sicher annehmen. Dann würden wieder die großen Wahlkreise verschwinden, die kleinen Wahlkreise hätten beim System der Ergänzung immer, beim System der Kürzung meist ihren eigenen Vertreter, unter Umständen deren zwei; es würde wieder um Persönlichkeiten gerungen werden, der Führer käme in das Parlament, der mißliebige Abgeordnete würde nicht wieder gewählt werden, während es heute kein Mittel gibt, den verhaßten Abgeordneten an der Rückkehr ins Parlament zu hindern. Auch Ergänzungswahlen, jene politischen Barometer, wären wieder möglich, wenigstens für solche ausgeschiedenen Abgeordneten, die bei der Wahl die Mehrheit hinter sich gehabt hatten, während die durch das Ergänzungsverfahren für gewählt erklärten Abgeordneten nach eben diesem Ergänzungsverfahren ersetzt werden müßten.

c) **Das geltende Reichstagswahlrecht.** Obgleich das heute geltende Wahlrecht nach dem soeben Gesagten vermutlich bald geändert werden wird (vgl. den durch die Reichstagsauflösung vom 20. Oktober 1924 zunächst erledigten Regierungsentwurf vom 21. August 1924, Drucksachen des Reichstags Nr. 445), sei es doch in seinen Grundzügen hier dargestellt.

Die Quellen des Reichstagswahlrechts sind die Verfassung, das Reichswahlgesetz vom 27. April 1920/6. März 1924 und die Verordnung vom 14. März 1924 über Reichswahlen und -abstimmungen (Reichsstimmordnung).

Reichstagswähler ist jeder männliche und weibliche Reichsangehörige, der am Wahltag zwanzig Jahre und darüber alt ist (Art. 22, Ges. § 1). Obgleich die Verfassung das allgemeine Wahlrecht vorschreibt, ist es nach früher Gesagtem zulässig, daß durch das Wahlgesetz vom Wahlrecht ausgeschlossen wird, „wer entmündigt ist oder unter vorläufiger Vormundschaft oder wegen geistigen Gebrechens unter Pflegschaft steht", ferner „wer rechtskräftig durch Richterspruch die bürgerlichen Ehrenrechte verloren hat". Für die Soldaten „ruht" die Ausübung des Wahlrechts während der Dauer der Zugehörigkeit zur Wehrmacht, eine Ausdrucksweise, die der Ehre des Soldaten nicht zu nahe tritt und ihm außerdem die Wählbarkeit beläßt. Gewisse unfreie Personen endlich, wie Straf- und Untersuchungsgefangene, sind in der Ausübung ihres Wahlrechts behindert, haben also keinen Anspruch auf Urlaub zwecks Abgabe der Stimme.

„Wählbar ist jeder Wahlberechtigte, der am Wahltag fünfundzwanzig Jahre alt und seit mindestens einem Jahre Reichsangehöriger ist" (§ 4), also auch Angehörige der Wehrmacht und die an der Ausübung des Wahlrechts nur behinderten Personen. Von der Unwählbarkeit zu scheiden ist die Unvereinbarkeit. Die einzige der Reichsverfassung bekannte Unvereinbarkeit ist heute die zwischen Reichspräsidentschaft und Abgeordneteneigenschaft (Art. 44). Die Vereinbarkeit der Eigenschaft eines Abgeordneten mit der eines Beamten und eines Angehörigen der Wehrmacht wird ausdrücklich durch die Bestimmung anerkannt, daß diese Personen zur Ausübung ihres Amtes als Mitglieder des Reichstags keines Urlaubs bedürfen (Art. 39). Vor allem fehlt heute eine Bestimmung, die der früheren Unvereinbarkeit der Mitgliedschaft im Reichstag und im Bundesrat entspräche und die die Ernennung eines im Reichstage verbleibenden Reichstagsabgeordneten zum Reichskanzler oder Reichsminister unmöglich machte. Vielmehr ist es heute sogar das Gegebene, daß Reichskanzler und Reichsminister zugleich Mitglieder des Reichstags sind. Die Unvereinbarkeit unterscheidet sich von der Unwählbarkeit dadurch, daß die auf einen unwählbaren Kandidaten abgegebenen Stimmen ungültig sind, während im Falle der Unvereinbarkeit nur verlangt wird, daß sich der Kandidat für eines der beiden Ämter entscheidet. Die Frage hat zur Zeit allerdings ihre Bedeutung weniger für die Reichstagswahlen als für die Wahl des Reichspräsidenten.

Die **räumlichen Grundlagen** der Wahl bilden der Wahlkreis, der Wahlkreisverband, das Reich einerseits, die Wahlbezirke andererseits. Räumliche Einheit für die Berechnung der den einzelnen Parteien zuzuweisenden Abgeordnetensitze ist zunächst der **Wahlkreis**, der etwa zehnmal so groß ist als ein Wahlkreis der Bismarckschen Verfassung. Ganz Schleswig-Holstein, ganz Württemberg, ganz Baden bilden z. B. je einen Wahlkreis. Es gibt deren im ganzen fünfunddreißig. Der größte umfaßt 2589000, der kleinste 871000 Einwohner. Auf das Wahlergebnis hat die Verschiedenheit der Größe keinen wesentlichen Einfluß, da die unverbrauchten Reststimmen auf die Wahlkreisverbände und schließlich auf das Reich übertragen werden können. Für die Verwertung der Reststimmen werden nämlich je zwei oder drei benachbarte Wahlkreise zu — im ganzen sechzehn — **Wahlkreisverbänden** vereinigt. So bilden Württemberg und Baden zusammen den Wahlkreisverband XVI, die drei Wahlkreise Dresden-Bautzen, Leipzig und Chemnitz-Zwickau den Wahlkreisverband XV (Sachsen). Darüber baut sich das **Reich** als der größte Verband für die Verwertung der weder in den Wahlkreisen noch in den Wahlkreisverbänden zur Geltung gekommenen Stimmen auf. Im Gegensatze dazu ist der **Wahlbezirk** nur eine Einrichtung zur bequemen Abgabe der Stimmzettel. „Für die Stimmabgabe wird jeder Wahlkreis in Wahlbezirke geteilt, die möglichst mit den Gemeinden zusammenfallen" (§ 9). Zerlegung großer Gemeinden und Zusammenlegung kleiner Gemeinden ist zulässig.

Der Wahlbezirk ist zugleich die räumliche Grundlage für die Führung der **Wählerliste**, die jetzt auch in der Form der **Wahlkartei** zulässig ist. Nach § 11 des Gesetzes wird in jedem Wahlbezirke für die dort wohnhaften Wähler eine Wählerliste geführt. Für die an der Grenze im Auslande wohnenden Wahlberechtigten ist nach deren Bestimmung eine benachbarte deutsche Gemeinde zuständig. Die Eintragung geschieht nach Prüfung der Wahlberechtigung mit Rücksicht auf eine bestimmte Wahl. Es gilt also das System der Liste von Fall zu Fall, nicht das der dauernden Liste, die immer auf dem laufenden gehalten wird. Wenn die alten Listen tatsächlich der Neuaufstellung zugrunde gelegt werden, so ist dies eine rechtlich gleichgültige Tatsache. Die maßgebliche Prüfung erstreckt sich doch immer auf die ganze Liste, nicht nur auf die Zugänge und Abgänge. Daraus erklärt sich die zunächst befremdliche Erscheinung, daß für die Frage der Zulassung zur Wahl jedenfalls von Reichswegen der Rechtsweg nicht eröffnet ist, denn da die Liste von Fall zu Fall, also kurz vor der Wahl, zusammengestellt wird, bleibt kaum Zeit für ein geordnetes gerichtliches Verfahren. Was möglich ist, ist nur die Nachprüfung in einem eiligen, ziemlich formlosen Verwaltungsverfahren. Die Listen werden nämlich zur allgemeinen Einsicht öffentlich ausgelegt (Ges. § 13). Der Reichsminister des Innern bestimmt die Auslegungsfrist und den Tag, von dem ab die Listen auszulegen sind, und die Gemeindebehörde macht vor der Auslegung der Listen in ortsüblicher Weise bekannt, wo, wie lange und zu welchen Tagesstunden die Listen zu jedermanns Einsicht ausgelegt werden, sowie in welcher Zeit und in welcher Weise Einsprüche gegen sie erhoben werden können (RStimmO. § 18). Einspruch kann jeder erheben, der die Liste für unrichtig oder unvollständig hält, also nicht nur der unmittelbar Betroffene, vor allem der Übergangene. Wird der Einspruch nicht ohne weiteres für begründet erachtet, so bedarf es einer förmlichen Entscheidung des Magistrats oder der sonstigen zuständigen Verwaltungsbehörde; in Lübeck entscheidet das Verwaltungsgericht in einem von ihm nach freien Ermessen zu regelnden Verfahren. Die Entscheidung muß spätestens am vorletzten Tage vor der Wahl gefällt und den Beteiligten bekanntgegeben sein (RStimmO. § 19). Über die Bedeutung der so berichtigten Liste läßt sich soviel mit Sicherheit sagen, daß, vorbehaltlich der Vorschriften über die Wahlscheine, niemand wählen kann, der nicht in einer Liste eingetragen ist, und daß der Wähler nur in dem Wahlbezirke wählen kann, in dessen Liste er eingetragen ist (Ges. §§ 3, 14). Neben dieser negativen hat die Wählerliste zum mindesten die eine positive Bedeutung, daß nach Ablauf der Auslegungsfrist als stimmberechtigt Eingetragene nur auf rechtzeitig angebrachte Einsprüche gestrichen werden können (RStimmO § 20). Dagegen ist es eine nach wie vor vom Gesetzgeber ungelöst gelassene Frage, ob die unanfechtbar gewordene fälschliche Eintragung dem Eingetragenen das Stimmrecht verleiht oder nicht. Ein Ausländer z. B. ist versehentlich eingetragen. Kann er wegen „Wahlbetrugs" bestraft werden, wenn er das ihm angeblich zustehende Wahlrecht ausübt? Das Reichsgericht bejaht in solchen Fällen, während das preußische Oberverwaltungsgericht der Wählerliste Unüberprüfbarkeit zubilligt. Man wird fragen müssen, ob über die Wahlberechtigung im Einspruchsverfahren entschieden wurde oder nicht. Liegt eine förmliche Entscheidung des Landrats, Magistrats usw. vor, die die Wahlberechtigung bejaht, dann kann die Ausübung des Wahlrechts keine strafbare Handlung sein. War aber der angeblich Wahlberechtigte versehentlich in die Liste aufgenommen worden, ohne daß es zu einer Beanstandung kommt, dann teilt die Liste die Eigenschaft der erdrückenden Mehrzahl aller Beurkundungen: sie hat zwar die Vermutung der Gültigkeit für sich, läßt aber den Beweis des Gegenteils zu. Im Wahlprüfungsverfahren allerdings wird die Wahlberechtigung unter allen Umständen nachgeprüft werden dürfen, da nicht anzunehmen ist, daß das Wahlprüfungsgericht durch die Entscheidungen des Landrats, Magistrats usw. gebunden werden sollte.

Während die Wählerliste den Wähler örtlich bindet, ermöglicht ihm die Einrichtung der Wahlscheine die Abgabe der Stimme in jedem beliebigen Wahlbezirk des Deutschen Reichs. Der Wahlschein ist in der Regel eine Ausfertigung aus der Wählerliste; er wird einem Wähler auf Antrag nur erteilt, wenn er sich am Wahltag während der Wahlzeit aus zwingenden Gründen außerhalb seines Wahlbezirks aufhält, oder wenn er nach Ablauf der Einspruchsfrist seine Wohnung in einen anderen Wahlbezirk verlegt, oder wenn er infolge eines körperlichen Leidens in seiner Bewegungsfreiheit behindert ist und durch den Wahlschein die Möglichkeit erhält, einen für ihn günstiger gelegenen Wahlraum aufzusuchen. Nur in ganz seltenen Fällen erhält der Wähler einen Wahlschein, ohne in der Wählerliste eingetragen zu sein, nämlich wenn er nachweist, daß er ohne sein Verschulden die Einspruchsfrist versäumt hat, oder wenn er Soldat war, aber nach Ablauf der Einspruchsfrist aufgehört hat, es zu sein, oder wenn er Auslandsdeutscher war und seinen Wohnort nach Ablauf der Einspruchsfrist in das Inland verlegt hat (Ges. § 12).

Für die Abwickelung des Wahlgeschäfts bedarf es einer Organisation der Wahlbezirke und der höheren Einheiten. Für jeden Wahlbezirk wird vom Landrat, Magistrat, Bürgermeister, Bezirksamt, Amtshauptmannschaft, Oberamtmann usw. ein Wahlvorsteher und ein Stellvertreter ernannt. Der Wahlvorsteher beruft unter Berücksichtigung der verschiedenen Parteien drei bis sechs Beisitzer aus den Wählern seines Wahlbezirks und einen Schriftführer aus den Wählern seines oder eines anderen Wahlbezirkes. Die Übernahme dieser und der sonstigen bei den Wahlen vorkommenden ehrenamtlichen Tätigkeiten kann nur aus besonderen Gründen abgelehnt werden. Der Wahlvorsteher, sein Stellvertreter, die Beisitzer und der Schriftführer bilden den Wahlvorstand (Ges. §§ 10, 38ff., RStimmO. § 35). Für jeden Wahlkreis werden vom Oberpräsidenten, Regierungspräsidenten usw. ein Kreiswahlleiter und ein Stellvertreter ernannt (Ges. § 16). Der Kreiswahlleiter beruft nach Anhörung der Parteileitungen aus den Wählern vier bis acht Beisitzer, die zusammen mit ihm als Vorsitzenden den Wahlausschuß bilden (Ges. § 21). Ebenso wird für jeden Wahlkreisverband ein Verbandswahlleiter und ein Stellvertreter ernannt und im Bedarfsfall ein Verbandswahlausschuß gebildet, der aus dem Verbandswahlleiter als Vorsitzenden und vier Beisitzern besteht, die dieser aus den Wählern beruft (§§ 16, 22). Endlich ernennt der Reichsminister des Innern zur Vorprüfung und Feststellung der Wahlergebnisse im ganzen Reichsgebiet einen Reichswahlleiter und einen Stellvertreter; der Reichswahlleiter ist zugleich Vorsitzender des Reichswahlausschusses, der außer dem Vorsitzenden aus sechs von ihm aus den Wählern zu berufenden Beisitzern besteht (§§ 8, 23).

Die Wahlhandlung selbst bedarf eines Anstoßes von „oben", das Volk hat nicht die Möglichkeit, sich selbst als Wählerschaft zu organisieren. Den Tag der Hauptwahl bestimmt der Reichspräsident (Ges. § 6). Der Wahltag muß ein Sonntag oder öffentlicher Ruhetag sein (RV. Art. 22). Die Neuwahl muß spätestens am sechzigsten Tage nach dem normalen Ablauf der Wahlperiode oder nach der Auflösung stattfinden (Art. 23, 25). Die Wahlhandlung läßt sich kurz kennzeichnen als Verhältniswahl nach dem automatischen System mit streng gebundener Liste und mit Zählung der Stimmen zunächst im Wahlkreis, dann im Wahlkreisverband, dann im Reiche. Sie beginnt mit Einreichung von Kreiswahlvorschlägen beim Kreiswahlleiter (§ 15). Die Vorschläge müssen von mindestens fünfhundert Wählern des Wahlkreises unterzeichnet sein, doch genügt die Unterschrift von zwanzig Wählern, wenn, kurz gesagt, glaubhaft gemacht wird, daß hinter ihnen eine Partei von mindestens fünfhundert Wählern steht. Mit Rücksicht auf die strenge Gebundenheit der Liste müssen die Namen der Bewerber in erkennbarer Reihenfolge aufgeführt sein. Um spätere Ablehnungen möglichst zu vermeiden, bestimmt das Gesetz, daß in den Wahlvorschlag nur aufgenommen werden darf, wer seine Zustimmung dazu erklärt hat. Sowohl der Wahlvorschlag als auch die Zustimmungserklärung müssen spätestens am siebzehnten Tage vor dem Wahltag beim Kreiswahlleiter eingereicht sein. In ähnlicher Weise können beim Reichswahlleiter spätestens am vierzehnten Tage vor der Wahl Reichswahlvorschläge eingereicht werden, die von mindestens zwanzig Wählern zu unterzeichnen sind (§ 17). In jedem Kreis- und Reichswahlvorschlage muß ein Vertrauensmann und ein Stellvertreter bezeichnet werden; fehlt die Bezeichnung, so gilt der erste Unterzeichner als Vertrauensmann, der zweite als sein Stellvertreter (§ 18). Spätestens am zwölften Tage vor dem Wahltag können innerhalb eines Wahlkreisverbandes mehrere Kreiswahlvorschläge, die keinem oder dem gleichen Reichswahlvorschlag angeschlossen sind, dadurch miteinander verbunden werden, daß die beteiligten Vertrauensleute übereinstimmend dem Verbandsleiter die Verbindung schriftlich erklären (§ 16). Ebenso kann für die Kreiswahlvorschläge von den Vertrauenspersonen erklärt werden, daß die Reststimmen einem Reichswahlvorschlage zuzurechnen sind. Die Erklärung muß spätestens am achten Tage vor dem Wahltag beim Kreiswahlleiter eingereicht sein (§ 19). Hierauf werden die Wahlvorschläge nebst Verbindungs- und Anschlußerklärungen von den Wahlausschüssen geprüft, im Benehmen mit den Vertrauensleuten berichtigt, verworfen oder zugelassen. Die Wahlvorschläge können nach ihrer Festsetzung nicht mehr geändert oder zurückgenommen werden (§§ 21, 23). Der Reichswahlleiter veröffentlicht die Reichswahlvorschläge so, wie sie zugelassen sind, spätestens am elften Tage vor dem Wahltag in fortlaufender Nummernfolge (§ 23). Während dies nur eine Soll-Vorschrift ist, muß der Wahlkreisleiter spätestens am vierten Tage vor der Wahl die Kreiswahlvorschläge samt Verbindungserklärungen sowie solche Reichswahlvorschläge öffentlich bekanntgeben, denen sich Wahlvorschläge aus dem Wahlkreis angeschlossen haben. Spätestens am Tage darauf macht die Gemeindebehörde in ortsüblicher Weise die Abgrenzung der Wahlbezirke, die Lage des Abstimmungsraumes und Tag und Stunde der Wahl bekannt (RStimmO. § 47).

Die Abstimmungszeit läuft in der Zeit vom 1. April bis 30. September von 8 Uhr vormittags bis 5 Uhr nachmittags, sonst von 9 Uhr vormittags bis 6 Uhr nachmittags (RStimmO. § 112). Die Stimmzettel, mittels deren gewählt wird, werden seit dem Gesetze vom 31. 12. 1923 ähnlich wie in Belgien und Amerika durch die Landesregierungen für jeden Wahlkreis amtlich in der Weise hergestellt, daß die Stimmzettel alle zugelassenen Kreiswahlvorschläge unter Angabe der Partei und Hinzufügung der Namen je der ersten vier Bewerber enthalten. Durch ein auf den Stimmzettel gesetztes Kreuz oder auf andere Weise macht der Wähler kenntlich, welchem Kreiswahlvorschlag er seine Stimme geben will (Ges. § 25). Während die Wahlhandlung und die Ermittelung des Wahlergebnisses öffentlich sind, also nicht bei verschlossenen Türen vor sich gehen (Ges. § 26), ist die Abgabe der Stimme nach Vorschrift der Verfassung (Art. 22), wie schon nach Bismarcks Verfassung, aber im Gegensatze zum früheren preußischen Wahlrecht, geheim. Dem Wahlgeheimnis dienen eine Reihe zum Teil sonderbarer, in ihrem Sinne nur dem Kenner übler Wahlmachenschaften verständlicher Vorschriften. So werden die Stimmzettel in amtlich gestempelten Umschlägen abgegeben (Ges. § 27), da nur durch amtliche Lieferung äußere Gleichmäßigkeit und Undurchsichtigkeit gewährleistet wird (RStimmO. § 45). Aus eben diesem Grunde werden Stimmzettel zurückgewiesen, die in einem mit einem Kennzeichen versehenen Umschlag abgegeben werden oder denen ein durch den Umschlag deutlich fühlbarer Gegenstand beigefügt ist (RStimmO. § 117 Abs. 8). Dem gleichen Zwecke dienen die Vorschriften über die Stimmurnen. Die Stimmzettel werden in Stimmurnen gesammelt. „Es sind rechteckige, mit einem Deckel versehene Gefäße, deren innere Höhe mindestens 90 cm und bei denen der Abstand von einer Wand zur gegenüberliegenden Wand mindestens 35 cm betragen muß. Im Deckel hat die Stimmurne einen bis zu 2 cm breiten Spalt." Vom Beginn der Abstimmung bis zum Schluß darf die Urne nicht geöffnet werden. Der Tisch, auf den die Stimmurne gestellt wird, muß von allen Seiten zugänglich sein (RStimmO. §§ 42, 114). Wozu sind diese bis ins einzelne gehenden Vorschriften gut? Wäre die Urne schmal, so würden sich die Umschläge in der Reihenfolge des Einwurfs auftürmen; nach dem Öffnen könnte also ein aufmerksames Mitglied des Wahlvorstands feststellen, von welchem Wähler der dritte, der achte, fünftletzte Wahlumschlag herrührt. Die gleiche Gefahr bestünde bei einer zwar breiten, aber flachen Urne, während bei einer 90 cm hohen Urne eine sich etwa bildende Säule bald einstürzt. Ein Spalt ferner, der breiter ist als 2 cm, gestattet unter Umständen einem Mitglied des Wahlvorstands in einem unbewachten Augenblick mit der Hand in die Urne zu dringen und einen von den zuletzt hineingeworfenen Umschlägen mit einem unscheinbaren Knick zu versehen, der später erkennen läßt, wie ein bestimmter Wähler gestimmt hat. Die Aufstellung der Urne auf einem von allen Seiten zugänglichen Tisch endlich soll verhindern, daß die dem Beschauer abgekehrte Seite der Urne aus Glas oder offen ist. Auch sonst ist die Abgabe der Stimme genau geregelt (RStimmO. § 117). Wenn der Wahlberechtigte den Abstimmungsraum, meist ein Schulzimmer, betritt, erhält er Umschlag und Stimmzettel. Er begibt sich hiermit in einen Nebenraum oder an einen mit einer Vorrichtung gegen Sicht geschützten Nebentisch, kennzeichnet auf dem Stimmzettel durch ein Kreuz oder Unterstreichen oder in sonst erkennbarer Weise, welchem Kreiswahlvorschlag er seine Stimme geben will, und legt den Stimmzettel in den Umschlag. Danach tritt er an den Vorstandstisch, nennt seinen Namen und auf Erfordern seine Wohnung, weist sich auf Erfordern dem Wahlvorstande über seine Person aus und übergibt, sobald der Schriftführer den Namen in der Stimmliste oder Stimmkartei aufgefunden hat, den Umschlag mit dem Stimmzettel dem Wahlvorsteher, der ihn ungeöffnet sofort in die Stimmurne legt. Inhaber von Stimmscheinen nennen ihren Namen und übergeben den Stimmschein dem Wahlvorsteher, der ihn nach Prüfung dem Schriftführer weiterreicht. Der Schriftführer vermerkt die Stimmabgabe des Stimmberechtigten neben dessen Namen in der Wählerliste (Kartei) und sammelt die Stimmscheine (§ 118). Um 5 Uhr, vom 1. Oktober bis 31. März um 6 Uhr nachm. erklärt der Wahlvorsteher die Wahl für geschlossen. Doch werden die in diesem Zeitpunkt im Abstimmungsraum anwesenden Wahlberechtigten noch zur Wahl zugelassen (§ 119).

Hierauf folgt die bis ins einzelne geregelte Ermittelung des Abstimmungsergebnisses im Wahlbezirke durch den Wahlvorstand, im wesentlichen eine bloße Zählarbeit, aber doch auch eine Rechtshandlung insofern, als über die Gültigkeit der einzelnen Stimmen vorbehaltlich der Nachprüfung im Wahlprüfungsverfahren der Wahlvorstand entscheidet (Ges. § 28). Die Abstimmungsergebnisse werden auf schnellstem Wege, sei es unmittelbar, sei es über eine Sammelstelle dem Kreiswahlleiter mitgeteilt (RStimmO. § 124), der sie vorläufig zusammenstellt, das vorläufige Ergebnis spätestens um 8 Uhr abends am Tage nach der Wahl dem Reichswahlleiter mitteilt und ihn so in die Lage versetzt, zunächst eine halbamtliche Mitteilung über das Wahlergebnis im Reichsanzeiger zu veröffentlichen. Die endgültige Feststellung des Wahlergebnisses ist Sache der Wahlausschüsse und des Reichswahlausschusses (Ges. §§ 29ff.). Sobald der Eingang sämtlicher Abstimmungsniederschriften zu erwarten ist, beruft der Kreiswahlleiter den Wahlausschuß. Zur Ermittelung des Wahlergebnisses stellt der Wahlausschuß fest, wieviel gültige Stimmen abgegeben sind und wieviel davon auf jeden Kreiswahlvorschlag entfallen. Jedem Kreiswahlvorschlage werden soviel Abgeordnetensitze zugewiesen, daß je einer auf 60000 für ihn abgegebene Stimmen kommt. Reststimmen werden dem Reichswahlausschusse zur Verwertung überwiesen. Der Reichswahlausschuß zählt zunächst die in den Wahlkreisverbänden auf die verbundenen Kreiswahlvorschläge gefallenen Reststimmen zusammen. Auf je 60000 in dieser Weise gewonnenen Reststimmen entfällt ein weiterer Abgeordnetensitz. Diese Sitze werden den Kreiswahlvorschlägen nach der Zahl ihrer Reststimmen zugeteilt. Doch werden zersplitterte Reststimmen nicht berücksichtigt, nämlich dann nicht, wenn nicht wenigstens auf einem der verbundenen Kreiswahlvorschläge 30000 Stimmen abgegeben sind, eine Beherzigung der Tatsache, daß die räumlich zerstreut auftretende Partei eine geringere Bedeutung für den Staat hat als die geschlossen auftretende. Die bei der Verrechnung der Reststimmen in den Wahlkreisverbänden nicht verbrauchten oder nicht berücksichtigten Reststimmen werden ihrem Reichswahlvorschlag überwiesen. Sodann zählt der Reichswahlausschuß die in allen Wahlkreisen oder Wahlkreisverbänden auf die Reichswahlvorschläge gefallenen Reststimmen zusammen und teilt jedem Reichswahlvorschlag auf je 60000 Reststimmen einen Abgeordnetensitz zu. Erst hier wird ein Rest von 30000 Stimmen vollen 60000 gleichgeachtet. Der Gedanke einer Bevorzugung der geschlossen auftretenden Parteien gegenüber den räumlich zerstreut vorkommenden wird auch hier verwirklicht, da einem Reichswahlvorschlag höchstens die gleiche Zahl der Abgeordnetensitze zugeteilt werden kann, die auf die ihm angeschlossenen Kreiswahlvorschläge entfallen sind. Nach alledem wird es Sache der Wahrscheinlichkeitsrechnung sein, festzustellen, ob eine Partei besser daran tut. ihre Führer auf einen Kreiswahlvorschlag oder auf den Reichswahlvorschlag zu setzen. Am sichersten ist die nach § 17 Abs. 3 zulässige Verbindung beider Möglichkeiten. Will die Partei das nicht, so wird ihr zu raten sein, ihre bedeutendsten Leute als Spitzenkandidaten auf sichere Kreiswahlvorschläge zu setzen, da die Tücke der Zahl das Ergebnis zeitigen kann, daß überall nur verschwindende Reste übrigbleiben, die auch vereinigt keinem oder nur wenigen Kandidaten der Reichsliste zum Siege verhelfen.

Die Entstehung der Abgeordneteneigenschaft ist bedingt durch die förmliche Zuweisung eines Sitzes an den Gewählten. Da das System der streng gebundenen Liste gilt, werden die Abgeordnetensitze auf die Bewerber nach ihrer Reihenfolge in den Wahlvorschlägen verteilt (Ges. § 33). Für die Kreiswahlvorschläge geschieht dies durch den Kreiswahlausschuß, für die Reichswahlvorschläge durch den Reichswahlausschuß. Hierauf benachrichtigt der Kreiswahlleiter, bei den Reichslistenbewerbern der Reichswahlleiter, die Gewählten und fordert sie auf, sich binnen einer Woche nach Zustellung der Nachricht beim Reichswahlleiter über die Annahme oder Ablehnung der Wahl zu erklären. Während vor 1918

Schweigen als Ablehnung galt, gilt jetzt die Wahl als angenommen, wenn innerhalb dieser Woche keine Erklärung eingeht (RStimmO. §§ 139, 144).

Das Wahlverfahren läßt sich mit einem Prozesse vergleichen. In einem Prozesse können sich Fehler einschleichen, die unter Umständen zur Anfechtung und Vernichtung des Verfahrens führen. Dies gilt in erhöhtem Maße für einen so leidenschaftlichen Akt wie den Wahlakt. Es muß also Vorsorge für eine Überprüfung des Verfahrens, die sog. **Wahlprüfung**, getroffen werden. Eine Wahlprüfung ist aber nur möglich, wenn außer den Tatsachen die Rechtsnormen feststehen, nach denen sich die Gültigkeit oder Ungültigkeit einer Wahl richtet, sonst wird die Wahlprüfung ein Akt der Willkür. Es erhebt sich also zunächst die Frage nach den Ungültigkeitsgründen einer Wahl, das Wort „Ungültigkeit" nicht im Sinne von „Nichtigkeit", sondern von „Aufhebbarkeit" gebraucht. Denn der vom Wahlleiter für gewählt Erklärte ist zunächst Abgeordneter, auch leidet die Gültigkeit eines Reichstagsbeschlusses nicht unter der Mitwirkung ungültig Gewählter. Erst mit der Ungültigkeitserklärung wird, und zwar ohne rückwirkende Kraft, die Wahl ihrer Wirksamkeit beraubt.

Die Reichsstimmordnung regelt ausdrücklich und genau ein Teilgebiet der ungültigen Wahl: die Ungültigkeit der Stimmzettel (§ 123). Ein Stimmzettel ist, kurz gesagt, ungültig, wenn er gegen das Wahlgeheimnis verstößt oder den Willen des Wählers nicht unzweifelhaft erkennen läßt oder mit Vermerken oder Vorbehalten versehen ist. Weniger genau ist die Ungültigkeit der Wahl im ganzen — sei es im Wahlbezirk, sei es im Wahlkreis — geregelt. Das Gesetz spricht nur von einer „nicht ordnungsgemäß vorgenommenen" Wahl, insbesondere von der „Verhinderung der ordnungsgemäßen Wahlhandlung" (§ 37). Zu solchen Ordnungswidrigkeiten gehören vor allem Verstöße gegen das Wahlgesetz und die Reichsstimmordnung, z. B. Zulassung von Ausländern zur Wahl, Schluß der Abstimmung schon um 1 Uhr nachmittags. Es gehören auch sicher Verstöße gegen Strafrechtsnormen hierher, so die gewaltsame Verhinderung an der Wahl, die Wahlfälschung und der Stimmenkauf (StrGB. §§ 107—109). Außerdem gibt es nach altem, zu Gewohnheitsrecht verdichtetem Herkommen noch einen wichtigen Ungültigkeitsgrund des ungeschriebenen Rechts: die amtliche Wahlbeeinflussung. Sollte der Oberbürgermeister, der Polizeipräsident, der Landrat usw. in amtlicher Eigenschaft, nicht als Privatmann, einen Aufruf zugunsten einer bestimmten Partei oder gegen eine bestimmte Partei erlassen haben, so würde dies kraft alter, auf die heutigen Verhältnisse allerdings nicht ganz passender Überlieferung als Ungültigkeitsgrund angesehen werden. Andere, vom Gesetze nicht ausdrücklich verbotene Machenschaften beeinflussen die Gültigkeit der Wahl nicht. Der Pfarrer frägt z. B. seine Bauern, wen sie wählen wollen. „Die demokratische Liste." „Dann vergeßt ja nicht, euren Namen auf den Stimmzettel zu schreiben, damit euer Abgeordneter weiß, wem er die Wahl zu verdanken hat." Wenn die Bauern den Rat befolgen und in ihrer Torheit ungültige Stimmzettel abgeben, liegt ein Grund für die Ungültigkeit der ganzen Wahl nicht vor. Auch bei zweifellosen Verstößen gegen das Gesetz kommt es übrigens auf die Erheblichkeit des Fehlers an. Sind z. B. nach Überzeugung des Wahlprüfungsgerichts 100 Stimmen gekauft worden, so wird die Wahl doch nicht für ungültig erklärt, wenn sich das Wahlergebnis auch durch Zuweisung der Stimmen an eine andere Liste nicht ändern würde.

Endgültig über die Gültigkeit oder Ungültigkeit einer Wahl entscheidet das Wahlprüfungsgericht. Alle andern Entscheidungen sind vorläufig. Vorläufig ist die Entscheidung des Wahlvorstandes über die Gültigkeit der Stimmzettel (Ges. § 28). Vorläufig ist auch die Anordnung der Wiederholungswahl durch den Reichsminister des Innern. Ist nämlich die Verhinderung der ordnungsgemäßen Wahlhandlung, z. B. durch Gewalt oder durch Naturereignisse, in einzelnen Wahlbezirken zweifelsfrei festgestellt, so kann schon vor Entscheidung des Wahlprüfungsgerichts, aber vorbehaltlich der Nachprüfung durch das Wahlprüfungsgericht, der Reichsminister des Innern auf Antrag des Kreiswahlausschusses und mit Zustimmung des Reichswahlausschusses dort die Wiederholung der Wahl innerhalb sechs Monaten nach der Hauptwahl anordnen (Ges. § 37). Die Einrichtung des Wahlprüfungsgerichts bedeutet gegenüber dem früheren Zustande einen Fortschritt im rechtsstaatlichen Sinne, denn früher entschied über die Gültigkeit der Wahlen der Reichstag selbst, trotz aller Versuche unparteiisch zu sein doch seinem Wesen nach ein parteiischer Richter. Auch heute allerdings besteht das Wahlprüfungsgericht aus Mitgliedern des Reichstags, die dieser für die Wahlperiode wählt, außerdem aber aus Mitgliedern des Reichsverwaltungsgerichts, an dessen Stelle bis zu dessen Errichtung das Reichsgericht tritt (RV. Art. 31, 166). Das Wahlprüfungsgericht erkennt auf Grund öffentlicher mündlicher Verhandlung durch drei Mitglieder des Reichstags und zwei richterliche Mitglieder. Es tagt im Reichstag. Außerhalb der Verhandlungen vor dem Wahlprüfungsgericht wird das Verfahren von einem Reichsbeauftragten geführt, den der Reichspräsident ernennt. Im übrigen wird das Verfahren durch die vom Wahlprüfungsgericht gemäß Art. 31 der Verfassung erlassene Wahlprüfungsordnung vom 8. Oktober 1920 (Reichsgesetzbl. S. 1773) geregelt. Darnach bedarf das Verfahren keines Anstoßes von außen. Das Wahlprüfungsgericht kann die Gültigkeit einer Wahl nachprüfen, auch wenn sich nur innerhalb des Gerichts „Bedenken ergeben". Die Regel wird allerdings sein, daß der Reichswahlleiter anläßlich der Vorprüfung (RStimmO. § 152) Bedenken zu den Akten gibt oder daß eine Partei, ein Reichstagsmitglied, ein Wähler oder sonst irgend jemand einen „Widerspruch" erhebt, der weder an eine Form, noch an eine Frist gebunden ist. Das Gericht kann die nötigen Beweise selbst erheben oder durch den Reichsbeauftragten herbeiführen lassen. Die deutschen Gerichte und Verwaltungsbehörden sind dem Wahlprüfungsgericht und dem Reichsbeauftragten zur Rechtshilfe verpflichtet. Das Urteil wird vom Vorsitzenden unter Mitteilung der wesentlichen Gründe verkündet. Es wird mit seiner Verkündung rechtskräftig. Eine Wiederaufnahme des Verfahrens ist nicht zulässig. Über den möglichen Inhalt des Urteils gibt das Reichswahlgesetz nur spärliche, für die Verhältniswahl unzulängliche Vorschriften. Geregelt ist nur der Fall der Nachwahl und der Wiederholungswahl. Das WPrGer. kann die Wahl eines ganzen Wahlkreises für ungültig erklären, z. B. wegen Wahlbeeinflussung seitens des Oberpräsidenten; dann ordnet der Reichsminister des Innern eine „Nachwahl" an, die eine völlig neue Wahl mit neuen Wahlvorschlägen bedeutet, wenn auch die technischen Einrichtungen der Hauptwahl in gewissem Umfange bestehen bleiben (§ 36). „Ist lediglich in einzelnen Wahlbezirken die Wahlhandlung nicht ordnungsgemäß vorgenommen worden, so kann das WPrGer. dort die Wiederholung der Wahl beschließen (Wiederholungswahl). Der Reichsminister des Innern hat den Beschluß alsbald auszuführen." „Bei der Wiederholungswahl wird nach denselben Kreiswahlvorschlägen und auf Grund derselben Wahllisten und Wahlkarteien wie bei der Hauptwahl gewählt." Sie darf nicht später als sechs Monate nach der Hauptwahl stattfinden (§ 37).

Außer diesen beiden Fällen gibt es sicher als dritten noch die Gültigerklärung der Wahl. Unzulässig dagegen wäre nach altem Brauche ein Urteil, das sich nicht mit einer Ungültigerklärung begnügte, sondern an Stelle der kraft Ungültigerklärung ausscheidenden Abgeordneten andere Bewerber als gewählt erklärte. Dieser Brauch hat auch seine guten Gründe, da das Urteil des WPrGer. unumstößlich ist, es also keine Möglichkeit gäbe, die Wahl der für gewählt Erklärten anzufechten. Zwischen Gültigerklärung und völliger Ungültigerklärung mit der Notwendigkeit einer Nachwahl oder einer Wiederholungswahl gibt es aber eine Reihe von Zwischenmöglichkeiten, von denen das WPrGer. Gebrauch machen muß unter dem Gesichtspunkte, daß die Wahl aus verschiedenen Verfahrensabschnitten besteht und ein fehlerfreier Abschnitt nicht durch die Ungültigkeit eines späteren Abschnitts beeinflußt werden darf, ferner daß eine Teilungültigkeit nicht notwendig die Gesamtungültigkeit nach sich zieht. Hat demnach der Wahlausschuß aus der Liste A die Bewerber A_1 A_2 A_3 A_4 für gewählt erklärt und ist A_3 ein Ausländer, also nicht wählbar, so wird nur dessen Wahl für ungültig erklärt, und Sache des Wahlausschusses ist es, das Wahlergebnis durch Zuweisung eines Sitzes an A_5 zu berichtigen. Ebenso brauchen nur der Wahl-, vielleicht auch der Reichswahlausschuß, nicht aber die ganze Wählerschaft ihre Tätigkeit zu wiederholen, wenn der Wahlausschuß falsch gerechnet oder wenn er — gebunden durch den Beschluß des Wahlvorstands — eine für das Ergebnis erhebliche Anzahl von Stimmzetteln als ungültig behandelt hat und das WPrGer. die Stimmzettel für gültig erklärt. Auch bei unzulässigen Verbindungs- und Anschlußerklärungen kann es zu derartigen Teilungültigkeiten kommen. Ist nach Lage des Falles das WPrGer. der Ansicht, daß mit der Ungültigkeitserklärung die Angelegenheit erledigt sei, wie bei der Streichung von Reststimmen, so bedarf es überhaupt keiner Wiederholung des Verfahrens. Zweifelhaft kann es sein, wie der Fall des ungültigen Wahlvorschlags zu behandeln ist. Das WPrGer. ist der Ansicht, daß ein Kreiswahlvorschlag verspätet eingereicht wurde und daher hätte zurückgewiesen werden müssen. Wenn dieser Fehler nach Ansicht des WPrGer. den Wahlvorschlag ungültig macht, so liegt es nahe, nur den Wahlvorschlag und nicht die ganze Wahl für ungültig zu erklären, und doch wäre diese Lösung bedenklich. Denn der Fehler liegt vor der Wahl, nämlich in der Irreführung der Wähler, die in den Glauben versetzt wurden, für den Wahlvorschlag stimmen zu dürfen, und die bei Kenntnis der Rechtslage sicher anders gestimmt hätten. Ist daher die Zahl der für den ungültigen Wahlvorschlag abgegebenen Stimmen so groß, daß bei deren Verteilung auf den einen oder den andern gültigen Wahlvorschlag das Wahlergebnis sich ändert, so bleibt nichts übrig, als die Wahl im ganzen Wahlkreis für ungültig zu erklären.

d) **Wahlperiode und Tagung.** Die Tätigkeit des Reichstags vollzieht sich nach dem Wortlaut der Verfassung innerhalb von Wahlperioden und Tagungen.

Die Wahlperiode, früher Legislaturperiode genannt, ist die Zeit von der Hauptwahl bis zur Beendigung der durch die Wahl geschaffenen Rechtslage. Sie beginnt mit dem Wahltag, nicht etwa mit dem ersten Zusammentritt des Reichstags, und endigt mit dem vierten Jahrestage der Wahl (Art. 23). An die Stelle der ursprünglich drei-, dann fünfjährigen Wahlperiode der Bismarckschen Verfassung ist also die vierjährige Wahlperiode getreten. Außer der Endigung durch Zeitablauf gibt es noch die durch Auflösung, sei es, daß der Reichspräsident in der Form der Reichstagsauflösung an das Volk appelliert (Art. 25), sei es, daß das Volk durch Ablehnung des Antrags des Reichstags auf Absetzung des Reichspräsidenten die Auflösung des Reichstags herbeiführt (Art. 43). Das hiernach mögliche Reichstagsinterregnum wird dadurch gemildert, daß die Neuwahlen spätestens am sechzigsten Tage nach dem regelmäßigen Ablauf der Wahlperiode oder nach der Auflösung des Reichstags stattfinden müssen, daß zwischen zwei Wahlperioden Präsident und Stellvertreter der letzten Tagung ihre Geschäfte fortführen und daß der Reichstag für diese Zeit zur Wahrung der Rechte der Volksvertretung gegenüber der Reichsregierung einen ständigen Ausschuß sowie einen solchen für auswärtige Angelegenheiten zu bestellen hat (Art. 23, 25, 35). Immerhin muß es vom Anhänger der Volksherrschaft als Lücke empfunden werden, daß bei Säumigkeit des Reichspräsidenten das Volk nicht selbst den Wahltag bestimmen kann und daß vor Zusammentritt des neuen Reichstags keine Möglichkeit besteht, den Reichspräsidenten und den schuldigen Reichsminister aus diesem Grunde nach Art. 59 vor dem Staatsgerichtshof anzuklagen. Für den Geschäftsgang hat das Ende der Wahlperiode oder die Auflösung des Reichstags kraft alten Herkommens die Bedeutung der Erledigung aller noch nicht zum Abschlusse gelangten parlamentarischen Arbeiten. Ein Gesetzentwurf z. B., der in zweiter Beratung angenommen ist und kurz vor der letzten Beratung steht, muß im neuen Reichstag neu eingebracht und noch einmal in dreifacher Lesung durchberaten werden. Man nennt dies den Grundsatz der „Diskontinuität" der Wahlperioden.

Im Gegensatze zur Wahlperiode ist die **Tagung**, auch „Sitzungsperiode" (Art. 37) oder — früher — „Session" genannt, der durch Eröffnung und Schließung des Reichstags eingerahmte Teil einer Wahlperiode. Berufen wird der Reichstag zu Beginn der ersten Tagung vom Präsidenten des alten Reichstags, den Beginn der zweiten und der folgenden Tagungen bestimmt der Reichstag selbst (Art. 24 Abs. 2). Bei der ersten Berufung nach der Hauptwahl ist der Reichstagspräsident durch die Bestimmung gebunden, daß der Reichstag spätestens am dreißigsten Tage nach der Wahl zusammentritt (Art. 23 Abs. 2). Versäumt der Reichstagspräsident die Berufung innerhalb der Frist, so ergibt vernünftige Auslegung der Verfassung, daß der Reichstag sich am 30. Tage nach der Wahl selbst versammelt. Dies Selbstversammlungsrecht, das dem Reichstag vor 1918 fehlte, wird ihm im Art. 24 ausdrücklich mit den Worten gewährt: „Der Reichstag tritt in jedem Jahre am ersten Mittwoch des November am Sitze der Reichsregierung zusammen". Der Satz kann sich nicht auf den Beginn der ersten Tagung beziehen, da hierfür die Sonderregelung der Dreißig-Tage-Frist gilt, der Satz zudem eine Unmöglichkeit z. B. für den Fall enthielte, daß die Hauptwahl erst am Sonntag vorher oder gar an einem Sonntag darauf stattfindet. Da andererseits der Reichstag den Beginn der zweiten, dritten und folgenden Tagung bestimmt, so wird der Satz in der Regel nur eine Schranke für dies Bestimmungsrecht des Reichstags bedeuten und zu einer Selbstversammlung nur dann führen, wenn der Reichstag es unterlassen hatte, den Tag des Wiederzusammentritts zu bestimmen. Nur für diesen Fall gilt auch dem Wortlaute nach die Vorschrift, daß der Reichstagspräsident den Reichstag früher berufen muß, wenn es der Reichspräsident oder mindestens ein Drittel der Reichstagsmitglieder verlangt (Art. 24). Doch ist der Satz sinngemäß auf alle Fälle des Nichtversammeltseins des Reichstags, also auch auf den Fall des Vertagtseins auszudehnen. Der Schluß der Tagung hat ähnliche Wirkungen wie der Schluß der Wahlperiode: Geschäftsführung des alten Präsidenten und seiner Stellvertreter, Tätigwerden des ständigen Ausschusses, Tätigbleiben des Ausschusses für auswärtige Angelegenheiten, Grundsatz der Diskontinuität gelten auch hier. Vor allem endet in der Regel die sog. Immunität der Abgeordneten mit jeder Sitzungsperiode, da nach Art. 37 der Abgeordnete nur während der Sitzungsperiode wegen einer mit Strafe bedrohten Handlung nicht zur Untersuchung gezogen oder verhaftet werden kann.

Mit Ausnahme der Bestimmung über das Zusammentreten des Reichstags nach der Hauptwahl scheinen indessen alle Vorschriften der Verfassung über Tagung oder Sitzungsperiode papierene Vorschriften bleiben zu sollen. Denn weder die Nationalversammlung von 1919/20 noch der erste Reichstag von 1920/24 hat sich in Tagungen gegliedert. Beide hatten nur je eine Tagung, deren Ende mit dem Ende der Wahlperiode zusammenfiel. Da auch die Geschäftsordnung für den Reichstag vom 12. Dezember 1922 es augenscheinlich geflissentlich vermeidet, die Einteilung der Wahlperiode in Tagungsabschnitte zu erwähnen, muß solche als zur Zeit totes Recht bezeichnet werden. Der Reichstag hilft sich vielmehr mit bloßen **Vertagungen**, d. h. tatsächlichen Unterbrechungen der Vollsitzungen, die rechtlich ohne Bedeutung sind, namentlich nicht die Immunität der Abgeordneten berühren, auch nicht die „Diskontinuität" der Verhandlungen zur Folge haben.

e) Organisation, Geschäftsgang, Handhabung der Ordnung. Die Rechtsquellen für die Organisation des Reichstags, seinen Geschäftsgang und die Handhabung der Ordnung sind die Verfassung selbst, Gesetze und vor allem die Geschäftsordnung. Die **Verfassung**

enthält Bestimmungen über die Wahl des Reichstagspräsidenten, seiner Stellvertreter und der Schriftführer, über das Amt des Präsidenten, die Öffentlichkeit der Verhandlungen, Abstimmung und Beschlußfähigkeit, Anwesenheit der Mitglieder der Reichsregierung und der Länder im Reichstag, Einsetzung gewisser Ausschüsse (Art. 26—29, 32—35). Ein Geschäftsordnungsgesetz, das an sich denkbar wäre und in einigen anderen Staaten verwirklicht war oder ist, gibt es im Deutschen Reiche nicht. Immerhin ist die Handhabung der Ordnung, auch im Gebäudeinnern, durch ein Einzelgesetz, das Reichsgesetz über die Befriedung der Gebäude des Reichstags und der Landtage vom 8. Mai 1920, näher geregelt worden. Die eingehendsten Bestimmungen aber sind in der Geschäftsordnung für den Reichstag vom 12. Dezember 1922 (Reichsgesetzbl. 1923 II S. 101) enthalten. Ihre Rechtsnatur ergibt sich aus ihrer Entstehung, ihrem Inhalt und ihrem Verhältnis zur Verfassung. Nach Art. 26 gibt sich der Reichstag seine Geschäftsordnung, nach Art. 32 wird die Beschlußfähigkeit durch die Geschäftsordnung geregelt, nach Art. 34 regelt die Geschäftsordnung das Verfahren des Untersuchungsausschusses und bestimmt die Zahl seiner Mitglieder. Die Geschäftsordnung beruht also auf Ermächtigung durch die Verfassung und enthält Regeln, die von einer staatlichen Stelle, dem Reichstag, ausgehen, ohne zugleich Gesetz zu sein. Würde sie z. B. vom Reichspräsidenten erlassen worden sein, so würde niemand Bedenken tragen, sie als Verordnung anzusprechen. Eine Verordnung ist sie aber auch so, obgleich der Reichstag gewöhnlich keine Verordnungen erläßt, und zwar ein Gemisch von Verwaltungs- und Rechtsverordnung, letzteres jedenfalls insofern, als § 98 die Beschlußfähigkeit des Reichstags und damit die Voraussetzungen für das gültige Zustandekommen eines Gesetzes regelt. Wie jede Verordnung ist daher die Geschäftsordnung an gewisse Schranken gebunden. Sie darf nicht gegen die Verfassung oder ein Gesetz verstoßen, z. B. den Ausschluß der Öffentlichkeit anders regeln als im Art. 29. Sie darf nicht die üblichen Grenzen der Geschäftsordnungsgewalt überschreiten; so kann sie zwar die Entfernung widerspenstiger Abgeordneter aus einzelnen Sitzungen anordnen, nicht aber zulassen, daß ein Abgeordneter eines Sitzes dauernd für verlustig erklärt werde. Sie muß endlich allgemein sein, ohne Ansehen der Person ergehen; es wäre ein Mißbrauch der Geschäftsordnungsgewalt, wenn der Reichstag in der Form einer Änderung der Geschäftsordnung einen Abgeordneten maßregeln wollte, gegen den nach der allgemeinen Geschäftsordnung nicht eingeschritten werden kann. Dieser rechtsstaatliche Gedanke kommt in der Geschäftsordnung selbst zum Ausdruck, wenn § 114 bestimmt: „Abweichungen von den Vorschriften der Geschäftsordnung können im einzelnen Falle durch Beschluß des Reichstags zugelassen werden, wenn keines der in der Sitzung anwesenden Mitglieder widerspricht."

Zur Organisation des Reichstags gehören die Mitglieder, die Fraktionen, der Ältestenausschuß, der Vorstand und die Ausschüsse. Die Organeigenschaft der Mitglieder zeigt sich u. a. in ihrer Pflicht, an den Arbeiten des Reichstags teilzunehmen. Urlaub bis zur Dauer einer Woche erteilt der Präsident, für längere Zeit der Reichstag. Für jede Sitzung des Reichstags wird eine Anwesenheitsliste aufgelegt. Mitglieder sind alle für gewählt Erklärten, gleichgültig, ob ihre Wahl beanstandet ist oder nicht. Auch wenn das Wahlprüfungsgericht ihre Wahl für ungültig erklärt, verlieren sie ihren Sitz doch nur für die Zukunft, nicht mit rückwirkender Kraft. Fraktionen sind Vereinigungen von mindestens 15 Mitgliedern, also nur die größeren Parteien. Nach ihrer Stärke bestimmt sich ihre Reihenfolge und ihr Anteil an den Stellen des Ältestenrats, des Vorstands, der Ausschüsse, der Ausschußvorsitzenden und deren Stellvertreter. Darnach werden auch bei Wahlen im Reichstag und in den Ausschüssen ihre Vorschläge berücksichtigt. Der Gedanke der Verhältniswahl hat also Eingang in den Reichstag selbst gefunden. Daher findet sich hier auch etwas der Listenverbindung Entsprechendes, insofern sich für die Bemessung des Stellenanteils Fraktionen zusammentun und fraktionslose Mitglieder sich einer Fraktion anschließen können. Über das anzuwendende Verhältniswahlsystem enthält die Geschäftsordnung keine Vorschrift; angesichts der kleinen hierbei in Betracht kommenden Zahlen wird das d'Hondtsche System das Gegebene sein. Der Ältestenrat, früher unter dem Namen Seniorenkonvent eine tatsächliche, nicht geschäftsordnungsmäßige Einrichtung, besteht aus dem Reichstagspräsidenten, seinen Stellvertretern und 21 Mitgliedern, die die Fraktionen schriftlich dem Präsidenten benennen. Er hat die Aufgabe, den Präsidenten bei der Führung der Geschäfte zu unterstützen und insbesondere eine Verständigung zwischen den Fraktionen über den Arbeitsplan des Reichstags herbeizuführen. Auch verteilt er die Stellen der Ausschußvorsitzenden und ihrer Stellvertreter. Darüber hinaus entscheidet vielfach der Ältestenrat über die Annahme oder Ablehnung einer dem Reichstag gemachten Vorlage, da er in seiner Zusammensetzung ein ziemlich getreues Spiegelbild des Reichstags darstellt und in der Regel die Parteiführer zu seinen Mitgliedern zählt.

Das für die Führung der Reichstagsgeschäfte wichtigste Organ aber ist der Vorstand. Wenn der Reichstag nach einer Neuwahl zusammentritt, führt den Vorsitz das an Lebensjahren älteste und, wenn es ablehnt, das nächstälteste Mitglied, bis der neugewählte Präsident oder ein neugewählter Stellvertreter das Amt übernimmt (sog. Alterspräsident). Nach vorläufiger Ernennung vierer Mitglieder zu Schriftführern, nach Namensaufruf und Feststellung der Beschlußfähigkeit läßt der Alterspräsident den Vorstand wählen. Der Vorstand besteht aus dem Präsidenten, seinen Stellvertretern und den Schriftführern. Er wird, da es eine Einteilung der Wahlperiode in Tagungen tatsächlich nicht mehr gibt, für die Dauer der Wahlperiode gewählt. Wenn kein Widerspruch erhoben wird, können die Vorstandsmitglieder durch Zuruf gewählt werden, die Regel bildet aber die Wahl mit Stimmzetteln. Der Präsident und seine zur Zeit drei Stellvertreter werden in besonderen Wahlhandlungen mit verdeckten Stimmzetteln gewählt. Gewählt ist, wer die Mehrheit der abgegebenen gültigen Stimmen erhält. Ergibt sich keine solche Mehrheit, so kommen die beiden Anwärter mit den höchsten Stimmzahlen in die engere Wahl. Hierbei wird der Stellenanteil der Fraktionen meist in der Weise berücksichtigt, daß der Präsident aus der für sich oder durch Zusammenschluß stärksten Fraktion genommen wird, die Stellvertreter aus den nächststarken Fraktionen. Doch fällt bei der Auswahl des Präsidenten auch die Parteizugehörigkeit des Reichspräsidenten und vor allem des Reichskanzlers ins Gewicht, da man nach Möglichkeit eine allzu starke Bevorzugung einer einzigen Partei vermeidet. Das Amt des Präsidenten, dessen Führung viel Takt und große Geschicklichkeit erfordert, wird von der Reichsverfassung im Art. 28 folgendermaßen umschrieben: „Ihm untersteht die Hausverwaltung; er verfügt über die Einnahmen und Ausgaben des Hauses nach Maßgabe des Reichshaushalts und vertritt das Reich in allen Rechtsgeschäften und Rechtsstreitigkeiten seiner Verwaltung." Nach § 19 GeschO. hat er u. a. „die Würde und die Rechte des Reichstags zu wahren und seine Arbeiten zu fördern, besonders die Verhandlungen gerecht und unparteiisch zu leiten und die Ordnung im Hause zu handhaben." Die Schriftführer sind, kurz gesagt, die Adjutanten des Präsidenten. Sie haben die Schriftstücke vorzulesen, die Verhandlungen zu beurkunden, die Rednerliste zu führen, die Namen aufzurufen, die Stimmen zu sammeln und zu zählen u. dgl. mehr. Sie werden, zur Zeit acht an der Zahl, in einem einzigen Wahlgang nach relativer Stimmenmehrheit gewählt. Der diensttuende Präsident und die diensttuenden Schriftführer bilden zusammen den Sitzungsvorstand, früher Bureau genannt. Der Sitzungsvorstand als Kollegium entscheidet u. a. über die Beschlußfähigkeit und über das Ergebnis einer Abstimmung nach Maßgabe der §§ 99 und 104 GeschO.

Ein weiteres Organ des Reichstags sind endlich die Ausschüsse. Die Geschäftsordnung unterscheidet ständige Ausschüsse, die, fünfzehn an Zahl und durch den Reichstag vermehrbar, nach den Vorstandswahlen eingesetzt werden, und Sonderausschüsse für einzelne Angelegenheiten. Die Zahl der Mitglieder der Ausschüsse wird vom Reichstag, die Person der Ausschußmitglieder und ihrer Stellvertreter von den Fraktionen bestimmt. Die Ausschüsse wählen ihre Vorsitzenden und deren Stellvertreter nach Vereinbarungen im Ältestenrat. Im Gegensatze zu den Vollsitzungen sind die Sitzungen der Ausschüsse, abgesehen von denen der Untersuchungsausschüsse, nicht öffentlich. Unter diesen Ausschüssen nehmen zwei ständige Ausschüsse und ein Sonderausschuß eine außerordentliche Stellung ein: der Ausschuß für auswärtige Angelegenheiten, der Ausschuß für die Wahrung der Rechte der Volksvertretung und ein etwa eingesetzter Untersuchungsausschuß. Ihre Eigenart besteht einmal darin, daß die Verfassung sie ausdrücklich vorsieht (Art. 34, 35), dann in ihren weitgehenden, auch nach außen wirkenden Befugnissen. Besonderes Interesse beanspruchen die in Art. 34 genannten Untersuchungsausschüsse. Darnach hat der Reichstag das Recht und auf Antrag von einem Fünftel seiner Mitglieder die Pflicht, Untersuchungsausschüsse einzusetzen. Die Ausschüsse erheben in öffentlicher Verhandlung die Beweise, die sie oder die Antragsteller für erforderlich halten. Auf die Erhebungen der Ausschüsse und der von ihnen ersuchten Behörden finden die Vorschriften der Strafprozeßordnung sinngemäße Anwendung. Der erste Untersuchungsausschuß dieser Art war der am 20. August 1919 von der Nationalversammlung über die Kriegsursachen, die Friedensmöglichkeiten und die Kriegführung eingesetzte Untersuchungsausschuß, der sich in mehrere Unterausschüsse gliederte, und dessen zweiter Unterausschuß vom 21. Oktober bis 18. November 1919 tagte und in dieser Zeit v. Bethmann-Hollweg, Graf Bernstorff, v. Hindenburg, Ludendorff und Helfferich vernahm. Die Neuheit dieser Einrichtung zeigte sich in einem heftigen Zusammenstoß zwischen einem Mitglied des Ausschusses und dem Zeugen Helfferich, der bei dieser Gelegenheit zu einer Geldstrafe verurteilt wurde. Vor allem aber wurden damals Zweifel darüber rege, ob der Reichstag befugt war, gerade über die Fragen des Krieges einen Untersuchungsausschuß einzusetzen, da die Einrichtung der Untersuchungsausschüsse den selbstverständlichen Zweck habe, den Reichstag innerhalb seiner Zuständigkeiten zu unterstützen, es aber nicht einzusehen sei, wie der Reichstag in die Lage kommen könne, die Ergebnisse der Untersuchungen für seine eigenen Aufgaben zu verwerten. An diesen Bedenken war so viel richtig, daß es dem Reichstag in der Tat nicht gestattet sein kann, aus rein historischen Gründen einen Untersuchungsausschuß einzusetzen, irgendeine Beziehung zwischen dem möglichen Ergebnis der Untersuchung und der Tätigkeit des Reichstags muß allerdings gegeben sein. Eine solche Beziehung ließ sich aber damals ohne Künsteleien leicht finden, sei es, daß der Reichstag ein Interesse hatte zu wissen, welchen Männern er bei einer künftigen Ministerschaft Vertrauen entgegenbringen dürfe, sei es, daß er entschlossen war, für die einzuschlagende eigene Politik aus der jüngsten Vergangenheit zu lernen.

Der so organisierte Reichstag erledigt seine Angelegenheiten in einem genau geregelten Geschäftsgang. Im Gegensatze zu früher ist die Frage der Öffentlichkeit der Verhandlungen und des Ausschlusses der Öffentlichkeit jetzt genau geregelt (Art. 29): „Der Reichstag verhandelt öffentlich. Auf Antrag von fünfzig Mitgliedern kann mit Zweidrittelmehrheit die Öffentlichkeit ausgeschlossen werden." Bei der Beratung der Vorlagen unterscheidet die Geschäftsordnung gewöhnliche Vorlagen einerseits, Gesetzentwürfe, Haushaltsvorlagen und Staatsverträge andrerseits (§ 36). Den Gesetzentwürfen werden Vorlagen und Anträge der Reichsregierung oder des Reichsrats, auch wenn sie einen Gesetzentwurf nicht enthalten, gleichgestellt (§ 52). Die gewöhnlichen Vorlagen werden in einer Beratung, die übrigen in drei Beratungen erledigt. Der übliche Gang einer Gesetzesberatung beim Reichstag ist kurz folgender. Die Gesetzesvorlage wird gedruckt und an die Mitglieder des Reichstags verteilt. Frühestens am dritten Tage darauf beginnt die erste Beratung, die nur in einer Besprechung der Grundsätze der Vorlage, sog. Generaldebatte, besteht. Am Schlusse der ersten Beratung wird die Vorlage meist einem Ausschuß überwiesen, der sie gründlich berät und das Ergebnis der Beratung in einem Bericht an die Vollversammlung oder einem Antrag niederlegt. Frühestens am zweiten Tage nach Verteilung des Ausschußberichts oder -antrags beginnt die zweite Beratung im Reichstag in der Form einer Einzelbesprechung (sog. Spezialdebatte). Die dritte Beratung beginnt frühestens am zweiten Tage nach Verteilung der Drucksache über die in zweiter Beratung gefaßten Beschlüsse oder, falls keine Änderungen der Vorlage beschlossen sind, nach Schluß der zweiten Beratung. Sie beginnt mit einer allgemeinen Besprechung über die Grundsätze der Vorlage, an die sich unmittelbar die Einzelberatung anschließt. Am Schlusse der dritten Beratung wird über die Annahme oder Ablehnung der Vorlage abgestimmt. Die Fristen zwischen den verschiedenen Beratungen können unter gewissen Voraussetzungen verkürzt oder aufgehoben werden, doch können die drei Beratungen nur dann für denselben Tag auf die Tagesordnung gebracht oder an ihm vorgenommen werden, wenn kein Mitglied widerspricht (§ 47). Bis zur dritten Beratung bedürfen Änderungsanträge keiner Unterstützung, bei der dritten Beratung ist eine Unterstützung von 15 Mitgliedern, also einer Fraktion, nötig (§ 44). Es gilt also hierfür die gleiche Regel wie für die von Reichstagsmitgliedern eingebrachten selbständigen Anträge, die nach § 49 mindestens 15 Unterschriften tragen müssen.

Besonders wichtig für die Verhandlungen sind dann die Vorschriften über die Tagesordnung und die Redeordnung (§§ 69ff., 81ff.). Vor Schluß jeder Sitzung verkündet der Präsident Zeit und Tagesordnung der nächsten Sitzung. Widerspricht ein Mitglied, so entscheidet der Reichstag. Gegenstände, die nicht auf der Tagesordnung stehen, dürfen, von geschäftsordnungsmäßig geregelten Ausnahmen abgesehen, nur beraten werden, wenn kein Mitglied widerspricht. Bei der Festsetzung der Tagesordnung ist der Präsident und, sofern auch nur 30 Mitglieder widersprechen, auch der Reichstag an gewisse Regeln gebunden. Die Reihenfolge der Beratung richtet sich nämlich bei Ausschußberichten nach dem Tage der Feststellung, bei anderen Gegenständen nach ihrer Einbringung. Einen unbedingten Vorzug genießen nur die sog. schleunigen Anträge; sie sind vor anderen auf die nächste Tagesordnung zu setzen. Schleunige Anträge sind solche, die die sog. Immunität der Abgeordneten (Art. 37) oder die Aufhebung des Ausnahmezustands (Art. 48) betreffen, andere Anträge kann der Ältestenrat als schleunige bezeichnen. Eine weitere Schranke bilden die Interpellations- und die sog. Schwerinstage. Erklärt sich nämlich die Reichsregierung zur Beantwortung einer Interpellation in einer bestimmten Sitzung bereit, so wird die Interpellation auf die Tagesordnung dieser Sitzung gesetzt (§ 56). Die sog. Schwerinstage aber verdanken ihre Entstehung und ihren Namen dem Abgeordneten Grafen Schwerin-Putzar aus dem alten Reichstag. Der Schwerinstag ist ein bestimmter Wochentag, herkömmlicherweise der Mittwoch, der darauf verwendet wird, Anträge von Mitgliedern des Reichstags und Ausschußberichte über Petitionen zu erledigen. Hiervon kann nur im Einvernehmen mit dem Altestenrat abgewichen werden. Jeder dritte von diesen Tagen ist in erster Linie der Erledigung von Petitionen vorzubehalten (§ 79). Zu der auf diese Weise zustande gekommenen Tagesordnung gibt es drei Arten von rein tagesordnungsmäßigen Beschlüssen: Absetzung von der Tagesordnung, Übergang zur Tagesordnung und Vertagung der Sitzung vor Erledigung der Tagesordnung. Die vom Reichstag zu beschließende Absetzung von der Tagesordnung (§ 72) hat keine andre Wirkung, als wenn der abgesetzte Punkt überhaupt nie auf der Tagesordnung gestanden hätte. Der Übergang zur Tagesordnung bedeutet den Entschluß des Reichstags, sich mit einem Punkte der Tagesordnung sachlich nicht zu befassen. Bei Petitionen hat dies Fallenlassen des Gegenstands der Beratung die Bedeutung einer Ablehnung. Auch sonst macht der Antrag auf Übergang zur Tagesordnung sachlich den Eindruck eines Antrags auf Ablehnung, hat aber nicht die rechtliche Bedeutung eines solchen. Der Antrag auf Übergang zur Tagesordnung kann jederzeit bis zur Abstimmung gestellt werden und bedarf keiner Unterstützung. Wird er abgelehnt, so darf er im Laufe derselben Beratung nicht wiederholt werden. Die Vertagung der Sitzung vor Erledigung der Tagesordnung endlich bedeutet Anberaumung eines neuen Sitzungstages zwecks Erledigung der unerledigt gebliebenen Punkte der Tagesordnung. Für den Beschluß ist ein Vorschlag des Präsidenten oder ein Antrag von 30 anwesenden Mitgliedern erforderlich.

Für die Redeordnung gilt die allgemeine Schranke, daß kein Mitglied sprechen darf, wenn ihm der Präsident nicht das Wort erteilt hat. Mitglieder, die zur Sache sprechen wollen, haben sich bei dem Schriftführer, der die Rednerliste führt, zum Worte zu melden, andere Wortmeldungen können durch Zuruf erfolgen (§ 81). Über die Reihenfolge der Redner enthält die Verfassung ein wichtiges Vorrecht für die Vertreter der Reichsregierung, insofern sie jederzeit auch außerhalb der Tagesordnung zu hören sind (Art. 33). Das Recht, die Unterbrechung des gerade sprechenden Redners zu verlangen, steht den Vertretern der Reichsregierung aber nicht zu. Auch die Vertreter der Landesregierungen, die meist zugleich Reichsratsbevollmächtigte sind, und die Mitglieder des Reichswirtschaftsrats sind auf ihr Verlangen während der Beratung, die Mitglieder des RWR. allerdings nur bei Vorlagen des RWR., zu hören (Art. 33, 165), doch genießen sie nach der Verfassung hierbei keine andern Vorrechte gegenüber den Reichstagsmitgliedern, als daß sie unbedingt gehört werden müssen. Die Geschäftsordnung allerdings stellt die Reichsratsbevollmächtigten den Vertretern der Reichsregierung völlig gleich (§§ 96 f.). Im einzelnen unterscheidet die Geschäftsordnung das Wort zur Sache, das Wort zur Geschäftsordnung, persönliche Bemerkungen und die Abgabe von Erklärungen. Das Wort zur Sache muß jedem, der sich meldet, erteilt werden, es sei denn, daß der Reichstag auf Vorschlag des Ältestenrats die Zeitdauer für die Besprechung des Gegenstandes begrenzt hat (§ 88), doch bestimmt der Präsident die Reihenfolge nach zweckmäßigem Ermessen (§ 82). Tatsächlich hält er sich bei wichtigen Gegenständen an die im Ältestenrat getroffene Vereinbarung. Antragsteller und Berichterstatter können sowohl zu Beginn wie nach Schluß der Beratung das Wort verlangen. Das Wort zur Geschäftsordnung wird nur nach freiem Ermessen des Präsidenten erteilt (§ 83). Der heute in vielen Versammlungen geübte Brauch, der Wortmeldung zur Geschäftsordnung den Vorrang vor allen übrigen Wortmeldungen einzuräumen, ist vom Reichstag schon im Jahre 1902 aufgegeben worden. Wird einem Redner das Wort erteilt, so dürfen seine Ausführungen die Dauer von fünf Minuten nicht überschreiten. Zu persönlichen Bemerkungen wird das Wort erst nach Schluß oder Vertagung der Beratung erteilt. Hierbei darf der Redner nur Angriffe, die in der Aussprache gegen ihn vorgekommen sind, zurückweisen oder eigene Ausführungen richtig stellen (§ 84). Von solchen persönlichen Bemerkungen sind die „tatsächlichen oder persönlichen Erklärungen" zu unterscheiden. Zu solchen Erklärungen kann der Präsident außerhalb der Tagesordnung das Wort erteilen. Die Erklärung ist ihm vorher schriftlich mitzuteilen (§ 85). Da bis zum 1. Januar 1923 nach der alten Geschäftsordnung „faktische Bemerkungen" unzulässig waren, läßt sich die Tragweite der Bestimmung noch nicht völlig übersehen. Gemeint sind wohl in erster Linie Erklärungen über Vorfälle im Reichstag oder zwischen Reichstagsabgeordneten, etwa über die Herausforderung eines Abgeordneten durch einen andern zum Zweikampf (Sitzung vom 5. März 1924). Die Form der Rede ist der freie Vortrag. Die Redner sprechen von der Rednertribüne oder von ihrem Platze, die Berichterstatter von der Rednertribüne oder dem Berichterstattersitze (§ 86). Die Rededauer darf, wenn der Reichstag nicht ausnahmsweise eine Verlängerung beschließt, eine Stunde nicht überschreiten. Spricht ein Mitglied über die Redezeit hinaus, so entzieht ihm der Präsident nach einmaliger Mahnung das Wort.

Voraussetzung für die **Abstimmung** ist **Beschlußfähigkeit** des Reichstags. Eigentümlicherweise hat die Verfassung die Regelung der Frage der Beschlußfähigkeit, außer für Verfassungsänderungen, dem Reichstag selbst überlassen. Der Reichstag hat jedoch in der Geschäftsordnung nichts anderes bestimmt, als was schon nach Art. 28 der Verfassung Bismarcks geltendes Recht war: „Der Reichstag ist beschlußfähig, wenn mehr als die Hälfte der Mitglieder anwesend ist" (§ 98). Für Verfassungsänderungen verlangt die Verfassung die Anwesenheit von zwei Dritteln der gesetzlichen Mitgliederzahl und Zustimmung von zwei Dritteln der Anwesenden. Demgemäß bestimmt die Geschäftsordnung, einem allmählich entstandenen Brauche folgend: „Bei Beschlüssen des Reichstags auf Abänderung der Verfassung hat der Präsident durch ausdrückliche Erklärung festzustellen, daß zwei Drittel der Mitglieder anwesend sind und wenigstens zwei Drittel der Anwesenden zustimmen" (§ 98). Die Beschlußfähigkeit wird vermutet. Geprüft wird sie nur, wenn sie angezweifelt wird. Wird sie in diesem Falle vom Sitzungsvorstande weder einmütig bejaht noch verneint, so ist darüber durch Auszählung oder Namensaufruf zu entscheiden. Um den Fraktionen jedoch die Möglichkeit zu geben, ihre säumigen, im Reichstagsgebäude anwesenden Mitglieder in den Sitzungssaal zu rufen, bestimmt die Geschäftsordnung, daß der Präsident die Abstimmung auf kurze Zeit aussetzen kann (§ 99). Bei Beschlußunfähigkeit hat der Präsident die Sitzung sofort aufzuheben und Zeit und Tagesordnung der nächsten Sitzung zu verkünden (§ 100). Vielfach wird in solchen Fällen die nächste Sitzung auf denselben Tag, eine Stunde oder eine halbe Stunde später anberaumt. Bei der Abstimmung stellt der Präsident die Fragen so, daß sie sich mit Ja oder Nein beantworten lassen. Abgestimmt wird in der Regel durch **Aufstehen oder Sitzenbleiben**. Ist der Sitzungsvorstand über das Ergebnis der Abstimmung nicht einig, so wird die Gegenprobe gemacht. Bleibt er auch nach ihr uneinig, so werden die Stimmen gezählt. Zu diesem Zwecke verlassen die Abgeordneten auf Aufforderung des Präsidenten den Saal, und die Türen werden bis auf drei geschlossen, je eine rechts und links vom Vorstandstische und eine gegenüber. Auf das Glockenzeichen des Präsidenten treten die Mitglieder, je nachdem sie stimmen, durch die Ja-Türe (rechts), durch die Nein-Türe (links), und die sich der Stimme enthalten wollen, durch die Mitteltüre in den Saal ein und werden von den Schriftführern laut gezählt (§ 104). Man nennt diese Art der Abstimmung den **Hammelsprung**, vermutlich weil auch eine Schafherde nur dann genau gezählt werden kann, wenn man die Tiere hintereinander durch eine enge Öffnung gehen läßt. Eine dritte, bei unwichtigen Gegenständen (§ 106) unzulässige Form der Abstimmung ist endlich die **namentliche Abstimmung** (§ 105). Namentliche Abstimmung kann bis zur Eröffnung der Abstimmung beschlossen werden, wenn es 50 anwesende Mitglieder beantragen. Auch für die **Berechnung des Abstimmungsergebnisses** enthält die Geschäftsordnung wichtige Regeln. Stimmenthaltungen und ungültige Stimmen zählen mit bei Feststellung der Beschlußfähigkeit, nicht aber bei Berechnung der Mehrheit (§ 100), eine Vorschrift, die nur für gewöhnliche Abstimmungen gelten kann, nicht für die Abstimmungen über Verfassungsänderungen, da hier die Verfassung ausdrücklich die Zustimmung von zwei Dritteln der Anwesenden verlangt. Abgesehen von Verfassungsänderungen und abgesehen von gewissen Beschlüssen über die Geschäftsordnung selbst, die schon am Widerspruche eines Abgeordneten oder von 15 Abgeordneten u. dgl. scheitern, entscheidet die Mehrheit der abgegebenen Stimmen. **Stimmengleichheit** verneint die Frage (§ 103). Aus dieser letzten Regelung scheint zu folgen, daß es unter Umständen von der positiven oder der negativen Fassung des Antrags abhängt, ob er sachlich in diesem oder in jenem Sinne entschieden wird. Lautet der Antrag z. B.: „Der Reichstag entzieht der Regierung das Vertrauen", so bedeutet — könnte man meinen — Stimmengleichheit ein Vertrauensvotum, lautet er aber: „Der Reichstag billigt das Verhalten der Regierung", so käme Stimmengleichheit als Ablehnung eines

Vertrauensvotums einem Mißtrauensvotum gleich. Dem ist aber nicht so, da die Ablehnung eines Antrags durchaus nicht notwendigerweise die Annahme seines Gegenteils bedeutet, vielmehr liegt zwischen Billigung und Mißbilligung die Möglichkeit, weder billigen noch mißbilligen zu wollen, also die Möglichkeit der Unentschlossenheit, und diese Möglichkeit ist in beiden Fällen gleichermaßen verwirklicht, ob nun der Antrag positiv oder negativ gefaßt war.

Dem reibungslosen Verlauf der Sitzungen, überhaupt dem ungestörten Arbeiten des Reichstags dienen eine Reihe von Ordnungsbestimmungen. Die Verfassung unterscheidet die Polizeigewalt, das Hausrecht und die Ordnungsgewalt des Reichstagspräsidenten. „Der Präsident übt ... die Polizeigewalt im Reichstagsgebäude aus" (Art. 28). Damit ist zweierlei gesagt, einmal: der Präsident hat im Reichstagsgebäude die gleichen Befugnisse wie die preußischen Polizeibehörden, er ist gleichsam Polizeipräsident im Sprengel „Reichstagsgebäude"; dann: die preußischen Polizeibehörden, insbesondere der Polizeipräsident von Berlin, sind für den Sprengel „Reichstagsgebäude" örtlich unzuständig; nur auf Ersuchen des Reichstagspräsidenten oder in Fällen der Not mit dessen vermutlichem Einverständnis und nachträglicher Genehmigung darf der Polizeipräsident von Berlin Schutzpolizeimannschaften in das Reichstagsgebäude entsenden. Außer der Polizeigewalt übt der Präsident „das Hausrecht... im Reichstagsgebäude aus" (Art. 28). Diese Bestimmung richtet sich gegen die Nicht-Abgeordneten, gegen das Publikum. Wer das Reichstagsgebäude betritt, ist schon durch diese Tatsache der vom Präsidenten erlassenen Hausordnung (zur Zeit Anordnung v. 18. Juni 1921) und den Einzelanordnungen des Präsidenten unterworfen. Das Reichsgesetz vom 8. Mai 1920 über die Befriedung der Gebäude des Reichstags und der Landtage stellt die vorsätzliche Übertretung der Anordnungen des Präsidenten über das Betreten des Gebäudes und über das Verhalten in dem Gebäude sogar unter strafrechtlichen Schutz. Ebenso sind die Maßnahmen des Präsidenten zur Aufrechterhaltung der Ordnung auf den Zuhörertribünen Ausfluß seines Hausrechts. „Wer auf Zuhörertribünen Beifall oder Mißbilligung äußert oder Ordnung und Anstand verletzt, kann auf Anordnung des Präsidenten sofort entfernt werden. Der Präsident kann eine Zuhörertribüne wegen störender Unruhe räumen lassen" (Geschäftsordnung § 94). Die Ordnungsgewalt des Präsidenten endlich bezieht sich nur auf die im Sitzungssaale anwesenden Reichstagsmitglieder und die Regierungsvertreter, sowohl die des Reichs wie die der Länder (Art. 33 Abs. 4). Die Unterstellung der Regierungsvertreter unter die Ordnungsgewalt des Präsidenten ist eine bewußte Neuerung gegen früher. Im Bismarckschen Reichstage konnten der Reichskanzler und die sonstigen Regierungsvertreter nicht zur Ordnung gerufen werden. Kam von ihrer Seite einmal eine Entgleisung vor, so drückte sich der Reichstagspräsident in bedingter Form aus: „Hätte ein Abgeordneter diesen Ausdruck gebraucht, so würde ich ihn zur Ordnung gerufen haben." Heute kann der Präsident einen Reichsminister, auch wenn er nicht Mitglied des Reichstags ist, ohne Umschweife zur Ordnung rufen. Gewisse, nicht ausdrücklich genannte Vorrechte haben die Regierungsvertreter allerdings auch heute noch. Von der Sitzung ausgeschlossen werden kann z. B. ein Regierungsvertreter nicht. Bevor der Präsident von seiner Ordnungsgewalt Gebrauch macht, wird er, soweit tunlich, den Abgeordneten auf das Unparlamentarische seiner Ausdrücke oder seines Verhaltens gelinde aufmerksam machen. Genügen solche Mahnungen nicht, so stellt die GO. dem Präsidenten zunächst den Sach- und Ordnungsruf zur Verfügung. „Der Präsident kann Redner, wenn sie vom Verhandlungsgegenstand abschweifen, zur Sache verweisen und sie und andere Mitglieder, wenn sie die Ordnung verletzen, mit Nennung des Namens zur Ordnung rufen" (§ 89). Das nächste dem Präsidenten und dem Reichstag zustehende Zwangsmittel ist die Wortentziehung. „Ist ein Redner dreimal in derselben Rede zur Sache oder zur Ordnung gerufen und beim zweiten Male auf die Folgen eines dritten Ordnungsrufs hingewiesen worden, so kann ihm das Haus auf Antrag des Präsidenten das

Wort entziehen" (§ 90). Die schärfste Form nimmt die Ordnungsgewalt des Präsidenten bei der zeitlichen Ausschließung eines Mitglieds an. „Wegen gröblicher Verletzung der Ordnung kann der Präsident ein Mitglied von der Sitzung ausschließen. Es hat den Sitzungssaal sofort zu verlassen. Tut es das trotz der Aufforderung des Präsidenten nicht, so wird die Sitzung unterbrochen oder aufgehoben und das Mitglied zieht sich dadurch ohne weiteres den Ausschluß für die folgenden acht Sitzungstage zu. Weigert es sich wiederholt, den Anordnungen des Präsidenten zu folgen, so tritt der Ausschluß an zwanzig Sitzungstagen ein" (§ 91). Da das Fernbleiben von einer Reichstagssitzung auch geldliche Nachteile für den Abgeordneten hat (Ges. v. 10. Juli 1920 § 3), wirkt der Ausschluß gleichzeitig wie eine Geldstrafe. Über die bei böswilliger Obstruktion wichtige Frage, ob das hartnäckige Mitglied auch mit körperlicher Gewalt, etwa durch zugezogene Schutzpolizeileute, entfernt werden kann, schweigt die Geschäftsordnung. Da derartige Bestimmungen nicht außergewöhnlich wären, hätte die Geschäftsordnung sie treffen können. Gerade deshalb muß ihr Schweigen im Sinne der Unzulässigkeit der körperlichen Gewalt gedeutet werden. Vor allem wirkt die Anwendung von Gewalt in einer Versammlung der Erlesenen des Volkes so außerordentlich peinlich, daß die Geschäftsordnung Gewaltanwendung ausdrücklich hätte zulassen müssen, wenn solche hätte zulässig sein sollen. Auch unter dem Gesichtspunkte der Notwehr gegen einen strafbaren Hausfriedensbruch läßt sich nur die gewaltsame Abweisung des Abgeordneten an der Türe, nicht aber seine gewaltsame Entfernung rechtfertigen, da die Geschäftsordnung das Ausschließungsrecht erschöpfend geregelt hat und eben von Gewaltanwendung gegen Abgeordnete im Sitzungssaale augenscheinlich nichts wissen will. (So ausdrücklich Präsident Wallraf im Falle Schwarz am 22. August 1924, Abendsitzung, anders drei Tage darauf im Falle Grube und Genossen, seit Bestehen des Reichstags dem ersten Falle, in dem gegen Abgeordnete Gewalt angewendet wurde.) Auch ein Geschäftsordnungsbeschluß ad hoc wäre unmöglich, da Abweichungen von den Vorschriften der Gesch.-O. im Einzelfalle nur beschlossen werden können, wenn kein Mitglied widerspricht (§ 114). Gegen den Ordnungsruf oder den Ausschluß kann das Mitglied bis zum nächsten Sitzungstage schriftlich Einspruch erheben. Der Reichstag entscheidet ohne Besprechung (§ 92). Richten sich die bisher genannten Ordnungsbestimmungen gegen den einzelnen Abgeordneten, so kennt die Geschäftsordnung auch ein Mittel gegen allgemeine Unruhen im Sitzungssaale. „Wenn im Reichstag störende Unruhen entstehen, so kann der Präsident die Sitzung auf bestimmte Zeit aussetzen oder ganz aufheben. Kann er sich kein Gehör verschaffen, so verläßt er den Präsidentenstuhl. Die Sitzung ist alsdann auf eine Stunde unterbrochen" (§ 93). Früher bedeckte der Präsident sein Haupt als Zeichen für die Unterbrechung der Sitzung.

Die Geschäftsordnung enthält endlich noch Vorschriften über die Beurkundung der Verhandlungen. Sie unterscheidet die Sitzungsberichte und die Beurkundung der Beschlüsse. Die Sitzungsberichte sind stenographisch aufgenommene wörtliche Berichte über den Verlauf einer jeden Sitzung. Allerdings fehlt ihnen in ihrer endgültigen Form die unbedingte geschichtliche Wahrheit, nicht sowohl wegen der fast völlig ausschaltbaren Aufnahmefehler, als wegen der jedem Redner zustehenden Befugnis, die Niederschrift seiner Rede zu berichtigen (§ 109). Schon die dem Redner vorgelegte Niederschrift pflegt stilistisch überarbeitet zu sein, so daß der Redner mit Genugtuung glaubt annehmen zu dürfen, daß er in gutem Deutsch und in gelungenen Satzwendungen gesprochen habe. Aber auch diese Niederschrift darf er noch berichtigen, nur darf keine Berichtigung den Sinn der Rede ändern. Wird die Berichtigung beanstandet und keine Verständigung mit dem Redner erzielt, so ist die Entscheidung des Präsidenten oder seines Stellvertreters einzuholen (§ 110). Die stenographischen Berichte werden gedruckt und sind zusammen mit den „Drucksachen" im Buchhandel erhältlich. Neben diesen amtlichen Berichten gibt es noch die der großen Zeitungen, die für den Historiker unentbehrlich sind, da sie die Verhandlungen zwar verkürzt, aber, weil nicht der Berichtigung unterworfen, unter Umständen genauer wiedergeben als die amtlichen. Auf sie vor allem bezieht sich die Verfassungsbestimmung, daß wahrheitsgetreue Berichte über die Verhandlungen in den öffentlichen Sitzungen des Reichstags, eines Landtags oder ihrer Ausschüsse von jeder Verantwortlichkeit frei bleiben (Art. 30). Wahrheitsgetreu sind die Berichte auch dann, wenn sie die Verhandlungen in gekürzter Form wiedergeben, aber nicht, wenn sie durch ungleichmäßige Streichungen oder durch absichtliche Hervorhebung einzelner Teile, etwa der beleidigenden oder landesverräterischen Stücke einer Rede, ein Zerrbild vom Gange der Verhandlungen geben. Im Gegensatze zu den Sitzungsberichten hat die Beurkundung der Beschlüsse den Charakter eines knappen Protokolls, das vom Präsidenten mit den diensttuenden Schriftführern vollzogen, während der nächsten Sitzung zur Einsicht ausgelegt wird und als genehmigt gilt, wenn bis zum Schlusse dieser Sitzung kein Einspruch gegen sie erhoben wird (§ 111).

f) Zuständigkeiten des Reichstags. Wenn man in den modernen Verfassungen überhaupt von einem höchsten Organe sprechen darf, so sollte nach dem offenbaren Willen des Verfassungsgesetzgebers der Reichstag dieses höchste Organ sein. Dennoch ist der Reichstag weit davon entfernt, alle Zuständigkeiten in sich zu vereinigen, wie dies früher beim Monarchen angenommen wurde. Vielmehr hat auch der Reichstag nur die Zuständigkeiten, die ihm die Verfassung überträgt. Allerdings wird nach mutmaßlichem Willen der Verfassung bei einer Verfassungslücke der Reichstag einzuspringen haben. Bei Verhinderung des Reichspräsidenten und aller für ihn als Stellvertreter in Betracht kommenden Personen (Art. 51) z. B. wird nichts anderes übrig bleiben, als daß der Reichstag den Stellvertreter des Reichspräsidenten wählt, um wenigstens das Vertretungsgesetz erlassen zu können.

Trotz dieser seiner bevorzugten Stellung sind die Hauptzuständigkeiten des Reichstags nicht unmittelbar nach außen gerichtet, selbst bei der Gesetzgebung nicht, da ein Gesetzesbeschluß des Reichstags zunächst nur den Reichspräsidenten zur Verkündung verpflichtet. Neben der Gesetzgebung hat der Reichstag insofern Anteil an der Verwaltung, als gewisse Akte der Verwaltung, wie Kriegserklärung und Friedensschluß, Festsetzung des Haushaltsplans und Ausgabe von Reichsanleihen der Form des Reichsgesetzes oder, wie der Abschluß völkerrechtlicher Verträge, der Zustimmung des Reichstags bedürfen. Das Verlangen des Reichstags nach Außerkraftsetzung der außerordentlichen nach Art. 48 verfügten Maßnahmen gehört zur Gesetzgebung oder zur Verwaltung, je nachdem die aufzuhebende Maßnahme einen Gesetzgebungs- oder einen Verwaltungsakt darstellt. Akte der Rechtspflege stehen dem Reichstag nach Übertragung der Wahlprüfung auf das Wahlprüfungsgericht nicht mehr zu. Außer diesen Zuständigkeiten bei Ausübung der drei Staatstätigkeiten gibt es eine Reihe wichtiger Beziehungen zwischen dem Reichstag und den anderen höchsten Reichsorganen. Der Reichstag kann beim Volke Absetzung des Reichspräsidenten beantragen (Art. 43), er kann die Anwesenheit des Reichskanzlers und jedes Reichsministers verlangen (Art. 33), die Ministerverantwortlichkeit durch Anfragen, Interpellationen, Mißtrauensvotum geltend machen (Art. 50, 54), den Reichspräsidenten, den Reichskanzler und die Reichsminister vor dem Staatsgerichtshof für das Deutsche Reich anklagen (Art. 59), der Reichsregierung wegen Verwendung der Reichseinnahmen Entlastung erteilen oder verweigern (Art. 86). Einzelheiten hierüber werden an anderer Stelle zu erörtern sein. Hier sei nur auf das Charakteristische dieser Beziehungen hingewiesen. Der Reichstag nimmt durch sie nicht positiv Anteil an der Regierung, sondern nur überwachend, hemmend, hindernd. Während der preußische Landtag auch die „Grundsätze für die Verwaltung der Staatsangelegenheiten aufstellt“ (Preuß. Verf. Art. 29), fehlt dem Reichstag diese Einwirkungsmöglichkeit.

Unmittelbar nach außen gerichtete Zuständigkeiten hat der Reichstag nur wenige. Als Vollversammlung nimmt er Bitten und Beschwerden (Petitionen) der Staatsbürger entgegen (Art. 126) und teilt den Einsendern die Art der Erledigung der Petition mit (GeschO. § 66). Durch seinen Präsidenten nimmt er private Rechtsgeschäfte und Verwaltungsakte vor. So stellt der Reichstagspräsident die Reichstagsbeamten an und versetzt sie in den Ruhestand (GeschO. § 19). Auch sonst vertritt er das Reich in allen Rechtsgeschäften und Rechtsstreitigkeiten seiner Verwaltung (Reichsverf. Art. 28). Vor allem verkehren die vom Reichstag eingesetzten Untersuchungsausschüsse, der Ausschuß für auswärtige Angelegenheiten und der Ausschuß für die Wahrung der Rechte der Volksvertretung unmittelbar mit der Außenwelt, da sie in öffentlicher Verhandlung die Beweise erheben, die sie oder die Antragsteller für erforderlich erachten, und da hierauf die Vorschriften des strafgerichtlichen Verfahrens sinngemäße Anwendung finden (Art. 34, 35).

g) Die Reichstagsabgeordneten. Zum Abschluß des Bildes vom Reichstag bedarf es noch einer Darstellung der persönlichen Verhältnisse der Reichstagsabgeordneten.

Die Abgeordneteneigenschaft beginnt mit der Annahme der Wahl durch Erklärung dem Reichswahlleiter gegenüber. Der Annahme steht einwöchiges Schweigen auf die Benachrichtigung seitens des Kreis- oder des Reichswahlleiters gleich (RStimmO. §§ 139, 144). Die Abgeordneteneigenschaft endigt für alle Abgeordneten mit dem regelmäßigen Ende der Wahlperiode und mit der Auflösung des Reichstags, doch dauert sie für den Präsidenten und seine Stellvertreter, sowie für die Mitglieder des Ausschusses für auswärtige Angelegenheiten und des Ausschusses für die Wahrung der Rechte der Volksvertretung bis zum Zusammentritt des neuen Reichstags fort (Art. 27, 35). Sie endigt für den einzelnen Abgeordneten durch Verzicht, der dem Reichstagspräsidenten zu erklären und unwiderruflich ist, durch nachträglichen Verlust des Wahlrechts, etwa kraft Verlustes der Reichsangehörigkeit, durch strafgerichtliche Aberkennung der Rechte aus öffentlichen Wahlen, durch Ungültigerklärung der Wahl oder sonstiges Ausscheiden beim Wahlprüfungsverfahren, endlich durch nachträgliche Änderung des Wahlergebnisses, nämlich bei Nachwahlen oder Wiederholungswahlen (Reichswahlgesetz § 5). Vermöge der Unvereinbarkeit verliert der Reichstagsabgeordnete seinen Sitz auch durch Annahme der Wahl als Reichspräsident (Art. 44). Dagegen ist, anders als in Bismarcks Verfassung, die Ernennung eines Reichstagsabgeordneten zum besoldeten Beamten oder seine Beförderung in ein höheres Amt ohne Einfluß auf die Abgeordneteneigenschaft.

Die Abgeordneten haben als solche besondere Pflichten, Freiheiten und positive Ansprüche. Der Pflichten ist in Verfassung, Gesetz und Geschäftsordnung zuhammenhängend nicht gedacht. Sie erschöpfen sich im wesentlichen in der Anwesenheitspflicht, der Arbeitspflicht, der Pflicht nach bestem Gewissen zu reden und abzustimmen (Art. 21) und der Pflicht zum parlamentarischen Verhalten. Die Freiheiten sind bekannt unter dem Namen der „Immunität", doch gehört mehr dazu, als was unter dieser Bezeichnung begriffen zu werden pflegt. Die Abgeordneten sind zunächst frei von ihren Wählern; sie sind „an Aufträge nicht gebunden" (Art. 21). Dies Verbot des sogenannten imperativen Mandats wird allerdings den einzelnen Abgeordneten nicht hindern, sich moralisch für verpflichtet zu achten, das eine oder das andere vor den Wahlen abgegebene Versprechen nach Kräften zu erfüllen. Für die Abgeordneten gilt ferner unbedingte Abstimmungs- und Äußerungsfreiheit. „Kein Mitglied des Reichstags (oder eines Landtags) darf zu irgendeiner Zeit wegen seiner Abstimmung oder wegen der in Ausübung seines Berufs getanen Äußerungen gerichtlich oder dienstlich verfolgt oder sonst außerhalb der Versammlung zur Verantwortung gezogen werden" (Art. 36). Die Bestimmung trifft vor allem die im Reichstag ausgesprochenen Beleidigungen. Der Beleidigte pflegt daher dem Abgeordneten nahezulegen, seine Äußerungen außerhalb des Reichstags als Privatmann zu wiederholen, damit ein Gericht angerufen und in die Lage versetzt werden kann, die Begründetheit der Beleidigung zu prüfen. Doch beschränkt sich die Äußerungsfreiheit nicht auf das Reichstagsgebäude. Auch wenn der zum Berichterstatter in einer Reichtagssache bestimmte Abgeordnete auf einer Informationsreise, etwa anläßlich der Besichtigung eines Betriebs, eine beleidigende Äußerung fallen läßt, ist er von jeder Verantwortung frei, und zwar unbedingt frei, d. h. es liegt nicht in seinem Willen, ob er seine „Immunität" geltend machen soll oder nicht, denn die Äußerungsfreiheit ist im öffentlichen Interesse festgesetzt worden. Außer der gerichtlichen und der dienstlichen Verfolgung ist auch jedes sonstige Zur-Verantwortung-Ziehen verboten. So wäre der Beschluß einer Berufsvertretung, z. B. der Ärztekammer, ein Mitglied, das Reichstagsabgeordneter ist, zu einer Äußerung wegen einer Reichstagsrede aufzufordern, verfassungswidrig. Über diese Abstimmungs- und Äußerungsfreiheit hinaus gewährt die Verfassung dem Abgeordneten eine weitgehende Freiheit von Verhaftung und strafgerichtlicher Verfolgung. „Kein Mitglied des Reichstags (oder eines Landtags) kann ohne Genehmigung des Hauses, dem der Abgeordnete angehört, während der Sitzungsperiode wegen einer mit Strafe bedrohten Handlung zur Untersuchung gezogen oder verhaftet werden, es sei denn, daß das Mitglied bei Ausübung der Tat oder spätestens im Laufe des folgenden Tages festgenommen ist. Die gleiche Genehmigung ist bei jeder anderen Beschränkung der persönlichen Freiheit erforderlich, die die Ausübung des Abgeordnetenberufs beeinträchtigt" (Art. 37 Abs. 1 u. 2). Gemeint ist mit dem letzten Satze vor allem die sogenannte Schutzhaft, aber auch die als Zwangsmittel verhängte Haft des Zivilprozesses, der persönliche Sicherheitsarrest des Zivilprozesses und des Steuerrechts, die polizeiliche Verwahrung zwecks gesundheitlicher Untersuchung und ähnliche Beschränkungen gehören hierher. Auch für diese Fälle gilt aber sinngemäß die für die Festnahme „bei Ausübung der Tat" vorgesehene Ausnahme. In diesem Sinne befindet sich auch der choleraverdächtige Abgeordnete in „Ausübung der Tat" und kann ohne Genehmigung des Reichstags in einem Krankenhause untergebracht werden. Ist ein Reichstagsabgeordneter einmal zu Recht verhaftet oder sonstwie in seiner persönlichen Freiheit beschränkt, oder ist gegen ihn einmal zu Recht ein Strafverfahren eröffnet worden, etwa vor seiner Wahl zum Reichstagsabgeordneten, so geht das Verfahren seinen gesetzlichen Gang. Doch hat der Reichstag auch in diesen Fällen die Befugnis, durch einen Beschluß die Aufhebung des Verfahrens oder der Freiheitsbeschränkung für die Dauer der Sitzungsperiode zu erzwingen (Art. 37 Abs. 3). Die Wahl eines auf Festung befindlichen gefährlichen politischen Strafgefangenen zum Reichstagsabgeordneten nützt also dem Gefangenen an sich nichts, sondern nur, falls sich unwahrscheinlicherweise im Reichstag eine Mehrheit findet, die seine Freilassung verlangt. Daß die Sitzungsperiode heute nach tatsächlich geübtem Brauche mit der Wahlperiode zusammenfällt, wurde schon hervorgehoben. Soweit die Abgeordneteneigenschaft über das Ende der Wahlperiode hinaus dauert, wie beim Präsidenten, verlängert sich nach dem mutmaßlichen Willen der Verfassung auch die Immunität des Abgeordneten. Neu ist endlich das Zeugnisverweigerungsrecht der Abgeordneten. „Die Mitglieder des Reichstags (und der Landtage) sind berechtigt, über Personen, die ihnen in ihrer Eigenschaft als Abgeordneten Tatsachen anvertrauen oder denen sie in Ausübung ihres Abgeordnetenberufs solche anvertraut haben, sowie über diese Tatsachen selbst das Zeugnis zu verweigern. Auch in Beziehung auf Beschlagnahme von Schriftstücken stehen sie den Personen gleich, die ein gesetzliches Zeugnisverweigerungsrecht haben" (Art. 38). Der letzte Satz bedeutet im Zusammenhang mit §§ 95, 97 StPO. grundsätzliche Unzulässigkeit der Beschlagnahme bei einem Reichstagsabgeordneten, es sei denn, daß er einer Teilnahme, Begünstigung oder Hehlerei verdächtig ist.

Außer den genannten Freiheiten stehen den Abgeordneten positive Ansprüche zu, die im Art. 40 und im Reichsgesetz über die Entschädigung der Mitglieder des Reichstags vom 10. Juli 1920 und dessen späteren Abänderungen näher geregelt sind. „Die Mitglieder des

Reichstags erhalten: 1. für die Dauer ihrer Zugehörigkeit zum Reichstag und die folgenden acht Tage das Recht zur freien Fahrt auf allen deutschen Eisenbahnen, 2. von dem Tage vor dem ersten Zusammentritte des Reichstags an bis zu dem Ende des Monats, in dem der Reichstag aufgelöst wird oder seine Wahldauer abläuft, eine Aufwandsentschädigung von monatlich 25 vom Hundert des Grundgehalts der Besoldungsgruppe B 6" d. h. das Viertel eines Ministergehalts ohne Ortszuschlag. Es ist Vorsorge getroffen, daß die Ausschußmitglieder, wenn sie während einer Unterbrechung der Vollsitzungen des Reichstags an Ausschußsitzungen teilnehmen, besonders entschädigt werden, daß andrerseits für säumige Mitglieder die Aufwandsentschädigung gekürzt wird. „Ein Verzicht auf die Aufwandsentschädigung ist unzulässig" (§ 6). Durch diese Bestimmung soll vermieden werden, daß die wirtschaftlich gut gestellten Abgeordneten durch einen Verzicht auf die Entschädigung einen gesellschaftlichen Druck auf die wirtschaftlich schwachen Kollegen ausüben, ihrem Beispiel zu folgen.

3. Der Reichspräsident. Bei der Frage nach der Organisation des Staatshaupts in der neuen deutschen Republik konnten die Väter der Verfassung zwischen verschiedenen Möglichkeiten wählen. Sie konnten ein kollegiales Ministerium einsetzen und eben dies Ministerium zum obersten Regierungsorgan erklären, wie es in den deutschen Ländern geschehen ist (Ministerratsverfassung). Sie konnten über das Ministerium noch ein zweites Kollegium setzen (Direktorialverfassung). Sie konnten endlich dem Ministerium statt eines Kollegiums einen einzigen überordnen (Präsidentschaftsverfassung). Diese letzte Möglichkeit wurde verwirklicht. Dabei war zu erwägen, in welchem Maße der Präsident vom Willen des Reichstags abhängig sein sollte. Amerika bot das Beispiel eines von der Volks- und Staatenvertretung völlig unabhängigen Präsidenten, da der amerikanische Präsident vom Volke, nicht vom Kongreß, gewählt wird und ohne verantwortliches Ministerium regiert. In Frankreich dagegen befindet sich der Präsident in doppelter Abhängigkeit von den Kammern, da er von den Kammern in gemeinsamer Sitzung gewählt wird und außerdem nur gemeinsam mit einem Ministerium arbeiten kann, das die Mehrheit der Deputiertenkammer hinter sich hat, eine Abhängigkeit, die so weit geht, daß Präsident Millerand 1924 sogar sein Amt niederlegen mußte, als die neugewählte Deputiertenkammer ihm die Bildung eines Kabinetts unmöglich machte. Die Väter der Verfassung konnten sich weder zu dem einen noch zum andern System vorbehaltlos entschließen, sondern wählten einen Mittelweg zwischen dem amerikanischen und dem französischen System. Von Amerika übernahmen sie den volkgewählten (sog. plebiszitären) Präsidenten, von Frankreich die Wahl auf sieben Jahre und die mittelbare Abhängigkeit des Präsidenten von der Volksvertretung durch Einschiebung eines Ministeriums zwischen Präsident und Reichstag, das vom Vertrauen des Reichstags abhängig ist, und ohne dessen Mitwirkung der Präsident keinen Regierungsakt vornehmen kann. Die Erinnerung an das persönliche Regiment des letzten deutschen Kaisers war eben zu lebendig, als daß man dem deutschen Volke die Kraft zutraute, einen Präsidenten von der Selbständigkeit des amerikanischen zu ertragen. Trotzdem hat sich in den schweren Krisen der letzten Jahre gezeigt, daß der Reichspräsident vermöge seiner persönlichen Unabhängigkeit eine für die Stetigkeit des Staatslebens kaum entbehrliche Einrichtung ist, obwohl der erste deutsche Reichspräsident nicht vom Volke, sondern von der Nationalversammlung gewählt wurde, allerdings drei Wochen nach den Wahlen zur Nationalversammlung, so daß die Wahl Eberts einer mittelbaren Volkswahl nach Art der amerikanischen Präsidentenwahl sehr nahe kommt.

Die Wählbarkeit wird von der Verfassung jedem Deutschen zuerkannt, der das fünfunddreißigste Lebensjahr vollendet hat (Art. 41). Nicht verlangt ist also deutsche Staatsangehörigkeit von Geburt. Auch ohne daß es in der Verfassung steht, wird man Stimmen, die für einen Entmündigten oder einen der bürgerlichen Ehrenrechte für verlustig Erklärten abgegeben werden, für ungültig ansehen müssen. Dagegen sind Stimmen, die für eine Frau abgegeben werden, gültig. Auch die Unvereinbarkeit zwischen dem Amte des Reichspräsidenten und der Mitgliedschaft im Reichstag hat auf die Gültigkeit der für einen Reichstagsabgeordneten abgegebenen Stimmen keinen Einfluß. Die Wahl selbst ist eine unmittelbare und geheime Volkswahl, bei der jeder Wähler eine Stimme hat. Wahlberechtigt ist, wer das Wahlrecht zum Reichstag hat (§ 1 des Gesetzes über die Wahl des Reichspräsidenten vom 4. Mai 1920 in der Fassung vom 6. März 1924). Wiederwahl ist zulässig. Ob sich wie in Amerika der Brauch entwickeln wird, keinen Präsidenten mehr als zweimal hintereinander zu wählen, läßt sich nicht voraussagen. Einer Neuwahl steht es gleich, wenn der Antrag des Reichstags auf Absetzung des Reichspräsidenten durch Volksabstimmung abgelehnt worden ist (Art. 43). Den Wahltag bestimmt der Reichstag; er muß wie bei den Reichstagswahlen ein Sonntag oder öffentlicher Ruhetag sein (Wahlgesetz § 2). Gewählt ist, wer mehr als die Hälfte aller gültigen Stimmen erhalten hat. Ergibt sich keine solche Mehrheit, so findet ein zweiter Wahlgang statt, bei dem gewählt ist, wer die meisten gültigen Stimmen erhalten hat. Bei Stimmengleichheit entscheidet das Los, das der Reichswahlleiter zieht (§ 4). Das Wahlgesetz kennt also keine Stichwahlen. Die Stimmen werden zunächst in den Reichstagswahlkreisen gezählt und das Ergebnis dem Reichswahlleiter mitgeteilt. Wie schon hieraus ersichtlich, gelten für die Wahl des Reichspräsidenten in weitgehendem Maße die organisatorischen Vorschriften des Reichswahlgesetzes. Der Reichswahlausschuß stellt das Wahlergebnis im Reiche fest (§ 6). Näheres hierüber enthält die Reichsstimmordnung vom 14. März 1924 §§ 147ff. Abweichend von den Reichstagswahlen gilt Schweigen des Anwärters auf die Aufforderung des Reichswahlleiters, sich über die Annahme der Wahl zu erklären, als Ablehnung der Wahl (RStimmO. § 148). Hat der Anwärter die Wahl angenommen und ist er darauf vom Reichswahlausschuß für gewählt erklärt worden, so wird die Wahl, auch wenn keine Beanstandung vorliegt, vom Wahlprüfungsgericht nachgeprüft und entweder für gültig oder für ungültig erklärt. Die Präsidentschaft beginnt aber schon mit der endgültigen Erklärung des Reichswahlausschusses, falls in diesem Augenblick die Amtszeit des alten Präsidenten abgelaufen ist. Für die **Endigung der Präsidentschaft** gibt es mehrere Gründe. Der gewöhnliche Fall wird Ablauf der siebenjährigen Amtsperiode sein; die Amtsperiode **Eberts** endigt nach einem Sondergesetz vom 27. Oktober 1922 am 30. Juni 1925. Ein Amtsverzicht des Reichspräsidenten ist nicht ausdrücklich vorgesehen, doch wird man ihn, ähnlich wie den Thronverzicht eines Monarchen, für zulässig erklären müssen. Der Verzicht wird dem Reichstage gegenüber zu erklären sein als der Vertretung des deutschen Volkes, aus dessen Hand der Präsident seine Würde empfangen hat, zumal der Reichspräsident bei Amtsübernahme den Verfassungseid vor dem Reichstag ablegt. Ein dritter Endigungsgrund ist die Absetzung durch Volksabstimmung (Art. 43). Mit Absicht hat die Verfassung dem Reichstag nicht die Befugnis gegeben, den Reichspräsidenten durch ein Mißtrauensvotum zu Fall zu bringen. Aber wie der Reichspräsident bei der Reichstagsauflösung das Volk zum Schiedsrichter zwischen seiner Politik und der des Reichstags anruft, so kann auch der Reichstag das Volk zu einer Kundgebung für oder gegen den Reichspräsidenten veranlassen. Der Beschluß des Reichstags, den Antrag auf Absetzung des Reichspräsidenten durch Volksabstimmung zu stellen, erfordert Zweidrittelmehrheit. Durch den Beschluß ist der Reichspräsident an der ferneren Ausübung des Amtes verhindert (Art. 43). Auf die Volksabstimmung findet das Gesetz über den Volksentscheid vom 27. Juni 1921 Anwendung (§ 2). Ohne das Vorliegen eines Antrags des Reichstags steht dem Volke ein Rückberufungsrecht nach der Verfassung nicht zu, doch hat, wie schon erwähnt, das Volk es in der Hand, durch Volksbegehren und Volksentscheid ein verfassungsänderndes Reichsgesetz herbeizuführen, das den Präsidenten seines Amtes enthebt. Die gerichtliche Absetzung nach Art. 59 bildet den vierten Endigungsgrund. „Der Reichstag ist berechtigt, den Reichspräsidenten, den Reichskanzler und die Reichsminister vor dem Staatsgerichtshof für das Deutsche Reich anzuklagen, daß sie schuldhafterweise die Reichsverfassung oder ein Reichsgesetz verletzt haben. Der Antrag auf Erhebung der Anklage muß von mindestens hundert Mitgliedern des Reichstags unterzeichnet sein und bedarf der Zustimmung der für Verfassungsänderungen vorgeschriebenen Mehrheit." Gedacht ist hierbei offenbar an Handlungen oder Unterlassungen des Reichspräsidenten als Reichsorgans, nicht als Privatperson, also z. B. Nichtausfertigung eines Reichsgesetzes, zweimalige Auflösung des Reichstags aus dem gleichen Anlaß. „Der Staatsgerichtshof kann den Schuldigen, wenn er sich noch im Amte befindet, seines Amtes verlustig erklären" (§ 12 Abs. 2 R.-Ges. vom 9. Juli 1921). Neben dieser Sondergerichtsbarkeit besteht auch für den Reichspräsidenten die ordentliche Gerichtsbarkeit der Strafgerichte. An sich ist es also möglich, wenn auch nicht sehr wahrscheinlich, daß der Reichspräsident sein Amt durch strafgerichtliche Verurteilung, insbesondere durch Aberkennung der bürgerlichen Ehrenrechte oder der bekleideten öffentlichen Ämter verliert. Allerdings bedarf es zu seiner strafrechtlichen Verfolgung der Zustimmung des Reichstags (Art. 43 Abs. 3). Der letzte Endigungsgrund ist die Ungültigkeitserklärung der Wahl seitens des Wahlprüfungsgerichts. Auch in diesem Falle ist der Gewählte Reichspräsident gewesen, der Ausspruch des Wahlprüfungsgerichts hat keine rückwirkende Kraft.

Die dem Reichspräsidenten in der Verfassung eingeräumten Zuständigkeiten stehen unter einer allgemeinen Beschränkung: dem Gegenzeichnungszwang. „Alle Anordnungen und Verfügungen des Reichspräsidenten, auch solche auf dem Gebiete der Wehrmacht, bedürfen zu ihrer Gültigkeit der Gegenzeichnung durch den Reichskanzler oder den zuständigen Reichsminister" (Art. 50). Die Verfassung hebt die militärischen Anordnungen besonders hervor, um die Abkehr von der Praxis des kaiserlichen Deutschlands zu betonen. Dieser Gegenzeichnungszwang ist die logische Folge davon, daß der Reichspräsident für die Zweckmäßigkeit seiner Amtshandlungen nicht verantwortlich ist, wenn man davon absieht, daß er sich bei groben Fehlern dem Absetzungsverfahren nach Art. 43 aussetzt. Man wird daher den Umfang der gegenzeichnungspflichtigen Amtshandlungen ausdehnend auslegen und in Erinnerung an gewisse Mißstände des kaiserlichen Deutschland verlangen müssen, daß auch politische Kundgebungen, insbesondere Reden, im Konzepte von einem Minister gegengezeichnet werden. In dieser Gebundenheit liegt eine unleugbare Schwäche des Reichspräsidenten, die noch stärker in die Augen fällt, wenn man bedenkt, daß Reichskanzler und Reichsminister, sei es einzeln, sei es als kollegiale Reichsregierung, vielfach selbständig, ohne Mitwirkung des Reichspräsidenten zu handeln berufen sind. Reichskanzler und Reichsminister sind also in vielen Fällen auf sich gestellt und nur manchmal an die Mitwirkung des Reichspräsidenten gebunden, während der Reichspräsident keinen einzigen Regierungsakt ohne Mitwirkung des Reichskanzlers oder eines Reichsministers vornehmen kann. Und doch gibt es ein wichtiges Gebiet, auf dem der Wille des Reichspräsidenten allein entscheidet: das Gebiet der Unterlassungen. Der Reichspräsident kann zu keiner Handlung gezwungen werden. Sein Entschluß z. B., den Volksentscheid zugunsten eines Reichstagsbeschlusses nicht herbeizuführen, bedarf nicht der Zustimmung eines Ministers. Allerdings wird in wichtigen Fällen dieser Art der Minister, der mit seiner Meinung nicht durchgedrungen ist, um seine Entlassung bitten.

Der Schwerpunkt der Zuständigkeiten des Reichspräsidenten im einzelnen liegt auf dem Gebiete der Verwaltung. In alle Verwaltungszweige ragt hinein seine Befugnis zur Ernennung und Entlassung der Reichsbeamten einschließlich der Mitglieder der Reichsregierung (Art. 46, 50). Insbesondere ist auf dem Gebiete der Justizverwaltung die Befugnis des Kaisers zur Ernennung der Mitglieder des Reichsgerichts auf ihn übergegangen. Auf dem

Gebiete der Militärverwaltung ernennt der Reichspräsident die Offiziere und entläßt sie (Art. 46); er hat den Oberbefehl über die gesamte Wehrmacht des Reichs (Art. 47), eine Sonderbestimmung, aus der zu schließen ist, daß er im übrigen nicht Vorgesetzter der Beamten ist, auch nicht der Reichsminister (Gesch.-O. d. Reichsregierung v. 3. Mai 1924 § 15). Dem Reichspräsidenten steht ferner die oberste Leitung der auswärtigen Verwaltung zu. Er vertritt das Reich völkerrechtlich und schließt im Namen des Reichs Bündnisse und andere Verträge mit auswärtigen Mächten. Er beglaubigt und empfängt die Gesandten (Art. 45). In Finanzsachen ist ihm von der Verfassung keine besondere Zuständigkeit gegeben. Dagegen besitzt er auf dem Gebiete der inneren Verwaltung in Fällen der Not eine fast schrankenlose Machtvollkommenheit, da er bei erheblicher Störung oder Gefährdung der öffentlichen Sicherheit und Ordnung die zu deren Wiederherstellung nötigen Einzelmaßnahmen treffen, erforderlichenfalls sogar mit Hilfe der bewaffneten Macht einschreiten kann (Art. 48 Abs. 2). Von seiner Befugnis zur Reichsexekution (Art. 48 Abs. 1) war schon bei Erörterung der Reichsaufsicht die Rede. Zur Justiz rechnet das Begnadigungsrecht, das der Reichspräsident für das Reich ausübt (Art. 49). Dem Reiche steht aber das Begnadigungsrecht nur in solchen Fällen zu, in denen das Reichsgericht oder allgemeiner ein Reichsgericht in erster Instanz erkannt hat, also namentlich in Fällen des Hochverrats, des Landesverrats und des Kriegsverrats gegen das Reich, sowie des Verrats militärischer Geheimnisse. Im übrigen hat der Reichspräsident vermöge des Grundsatzes der Trennung von Justiz und Verwaltung keine Befugnisse auf dem Gebiete der Rechtspflege. Endlich hat der Reichspräsident einen beschränkten Einfluß auf die Gesetzgebung. Kein Reichsgesetz erlangt Gesetzeskraft, das der Reichspräsident nicht ausgefertigt und im Reichsgesetzblatt verkündet hätte (Art. 70). Zur Ausfertigung und Verkündung verfassungsmäßig zustandegekommener Reichsgesetze ist der Reichspräsident verpflichtet, ähnlich wie der Kaiser hierzu verpflichtet war; eine Zustimmungsbefugnis, die Sanktion des Gesetzes, steht also dem Reichspräsidenten sowenig zu wie früher dem Kaiser. Und doch steckt in der Ausfertigung heute, anders als früher, mehr als eine bloße Bezeugung des verfassungsmäßigen Zustandegekommenseins des Gesetzes; denn der Reichspräsident kann bei jedem vom Reichstag beschlossenen Gesetze, statt es auszufertigen, binnen Monatsfrist bestimmen, daß es zum Volksentscheid zu bringen sei (Art. 73 Abs. 1). Bei Meinungsverschiedenheiten zwischen Reichstag und Reichsrat steht ihm diese Befugnis sogar drei Monate zu (Art. 74 Abs. 3). Beharrt nämlich der Reichstag trotz Einspruchs des Reichsrats auf seinem ursprünglichen Beschlusse mit einfacher Mehrheit, so hat der Reichspräsident binnen drei Monaten die Wahl zwischen Nicht-Verkündung und Volksentscheid, tut der Reichstag es mit Zweidrittelmehrheit, so besteht für den Reichspräsidenten die Wahl zwischen Verkündung und Volksentscheid. Dies bedeutet im ersten Falle ein unbedingtes Veto in der Hand des Reichspräsidenten, sogar, da das Veto durch Schweigen ausgeübt wird, ein vom Gegenzeichnungszwange freies Veto. Eine weitere Möglichkeit des Einflusses auf den Gang der Gesetzgebung bietet dem Reichspräsidenten die Auflösung des Reichstags (Art. 25). Bei völkerrechtlichen Verträgen mit Gesetzeskraft endlich ist die Mitwirkung des Reichspräsidenten unerläßlich (Art. 45 Abs. 3). Außer an der formellen Gesetzgebung ist der Reichspräsident am Erlasse von Verordnungen beteiligt. Hier begegnet in erster Linie wieder die Befugnis des Reichspräsidenten aus Art. 48 Abs. 2. Während die in Fällen der Not zu treffenden Einzelmaßnahmen zweckmäßigerweise den Verwaltungsbefugnissen des Reichspräsidenten beigezählt wurden, enthält Art. 48 vor allem auch ein umfassendes Notverordnungsrecht, das sogar bis zur Außerkraftsetzung einer Reihe von Grundrechten reicht. Außerdem kann der Reichspräsident kraft Übergangsrechts und kraft alter gesetzlicher Ermächtigung alle jene Verordnungen erlassen, deren Erlaß früher dem Kaiser zustand. Neuere Gesetze vermehren die Verordnungsbefugnis. Als oberster Dienstherr kann er für die ihm unterstellte Wehrmacht auch Verwaltungsverordnungen erlassen. Aus seiner Befugnis zur Ernennung der Reichsminister hat der Reichspräsident endlich die Befugnis zum Erlasse von Organisationsverordnungen abgeleitet. Jedenfalls ist es ständiger Brauch, daß die Neuschaffung von Ministerien und deren Auflösung durch Verordnung des Reichspräsidenten bekanntgegeben wird. Da hierbei die Befugnis des Reichstags zur Bewilligung der nötigen Geldmittel gewahrt zu werden pflegt, ist gegen diesen Brauch nichts einzuwenden, zumal er bei ähnlicher Gesetzeslage unter Bismarcks Verfassung auch vom Kaiser geübt worden war.

Über die Stellvertretung des Reichspräsidenten bestimmt die Verfassung, daß er im Falle seiner Verhinderung zunächst durch den Reichskanzler vertreten wird. Dauert die Verhinderung voraussichtlich längere Zeit, so ist die Vertretung durch ein Reichsgesetz zu regeln. Das gleiche gilt für den Fall einer vorzeitigen Erledigung der Präsidentschaft bis zur Durchführung der neuen Wahl (Art. 51). Da der Reichspräsident auf Vorschlag des Reichskanzlers einen Reichsminister als Vizekanzler zu bestellen pflegt, und da mangels einer solchen Bestellung der Reichskanzler durch den der Reichsregierung am längsten ununterbrochen angehörenden Reichsminister vertreten wird (GeschO. d. Reichsregierung vom 3. Mai 1924 §§ 7, 29), ist für die Vertretung des Reichspräsidenten mehrfach gesorgt. Wer über das Vorliegen des Verhinderungsfalles entscheidet, wird in der Verfassung nicht gesagt. Der Fall liegt einfach, wenn sich der Reichspräsident selbst für verhindert erklärt, oder — wie bei Gefangennahme durch Aufständige — kein Zweifel besteht, daß er sich selbst verhindert fühlt. Wer aber entscheidet, ob sich der Reichspräsident im Zustande beginnender Geisteskrankheit befindet? Ein Machtspruch des Reichskanzlers oder der Reichsregierung scheidet ebenso aus wie ein solcher des Reichstags. Da dem Staatsgerichtshof für das Deutsche Reich die Zuständigkeit zur Entscheidung reichsrechtlicher Verfassungsstreitigkeiten fehlt, bleibt im Notfall nichts übrig als ein Antrag des Reichstags auf Absetzung des Reichspräsidenten durch Volksabstimmung. Der Reichskanzler als Stellvertreter des Reichspräsidenten teilt dessen Machtbefugnisse und dessen Beschränkungen. Insbesondere kann er, der bloße Stellvertreter, nicht mehr Befugnisse in sich vereinigen als der Reichspräsident selbst. Er kann daher nicht neben den Befugnissen des Reichspräsidenten auch noch die des Reichskanzlers ausüben, wird vielmehr als Reichskanzler durch einen Reichsminister vertreten. Vor allem ist er daher nicht gegenzeichnungsfrei. Die vom Vizekanzler Schiffer in Vertretung des Reichspräsidenten gezeichnete, von v. Seeckt in Vertretung des Reichswehrministers gegengezeichnete Verordnung vom 19. März 1920 anläßlich des Kapp-Putsches beweist, daß diese Ansicht auch in Regierungskreisen vorherrscht.

Die persönlichen Pflichten des Reichspräsidenten kommen im Eide zum Ausdruck, den er bei der Übernahme des Amtes vor dem Reichstag leistet (Art. 42): „Ich schwöre, daß ich meine Kraft dem Wohle des deutschen Volkes widmen, seinen Nutzen mehren, Schaden von ihm wenden, die Verfassung und die Gesetze des Reichs wahren, meine Pflichten gewissenhaft erfüllen und Gerechtigkeit gegen jedermann üben werde." Besonders hingewiesen sei auf seine Pflicht zur Gerechtigkeit. Sie bedeutet, daß er über den Parteien zu stehen hat, selbst wenn er vor der Wahl ausgesprochener Vertreter einer Partei gewesen war. Deshalb darf eine Partei, die die Todesstrafe verwirft, gegen den Reichspräsidenten, der aus ihren Reihen hervorging, keinen Vorwurf erheben, wenn er einem Todesurteil gegenüber von seinem Begnadigungsrecht keinen Gebrauch macht. Von Rechten des Reichspräsidenten ist in der Verfassung kaum die Rede, doch müssen ihm sinngemäß mindestens die den Reichstagsabgeordneten zustehenden Vorrechte, wie Freiheit von jeder Verhaftung, zugebilligt werden, obgleich die Verfassung ausdrücklich nur bestimmt, daß er ohne Zustimmung des Reichstags nicht strafrechtlich verfolgt werden kann (Art. 43 Abs. 3). Bei der Neufassung der Straf- und der Zivilprozeßordnung wurde es denn auch als selbstverständlich angesehen, daß der

Reichspräsident in seiner Wohnung zu vernehmen ist, also sogar ein Vorrecht genießt, das früher nur dem Landesherrn und den Mitgliedern der landesherrlichen Familien zustand (StPO., Fass. v. 22. 3. 24, § 49; ZPO., Fass. v. 13. 5. 24, §§ 219, 375, 479). Ein Gesetz über die Besoldung des Reichspräsidenten gibt es nicht. Doch wird ihm durch den Haushaltsplan ein Diensteinkommen gewährt, das jeweils das Doppelte der Dienstbezüge des Reichskanzlers beträgt, mit der Maßgabe, daß das Diensteinkommen je zur Hälfte auf Gehalt und Aufwandsgelder entfällt. Im Reichshaushaltsplan 1925 sind hierfür insgesamt 101 880 Reichsmark ausgeworfen. Ferner stehen „zur Verfügung des Reichspräsidenten" weitere 30 000 Reichsmark. Endlich hat er Anspruch auf freie Dienstwohnung mit Geräteausstattung. Das Ruhegehalt des Reichspräsidenten dagegen ist gesetzlich geregelt worden durch Reichsgesetz vom 31. Dezember 1922. Der wesentliche Inhalt des Gesetzes ist der, daß der Reichspräsident nach seinem Ausscheiden ein Vierteljahr sein Gehalt in voller Höhe weiterbezieht, von da an als Übergangsgeld für die Dauer eines Jahres drei Vierteile und dann bis zum Lebensende als Ehrensold die Hälfte der jeweiligen Bezüge des Reichspräsidenten mit Ausnahme der Aufwandsgelder erhält. Der Witwe eines Reichspräsidenten wird der nach dem Beamtenhinterbliebenengesetze zulässige Höchstbetrag des Witwengeldes, seinen Kindern das sich daraus ergebende Waisengeld gewährt.

4. Die Reichsregierung. Eine Reichsregierung als Kollegium verantwortlicher Reichsminister war Bismarcks Verfassung fremd; dort gab es nur einen Reichsminister, den Reichskanzler, mit einer Schar ihm unbedingt untergebener Gehilfen, den Staatssekretären. Diese Bismarcksche Schöpfung wurde zunächst abgelöst vom rein kollegialen Rate der Volksbeauftragten 1918/19 und dem ebenfalls rein kollegialen Reichsministerium der vorläufigen Verfassung vom 10. Februar 1919. Auch die Reichsregierung der Weimarer Verfassung ist ein kollegiales Reichsministerium, bedeutet aber in der Bevorrechtung des Reichskanzlers eine Wiederannäherung an das Reichskanzlersystem der früheren Verfassung.

Die Zusammensetzung der Reichsregierung ist im Art. 52 geregelt: „Die Reichsregierung besteht aus dem Reichskanzler und den Reichsministern." Zahl und Benennung der Reichsminister regelt der grundlegende, später vielfach abgeänderte Erlaß des Reichspräsidenten vom 21. März 1919. Den zuverlässigsten Überblick bietet immer der neueste Reichshaushaltsplan und das neueste Handbuch für das Deutsche Reich. Dem Haushaltsplan für 1925 zufolge gibt es nach Auflösung des Reichsministeriums für Wiederaufbau elf Reichsminister: den Reichsminister des Auswärtigen als Vorstand des Auswärtigen Amts, den Reichsminister des Innern, den Reichsminister für die besetzten Gebiete, den Reichswirtschaftsminister, den Reichsarbeitsminister, den Reichswehrminister, den Reichsjustizminister, den Reichsminister für Ernährung und Landwirtschaft, den Reichsverkehrsminister, den Reichspostminister und den Reichsminister der Finanzen.

Die Ernennung der Mitglieder der Reichsregierung steht dem Reichspräsidenten zu (Art. 53). Den Reichskanzler ernennt er frei, ohne an die Mitglieder des Reichstags gebunden zu sein, tatsächlich-politisch allerdings gehemmt durch die Notwendigkeit, einen Mann zu finden, dem der Reichstag nicht sofort das Vertrauen entzieht. Hierbei wird es ganz von der Energie und der Geschicklichkeit des Reichspräsidenten abhängen, ob er sich den Reichskanzler vom Reichstag aufdrängen läßt oder ob er gerade bei dieser Gelegenheit seinen Beruf zur Führerauslese bewährt. Auch die Ernennung des Reichskanzlers bedarf der Gegenzeichnung; sie wird üblicherweise vom neu zu ernennenden Reichskanzler vollzogen, der damit für seine eigene Ernennung die Verantwortung übernimmt. Die Selbstgegenzeichnung genügt daher dem allgemeinen Zwecke der Gegenzeichnung, wenn sie auch, formaljuristisch genommen, einen logischen Widerspruch enthält. Die übrigen Mitglieder der Reichsregierung oder des im gewöhnlichen Sprachgebrauch (auch in der Gemeinsamen Geschäftsordnung der Reichsministerien, Bes. Teil, 1924, § 35) so benannten „Kabinetts" ernennt der Reichspräsident auf Vorschlag des Reichskanzlers. Bei Neubildung des „Kabinetts" allerdings ist es üblich, daß der Reichskanzler erst ernannt wird, wenn er sich der Mitarbeit seiner künftigen Minister vergewissert hat. Die Zersplitterung der Parteien im Deutschen Reiche hat es mit sich gebracht, daß noch nie eine einzige Partei die Mitglieder des Kabinetts gestellt hat. Die Kabinette sind bisher immer Koalitionsministerien gewesen und werden es voraussichtlich bleiben. Dabei verfügt die Koalition nicht einmal immer über die Mehrheit im Reichstag, ist vielmehr, wenn sie auf sog. „schmaler Basis" zustandegekommen ist, auf die wohlwollende Neutralität einer oder mehrerer Parteien angewiesen.

Als Endigungsgründe für die Mitgliedschaft in der Reichsregierung sind zu nennen das strafgerichtliche Urteil, das Urteil des Staatsgerichtshofs und die Entlassung. Die Aberkennung der bürgerlichen Ehrenrechte oder der Fähigkeit zur Bekleidung öffentlicher Ämter, die Verurteilung zur Zuchthausstrafe beendigen kraft Gesetzes die Mitgliedschaft in der Reichsregierung. Soweit der Reichskanzler oder die Reichsminister Reichstagsabgeordnete sind, bedarf es allerdings zu ihrer Verfolgung während der Sitzungsperiode der Zustimmung des Reichstags und wird ein eingeleitetes Strafverfahren auf Beschluß des Reichstags aufgehoben (Art. 37). Ob sie darüber hinaus für eine hochverräterische Reichstagsrede auch frei von jeder Verantwortung bleiben (Art. 36), wird davon abhängen, ob sie als Mitglieder der Reichsregierung vom Regierungstische aus oder als Abgeordnete vom Abgeordnetensitze aus gesprochen haben, beim Sprechen von der Rednertribüne, ob sie als Abgeordnete oder als geschäftsordnungsmäßig bevorzugte Regierungsvertreter ums Wort gebeten hatten. Im ersten und im letzten Falle liegt kein Grund vor, sie besser zu stellen als ihre Kollegen, die nicht Abgeordnete sind. Die Absetzung durch den Staatsgerichtshof ist an die gleichen Voraussetzungen gebunden wie die des Reichspräsidenten: der Reichskanzler oder der Reichsminister muß schuldhafterweise in seiner Eigenschaft als Organ des Reichs die Reichsverfassung oder ein Reichsgesetz verletzt haben, und die Anklage muß vom Reichstag mit verfassungsändernder Mehrheit beschlossen sein (Art. 59). Wenn der Staatsgerichtshof den Angeklagten nicht freispricht, kann er sich auf die Feststellung der schuldhaften Verfassungs- oder Gesetzesverletzung beschränken oder den Schuldigen seines Amtes verlustig erklären. Der Verurteilte kann nur mit Zustimmung des Reichstags begnadigt werden (Ges. v. 9. Juli 1921 §§ 12, 13). Sehr häufig wird das Verfahren nicht sein, da der Reichstag durch Mißtrauensvotum rascher zum Ziele kommt. Höchstens wenn der Reichskanzler oder der Reichsminister trotz Mißtrauensvotums nicht zurücktritt, würde die Anrufung des Staatsgerichtshofs gegen aktive Staatsmänner von Bedeutung werden. Der wichtigste Endigungsgrund für die Mitglieder der Reichsregierung ist vielmehr die Entlassung. Die Entlassung wird auf Antrag des zu Entlassenden jederzeit gewährt. Die Mitglieder der Reichsregierung unterscheiden sich in diesem Punkte von sonstigen Beamten nur dadurch, daß sie auch ohne eingetretene Dienstunfähigkeit Pension erhalten, wenn sie entweder ihr Amt mindestens zwei Jahre bekleidet oder sich mindestens zehn Jahre im Dienste, d. h. nicht nur im Reichsdienste, befunden haben (Reichsbeamtengesetz § 35). Die Entlassung kann aber auch unfreiwillig sein, sei es daß der Antrag auf Entlassung unfreiwillig gestellt wird, sei es, daß ein Antrag überhaupt nicht vorliegt. Der Reichskanzler kann nämlich vom Reichspräsidenten jederzeit entlassen werden, die parlamentarische Regierungsweise ist im Deutschen Reiche nicht so stark ausgebildet, daß für den Reichspräsidenten ein Beibehaltungszwang bestünde, selbst dann nicht, wenn der Reichskanzler der ausgesprochene Vertrauensmann des Reichstags ist. Eine Entlassung des Reichskanzlers nach Art der Entlassung Bismarcks ist also auch heute möglich. Die andere Spielart der unfreiwilligen Entlassung wird allerdings häufiger sein: die Entlassung oder der Rücktritt auf Grund vorangegangenen Mißtrauensvotums des Reichstags. Der Reichskanzler muß zurücktreten, wenn ihm der Reichstag durch ausdrücklichen Beschluß das Vertrauen entzieht (Art. 54). In diesem Falle muß der Reichskanzler seine Entlassung beantragen; versäumt er es, so muß ihn der Reichspräsident einseitig entlassen. In der Wirklichkeit des politischen Lebens wird der Reichskanzler schon zurücktreten, wenn er die Überzeugung gewinnt, daß er das Vertrauen des Reichstags nicht mehr besitzt. Für die Reichsminister gilt das vom Reichskanzler Gesagte, nur daß deren einseitige Entlassung erschwert ist; es bedarf dazu des Vorschlags des Reichskanzlers (Art. 53). Hält der Reichspräsident das Zusammenarbeiten mit einem bestimmten Reichsminister für unmöglich und kann er den Reichskanzler zu einem Entlassungsvorschlag nicht bewegen, so bleibt ihm nichts anderes übrig, als auch den Reichskanzler oder das ganze Kabinett zu entlassen.

Das Verhältnis von Reichskanzler, Reichsministern und Reichsregierung zueinander ist durch die Verfassung und die nach Art. 55 erlassene Geschäftsordnung v. 3. Mai 1924 (Reichsministerialblatt S. 173ff.) zunächst so geregelt, daß der Reichskanzler nicht der Vorgesetzte der Reichsminister ist (GeschO. § 15), daß er aber andrerseits doch mehr ist als der erste unter seinesgleichen. Jeder Reichsminister leitet den ihm anvertrauten Geschäftszweig selbständig und unter eigener Verantwortung gegenüber dem Reichstag (Art. 56). Er ist daher auch innerhalb seiner Zuständigkeit gegenzeichnungsbefugt (Art. 50). Der Reichskanzler ist demgegenüber scheinbar sogar etwas benachteiligt, insofern ihm kein besonderer Geschäftszweig, kein „Ressort" unterstellt ist. Aber gerade diese scheinbare Schwäche ist zugleich seine Stärke. Denn statt eines besonderen Geschäftszweigs untersteht ihm die sog. Richtlinienpolitik (Art. 56). Die Richtlinienpolitik ist aber allen besonderen Geschäftszweigen übergeordnet, da die einzelnen Minister sich nur innerhalb der vom Reichskanzler bestimmten Richtlinien bewegen dürfen. Die Richtlinienpolitik ist aber auch in ihrer Abgrenzung gegenüber den Ressorts bevorzugt; denn die Grenzen des Gebiets der Richtlinienpolitik bestimmt der Reichskanzler allein. Daher kann er auch jede Anordnung und Verfügung des Reichspräsidenten gültig allein, ohne Zuziehung eines Ressortministers, gegenzeichnen, da er eben durch diesen Akt zum Ausdruck bringt, daß es sich um eine Richtlinienfrage handelt. Allerdings hat auch dieses weite Ermessen des Reichskanzlers seine Grenzen; was ein vernünftiger Mensch mit dem besten Willen nicht mehr als Richtlinienfrage ansprechen kann, etwa die Zuweisung einer bestimmten Gemeinde zum Finanzamt Y statt zum Finanzamt X, darf auch der Reichskanzler nicht seiner Zuständigkeit unterwerfen. Auch sonst noch überragt der Reichskanzler die übrigen Mitglieder der Reichsregierung. Er ist der Stellvertreter des Reichspräsidenten kraft Gesetzes (Art. 51), er ist es, der das „Kabinett" bildet (Art. 53), er ist der Vorsitzende der kollegialen Reichsregierung und leitet deren Geschäfte (Art. 55), bei Stimmengleichheit entscheidet hier seine Stimme (Art. 58). Damit wird das Verhältnis des Reichskanzlers und der Reichsminister einerseits, der Regierung andrerseits berührt. Wann ist das Kollegium, wann sind der Reichskanzler und die Einzelminister zuständig? Die Vermutung streitet hier für die Einzelzuständigkeit, das Kollegium ist also nur zuständig, wo die Verfassung es ausdrücklich sagt. Dies ist im Art. 57 geschehen: die Reichsminister haben der Reichsregierung 1. alle Gesetzentwürfe, 2. alle Angelegenheiten, für welche Verfassung oder Gesetz dies vorschreiben, und 3. Meinungsverschiedenheiten über Fragen, die den Geschäftsbereich mehrerer Minister berühren, zur Beratung und Beschlußfassung zu unterbreiten. Während die an erster und dritter Stelle genannten Fälle zu Zweifeln keinen Anlaß geben, neigt die Praxis dazu, im zweiten Falle Bestimmung für Bestimmung daraufhin zu untersuchen, ob mit dem Worte „Reichsregierung" wirklich die kollegiale Reichsregierung gemeint ist, oder ob das Wort im Sinne „des zuständigen Mitglieds der Reichsregierung" gebraucht wird. Nach dieser nicht unbedenklichen Auslegung einer doch ganz klaren Bestimmung würde also z. B. in Justizangelegenheiten die Reichsaufsicht nicht von der kollegialen Reichsregierung, sondern vom Reichsjustizminister allein ausgeübt werden können. In Finanzangelegenheiten hat der Reichsgesetzgeber diese Auffassung allerdings mehrfach bestätigt. Anderseits hat die Geschäftsordnung eine Reihe weiterer Angelegenheiten ausdrücklich der kollegialen Reichsregierung zugewiesen, so die Beratung und Beschlußfassung über Verordnungen von allgemeiner politischer Bedeutung und über öffentliche Kundgebungen. Unter der ausdrücklichen Bezeichnung „Die Reichsregierung" sollen, abgesehen von Fällen besonderer Ermächtigung durch die Reichsregierung, nur der Reichskanzler oder mit ihm der zuständige oder alle Reichsminister zeichnen (GeschO. § 25 Abs. 3). Gewöhnlich zeichnet nur der zuständige Reichsminister, bei Beteiligung mehrerer Minister der Minister, der sich hauptsächlich mit der Angelegenheit befaßt hat, der sog. „federführende" Minister, auch wenn ein Beschluß der kollegialen Reichsregierung vorliegt. Über den Geschäftsgang der kollegialen Reichsregierung bestimmen Verfassung und Geschäftsordnung folgendes: Die Reichsregierung faßt ihre Beschlüsse in der Regel in gemeinschaftlicher Sitzung, nur in minder wichtigen Angelegenheiten genügt Aktenumlauf (§ 27). Die Sitzungen finden unter dem Vorsitz des Reichskanzlers, im Falle seiner Behinderung unter dem Vorsitz des Stellvertreters des Reichskanzlers statt. Ist ein Stellvertreter nicht ernannt oder ist auch er verhindert, so führt den Vorsitz der vom Reichskanzler oder seinem Stellvertreter besonders bezeichnete Reichsminister oder mangels solcher Bezeichnung der Reichsminister, der am längsten ununterbrochen der Reichsregierung angehört (§ 29 Abs. 1). Man wird diese Regelung über den Wortlaut hinaus als allgemeine Regelung der Stellvertreterfrage ansprechen müssen. Die Sitzungen sind vertraulich (§ 29 Abs. 3). An den Sitzungen nehmen außer dem Reichskanzler und den Reichsministern regelmäßig teil: der Staatssekretär in der Reichskanzlei als Gehülfe des Reichskanzlers, üblicherweise zu seiner Linken sitzend, der Pressechef der Reichsregierung mit dem Platz an der schmalen Seite des Tisches linkerhand vom Reichskanzler, der in der Mitte einer der Breitseiten sitzt, links vom Pressechef der Leiter des Bureaus des Reichspräsidenten als Verbindungsmann zwischen Reichspräsidenten und Reichsregierung und als vierter Außenstehender der Schriftführer. Jeder Reichsminister kann seinen Staatssekretär, der Reichswehrminister den Chef der Heeresleitung und den Chef der Marineleitung mitbringen; diese sind auch befugt, den abwesenden oder verhinderten Minister zu vertreten. Doch kann der Reichskanzler die Sitzung oder die Beschlußfassung auf die Reichsminister beschränken und so den in der Verfassung vorgesehenen Zustand herbeiführen (§ 30). Nicht erwähnt in der Geschäftsordnung wird die regelmäßige Zuziehung eines Vertreters der preußischen Regierung und die häufige Teilnahme des Reichspräsidenten selbst an einem „Kabinettsrat". Die Reichsregierung ist beschlußfähig, wenn einschließlich des Vorsitzenden die Hälfte der Reichsminister anwesend oder vertreten ist (§ 31). Sie faßt ihre Beschlüsse mit Stimmenmehrheit. Bei Stimmengleichheit entscheidet die Stimme des Vorsitzenden (RV. Art. 58). Von diesem Mehrheitsgrundsatz gibt es eine verfassungsmäßige Ausnahme bei Richtlinienfragen. Erklärt der Reichskanzler etwas für eine Richtlinienfrage, so kann er nicht überstimmt werden. Es gibt aber auch eine geschäftsordnungsmäßige, der Reichshaushaltsordnung nachgebildete Ausnahme für Fragen „von finanzieller Bedeutung". Beschließt nämlich in einer solchen Angelegenheit die Reichsregierung gegen oder ohne die Stimme des Reichsministers der Finanzen, so kann dieser gegen den Beschluß ausdrücklich Widerspruch erheben. Wird Widerspruch erhoben, so ist über die Angelegenheit in einer weiteren Sitzung der Reichsregierung erneut abzustimmen. Die Durchführung der Angelegenheit, der der Reichsminister der Finanzen widersprochen hat, muß unterbleiben, wenn sie nicht in der neuen Abstimmung in Anwesenheit des Reichsministers der Finanzen oder seines Vertreters von der Mehrheit sämtlicher Reichsminister beschlossen wird und der Reichskanzler mit der Mehrheit gestimmt hat (§ 32). An der Gültigkeit dieser Bestimmung ist, soweit sie dem

Reichsfinanzminister ein aufschiebendes Veto einräumt, nicht zu zweifeln. Aber auch die Erschwerung des zweiten Beschlusses verstößt kaum gegen die Verfassung, wenn man in den heutigen Zeiten alle finanziellen Fragen als Fragen der großen Politik, als Richtlinienfragen auffaßt und daher ihre Erledigung nur mit Zustimmung des Reichskanzlers zuläßt. Ganz unbedenklich vom rechtlichen Standpunkte aus ist allerdings die Bestimmung nicht.

Es bedarf endlich noch der Feststellung des Verhältnisses zwischen Reichsregierung und Reichstag. Die vielfachen Beziehungen zwischen beiden Reichsorganen führen zunächst zu der Notwendigkeit der Gemeinsamkeit der Verhandlungen. Soweit die Mitglieder der Reichsregierung zugleich Reichstagsabgeordnete sind, ist diese Gemeinsamkeit tatsächlich gewährleistet. Rechtlich wird sie auch in anderen Fällen gewährleistet durch das Anwesenheitsrecht und die Anwesenheitspflicht des Reichskanzlers und der Reichsminister dem Reichstag gegenüber, während ein Recht der Reichstagsmitglieder auf Zuziehung zu den Beratungen der Reichsregierung nicht besteht. „Der Reichskanzler, die Reichsminister und die von ihnen bestellten Beauftragten haben zu den Sitzungen des Reichstags und seiner Ausschüsse Zutritt" (RV. Art. 33 Abs. 2). Sie müssen auf ihr Verlangen auch außerhalb der Tagesordnung gehört werden (Abs. 3). Andrerseits können „der Reichstag und seine Ausschüsse die Anwesenheit des Reichskanzlers und jedes Reichsministers verlangen" (Abs. 1). Kommt es zwischen Reichstag und Reichsregierung zu Meinungsverschiedenheiten oder Mißhelligkeiten, so muß es Mittel und Wege zu deren Schlichtung geben. Denn der Reichstag ist nicht Vorgesetzter der Reichsregierung in dem Sinne, daß sich die Reichsregierung dem Willen des Reichstags unter allen Umständen zu fügen hätte. Die Mißhelligkeiten können tatsächlicher Art sein. Ihrer Klärung und Schlichtung dienen zunächst Interpellationen und kleine Anfragen. Interpellationen müssen von 30 Mitgliedern unterzeichnet sein und werden vom Reichstagspräsidenten der Reichsregierung mit der schriftlichen Aufforderung mitgeteilt, sich zu erklären, ob und wann sie antworten werde. Erklärt sich die Reichsregierung zur Beantwortung in einer bestimmten Sitzung bereit, so wird die Interpellation auf die Tagesordnung dieser Sitzung gesetzt. Andernfalls kann der Reichstag die Interpellation zur Besprechung auf die Tagesordnung irgendeiner Sitzung setzen (GeschO. für den Reichstag §§ 55 ff.). Außer diesen feierlichen Anfragen kennt der Reichstag seit einiger Zeit die Einrichtung der „kleinen Anfragen", die nur von 15 Mitgliedern unterstützt zu sein brauchen und in der Regel schriftlich beantwortet werden (§§ 60 ff.). Führen solche großen oder kleinen Anfragen, etwa über vorgekommene Unregelmäßigkeiten bei einem Landesfinanzamt, zu keinem befriedigenden Ergebnis, so steht dem Reichstag die Einsetzung eines Untersuchungsausschusses frei. Bei Anschuldigungen gegen bestimmte Minister ist auch auf Umwegen das ordentliche Gerichtsverfahren gangbar: ein Abgeordneter wirft einem Minister ehrenrührige Handlungen vor, wiederholt die Behauptungen außerhalb des Reichstags und nötigt ihn so, die Beleidigungsklage gegen den Abgeordneten zu erheben; vor Gericht tritt der Abgeordnete den Wahrheitsbeweis an (Prozeß Erzberger-Helfferich). Die Meinungsverschiedenheiten können aber auch rein rechtlicher Art sein, z. B. ob die Reichsregierung zum Erlasse einer Verordnung befugt ist oder nicht. Während das Reich für die Entscheidung derartiger Verfassungsstreitigkeiten, wenn sie sich in einem Lande abspielen, die Zuständigkeit des Staatsgerichtshofs für das Deutsche Reich begründet hat (Art. 19), fehlt es für Verfassungsstreitigkeiten des Reichs seltsamerweise an einer solchen Schlichtungsmöglichkeit, der Reichstag müßte denn dem Reichsminister schuldhafte Verletzung der Reichsverfassung vorwerfen und Ministeranklage vor dem Staatsgerichtshof erheben (Art. 59). Endlich können die Meinungsverschiedenheiten politischer Art sein, d. h. sich auf dem Gebiete persönlicher Ansichten bewegen, z. B. ob die freie Wirtschaft durch die Zwangswirtschaft ersetzt werden soll oder nicht, ob die Konsulatsgebühren herauf- oder herabgesetzt werden sollen. Hier ist eine eindeutige richterliche Entscheidung nicht möglich. Aber während es im Staate mit nicht-parlamentarischer Regierung dabei zu unlösbaren Konflikten kommen mußte, ist jetzt eine klare Lösung von der Verfassung vorgezeichnet. Der Reichstag hat es in der Hand, den Rücktritt des Reichskanzlers und eines jeden Reichsministers dadurch zu erzwingen, daß er ihnen durch ausdrücklichen Beschluß sein Vertrauen entzieht (Art. 54). Um jedoch das sonst unausbleibliche Übergewicht des Reichstags zu verhindern, hat die Verfassung als Hemmung einer Parlamentswillkür die Auflösung des Reichstags vorgesehen (Art. 25). Allerdings muß bei diesem Appell ans Volk, der das Volk zum Schiedsrichter zwischen Reichstag und Reichsregierung erhebt, der Reichspräsident mitwirken. Nach dem Wortlaut der Verfassung muß eine Regierung, die sich am Ruder halten will, dem Reichstag zuvorkommen, also auflösen, noch ehe es zu einem Mißtrauensvotum gekommen ist. Dem Sinne nach ist es aber zulässig, daß die Abstimmung des Reichstags abgewartet und seine Auflösung in unmittelbarem Anschluß an das Mißtrauensvotum verfügt wird, ohne daß die Regierung zurückzutreten braucht. Denn die dem Volke bewußt eingeräumte Stellung eines Schiedsrichters würde gefährdet, wenn es der Reichsregierung nicht gestattet sein sollte, die Abstimmung des Reichstags abzuwarten, ohne die sie gar nicht mit Sicherheit ermessen kann, ob eine ernste Meinungsverschiedenheit zwischen ihr und der Reichstagsmehrheit vorliegt oder nicht.

Hiermit ist bereits im wesentlichen angedeutet, wie die Reichsverfassung das Problem der Ministerverantwortlichkeit gelöst hat. Sie enthält über die Verantwortlichkeit selbst an zwei Stellen ausdrückliche Vorschriften. „Durch die Gegenzeichnung wird die Verantwortung übernommen" (Art. 50). „Der Reichskanzler bestimmt die Richtlinien der Politik und trägt dafür gegenüber dem Reichstag die Verantwortung. Innerhalb dieser Richtlinien leitet jeder Reichsminister den ihm anvertrauten Geschäftszweig selbständig und unter eigener Verantwortung gegenüber dem Reichstag" (Art. 56). Während also der Reichskanzler unter Bismarcks Verfassung außer dem Reichstag auch dem Bundesrat als dem Mitinhaber der gesetzgebenden Gewalt und dem Kaiser als seinem Dienstherrn verantwortlich war, besteht diese Verantwortung heute nur dem Reichstag gegenüber. Für die Reichsminister wird dies in der Geschäftsordnung der Reichsregierung ausdrücklich hervorgehoben (§ 15): „Die Reichsminister sind nur dem Reichstag verantwortlich". Die so in der Richtung begrenzte Verantwortlichkeit ist eine Einzel-, keine Gesamtverantwortlichkeit, der Reichstag kann also seine Angriffe auf einzelne Reichsminister richten, ohne dadurch notwendigerweise die Stellung des ganzen Kabinetts zu gefährden. Die Mittel, deren sich der Reichstag zur Geltendmachung der Ministerverantwortlichkeit bedienen kann, sind außer Interpellation und kleiner Anfrage die Ministeranklage vor dem Staatsgerichtshof (Art. 59) und die Entziehung des Vertrauens durch förmlichen Beschluß (Art. 54). Durch die Ministeranklage kann nur die rechtliche Verantwortlichkeit geltend gemacht werden, während das Mißtrauensvotum in erster Linie für die Geltendmachung der politischen Verantwortlichkeit geschaffen ist, ein Übergreifen auf die rechtliche Verantwortlichkeit aber nicht ausschließt. Die Ministeranklage gehört zum hergebrachten Rüstzeug einer jeden Ministerverantwortlichkeit und war schon vor 1918 in einer Reihe deutscher Länder vorgesehen. Das maßgebliche Mißtrauensvotum dagegen bedeutet einen besonderen Typus der Ministerverantwortlichkeit, der, bekannt unter dem Namen der parlamentarischen Regierung, erst seit 1918 Eingang in Deutschland gefunden hat.

5. Der Reichsrat. Die drei zuletzt besprochenen Reichsorgane: Reichstag, Reichspräsident und Reichsregierung und das hinter ihnen stehende Organ Reichsvolk sind einheitsstaatliche Gebilde, d. h. sie lassen nicht erkennen, daß das Deutsche Reich aus einer Anzahl von Staaten zusammengesetzt ist. Wollte man die deutschen Länder von der Bildung des Reichswillens nicht ausschalten, so mußte man ihnen ein föderalistisches Organ nach Art des Bundesrats zugestehen. Preuß wollte in seinem Entwurfe den Ländern im wesentlichen nur ein Staatenhaus gewähren, d. h. ein von den Landtagen gewähltes Oberhaus, dessen Mitglieder nicht anders als die des Volkshauses nach freier Überzeugung ohne Instruktion abstimmen sollten. Nur dem Eingreifen der Länder ist es zu danken, daß etwa gleichzeitig mit der Schaffung des Staatenausschusses der vorläufigen Verfassung ein dem alten Bundesrat nachgebildeter Reichsrat in den Entwurf einer Reichsverfassung und dann in die endgültige Reichsverfassung kam. Die Widerwilligkeit, mit der der unitarisch denkende Verfassungsgesetzgeber der bundesstaatlichen Notwendigkeit nachgab, zeigt sich darin, daß die Macht des Reichsrats auf dem Papiere gering ist, so gering, daß einheitsstaatliche Schwärmer die innere Verwandtschaft des Reichsrats mit dem Bundesrat sogar leugnen konnten. In Wirklichkeit ist der Einfluß des Reichsrats nicht zu unterschätzen. Er tagt, wo der Bundesrat tagte. Die Reichsratsbevollmächtigten waren, als der Reichsrat seine Tätigkeit aufnahm, vielfach die alten Bundesratsbevollmächtigten in einer Person und brachten so die alten Überlieferungen mit in den neuen Reichsrat. Auch fehlt es nicht an halbamtlichen Anzeichen dafür, daß man die kurz nach der Revolution gründlich unterschätzte Bedeutung der Länder inzwischen wieder erkannt hat. Beispiele bringen die Geschäftsordnungen des Reichstags und der Reichsregierung. Während nach der Verfassung nur die Vertreter der Reichsregierung im Reichstag auch außerhalb der Tagesordnung gehört werden müssen (Art. 33), sieht die Geschäftsordnung für den Reichstag unterschiedslos die Fälle vor, daß „ein Reichsminister oder Regierungsvertreter oder Bevollmächtigter des Reichsrats das Wort außerhalb der Tagesordnung" ergreift (§ 97). Die Geschäftsordnung der Reichsregierung aber betont die Wichtigkeit der Länder noch mehr, wenn sie bestimmt (§ 26): „Die präsidierenden Mitglieder der Landesregierungen sollen mehrmals im Jahre zu gemeinsamen Besprechungen mit der Reichsregierung vom Reichskanzler eingeladen werden, um gemeinschaftlich die wichtigen politischen, wirtschaftlichen und finanziellen Fragen zu erörtern und in persönlicher Fühlungnahme zu einer verständnisvollen einheitlichen Politik in Reich und Ländern beizutragen." Auch die Geschäftsordnung für den Reichsrat vom 20. 11. 19/14. 12. 21 enthält eine Stärkung der Reichsratsbevollmächtigten über den Wortlaut der Verfassung hinaus und deren Annäherung an die früheren Bundesratsbevollmächtigen, wenn sie die Reichsratsbevollmächtigten zugleich als Bevollmächtigte der Länder zu den Verhandlungen des Reichstags bezeichnet (§ 9).

Über die Zusammensetzung des Reichsrats bestimmt die Verfassung, daß im Reichsrat jedes Land mindestens eine Stimme hat (Art. 61). Nicht zum Deutschen Reiche gehörende Gebiete haben keine Stimme. Eine für Österreich gemachte Ausnahme mußte vom Deutschen Reiche auf Verlangen des Feindbundes am 22. September 1919, weil mit dem Friedensvertrag im Widerspruch stehend, als ungültig anerkannt werden. Durch Nichterwähnung Österreichs in der Geschäftsordnung hat der Reichsrat die Folgerungen aus diesem Anerkenntnis gezogen. Die so bestimmten Länder ordnen sich im Gegensatze zu früher nicht nach geschichtlich überkommenen Rangverhältnissen, sondern einzig nach der Einwohnerzahl. „Die derzeitige Reihenfolge ist hiernach folgende: 1. Preußen, 2. Bayern, 3. Sachsen, 4. Württemberg, 5. Baden, 6. Thüringen, 7. Hessen, 8. Hamburg, 9. Mecklenburg-Schwerin, 10. Oldenburg, 11. Braunschweig, 12. Anhalt, 13. Bremen, 14. Lippe, 15. Lübeck, 16. Mecklenburg-Strelitz, 17. Waldeck, 18. Schaumburg-Lippe" (GeschO. § 10). Auch die Regelung des Stimmenverhältnisses der Länder vermeidet jede Erinnerung an Bismarcks kunstreiche Anknüpfung an geschichtliche Einrichtungen. Jedes Land hat mindestens eine Stimme. Seit dem verfassungsändernden Gesetz vom 24. März 1921 entfällt bei den größeren Ländern auf 700000 Einwohner eine Stimme. „Ein Überschuß von mindestens 350000 Einwohnern wird 700000 gleichgerechnet. Kein Land darf durch mehr als zwei Fünftel aller Stimmen vertreten sein." „Die Stimmenzahl wird vom Reichsrat nach jeder allgemeinen Volkszählung neu festgelegt" (Art. 61). Darin lag auch die selbstverständliche Ermächtigung für den Reichsrat zur erstmaligen Festsetzung der Stimmenzahl nach Verabschiedung des Gesetzes vom 24. März 1921. Er tat es durch Beschluß vom 28. April 1921. Bayern erhielt 10 Stimmen, Sachsen 7, Württemberg 4, Baden 3, Thüringen, Hessen, Hamburg je 2, die übrigen kleineren Länder je 1 Stimme, die Länder ohne Preußen also zusammen 40 Stimmen. Damit war auch die Stimmenzahl Preußens gegeben, das nach der allgemeinen Rechnung weit mehr als 40 Stimmen hätte erhalten müssen. Da aber kein Land durch mehr als zwei Fünftel aller Stimmen vertreten sein darf, durfte Preußen nicht mehr als zwei Drittel der außerpreußischen Stimmenzahl erhalten, also nicht mehr als $\frac{2}{3} \times 40$ oder nicht mehr als 26. Die Gesamtstimmenzahl beträgt demgemäß 66 Stimmen.

Die **Reichsratsmitglieder** sollen nach dem Wortlaute der Verfassung Mitglieder der Landesregierungen sein (Art. 63). Da es aber für die nichtpreußischen Vertreter eine Unmöglichkeit wäre, dauernd von ihrem Amtssitze abwesend zu sein, hat die Geschäftsordnung die Einrichtung der Bundesratsbevollmächtigten für den Reichsrat übernommen (§§ 4 ff.), während die persönliche Aussprache der Mitglieder der Landesregierungen durch die periodischen Zusammenkünfte der „präsidierenden Mitglieder der Landesregierungen" nach § 26 der Geschäftsordnung der Reichsregierung ersetzt worden ist. Die Länder können in die Sitzungen des Reichsrats so viele Vertreter entsenden, wie sie Stimmen führen (Art. 63). Sie dürfen also nicht mehr Vertreter entsenden, wohl aber weniger, ohne dadurch in ihrem Stimmgewicht beeinträchtigt zu sein. Wenn Bayern z. B. einmal nur durch einen Bevollmächtigten vertreten ist, so führt es doch seine zehn Stimmen. Außer den Hauptbevollmächtigten können die Länder stellvertretende Bevollmächtigte bestimmen und dabei angeben, ob sie dauernd oder nur für bestimmte Aufgaben oder Zeiträume bestellt sind (GeschO. des Reichsrats § 6). Auch kann sich jeder Bevollmächtigte im Falle der Verhinderung in Vollsitzungen durch den Bevollmächtigten eines anderen Landes auf Grund einer schriftlichen Vollmacht vertreten lassen (§ 7), so daß unter Umständen eine Vollsitzung des Reichsrats in Anwesenheit von ganz wenigen Bevollmächtigten stattfinden kann, theoretisch sogar einem einzigen, der dann unter dem Vorsitze eines Mitglieds der Reichsregierung und im Beisein des Schriftführers als Vertreter sämtlicher Länder den Reichsrat verkörpern würde. Sind so die Reichsratsbevollmächtigten Vertreter der einzelnen Länder, so sind sie es doch in Sinne, als die Reichstagsabgeordneten Vertreter des ganzen Vol sind. Der Rei gsabgeordnete ist für seine amtliche Tätigkeit niemand verantwor r Reichsratsbevollmächtigte ist es seiner Regierung gegenüber und diese wiederum gegenuber dem Landtage. Hierin hat sich nichts gegen früher geändert. Auch die persönlichen Vorrechte der Reichsratsbevollmächtigten sind die gleichen geblieben wie die der Bundesratsbevollmächtigten. Neben dem Vorrechte, sich als Zeugen nur am Amtssitze des Reichsrats vernehmen lassen zu müssen (Zivilpr.-O. § 382, Strafpr.-O § 50), und neben dem erhöhten strafrechtlichen Schutz nach §§ 105 f. StGB. ist den nichtpreußischen Reichsratsbevollmächtigten vor allem die Befreiung von der preußischen Gerichtsbarkeit belassen worden (Gerichtsverf.-Ges., Fassung v. 22. März 1924, § 18).

Eine Sonderstellung nimmt **Preußen** im Reichsrat ein, nicht nur wegen Beschränkung seiner Stimmenzahl auf zwei Fünftel aller Stimmen, sondern vor allem wegen Teilung dieser Stimmen in Regierungsstimmen und Provinzialstimmen. Man wollte Preußen, das man, in Verkennung seiner geschichtlichen und gegenwärtigen Bedeutung für die Einheit des Reichs, als den unitarischen Bestrebungen der Reichsverfassung hinderlich ansah, möglichst schwächen, nachdem es mißlungen war, das Land der Zerstückelung preiszugeben. Daher bestimmt die Verfassung, daß die Hälfte der preußischen Stimmen im Reichsrat nach Maßgabe eines Landesgesetzes von den preußischen Provinzialverwaltungen bestellt wird (Art. 63). Das preußische Gesetz erging am 3. Juni 1921. Darnach erhält jede preußische Provinz, die Grenzmark Posen-Westpreußen und die Stadtgemeinde Berlin je einen Vertreter, zusammen dreizehn. Wahlkörper sind die Provinzialausschüsse, für die Stadt Berlin der Magistrat. Jeder Wahlkörper wählt in gesonderten Wahlgängen ein Mitglied und ein stellvertretendes Mitglied zum Reichsrat. Die Wahl ist geheim. Die absolute Mehrheit entscheidet, nötigenfalls findet Stichwahl statt. Am klarsten wird die Bedeutung der Provinzialvertreter für Preußens Stellung im Reichsrat durch die Bestimmung gekennzeichnet, daß in den Vollsitzungen des Reichsrats „den gewählten Mitgliedern freies Stimmrecht" zusteht (§ 8). Die gewählten Vertreter nehmen also ganz im Sinne der Reichsverfassung keine Weisung von der preußischen Staatsregierung entgegen, sie können also einzeln anders stimmen als die preußischen Regierungsvertreter, sie können es aber auch geschlossen tun, und gerade in dieser Möglichkeit liegt die einzigartige Benachteiligung Preußens im Reichsrat. Denn so kann es bei gewöhnlichen Mehrheitsbeschlüssen kommen, daß Preußen überhaupt kein Stimmgewicht im Reichsrat hat, und daß das führende Land im Reichsrat Bayern wird. Es sind daher Bestrebungen im Gange, den Verfassungsartikel, der die Teilung der preußischen Stimmen vorsieht, zu beseitigen. Aber auch jetzt schon „sollen die Gegenstände der Tagesordnung vorher zwecks Herbeiführung einheitlicher Stimmabgabe in gemeinschaftlicher Beratung der bestellten und der gewählten Mitglieder beraten werden" (§ 8). Die Vorschrift, durch die man die Bismarcksche Überlieferung, im Bundesrate Mehrheitsentscheidungen nach Möglichkeit zu vermeiden, wenigstens auf die preußischen Stimmen zur Anwendung bringen wollte, wird getreulich innegehalten und hat bisher im großen und ganzen eine einheitliche Abgabe sämtlicher preußischen Stimmen in den Vollsitzungen des Reichsrats tatsächlich zur Folge gehabt.

Die Zuständigkeiten des Reichsrats sind im Art. 60 dahin umschrieben, daß er zur Vertretung der deutschen Länder bei der Gesetzgebung und Verwaltung des Reichs gebildet wird. Im Gegensatze zum Bundesrat ist er also nicht mehr Rechtspflegeorgan, in dieser Beziehung ist der Bundesrat vom Staatsgerichtshof für das Deutsche Reich abgelöst worden. Auch auf dem Gebiete der Gesetzgebung hat der Reichsrat gegenüber dem Bundesrat an Bedeutung verloren. Während ohne oder gar gegen den Willen des Bundesrats kein Gesetz zustandekommen konnte, stehen dem Reichsrat nur schwächere Formen der Mitwirkung [illegible] retisch ist es sogar denkbar, daß ein Reichsgesetz gültig zustandekommt, ohne daß [illegible] Reichsrat überhaupt mit dem Entwurfe befaßt hat, wenn nämlich eine aus der Mitte des Reichstags eingebrachte Gesetzesvorlage vom Reichstag beschlossen wird und der Reichsrat es verabsäumt, sich mit der Vorlage binnen zwei Wochen zu beschäftigen. Regel ist es allerdings, daß ein Gesetzentwurf zweimal an den Reichsrat gelangt, das erstemal bei der Einbringung des Entwurfs durch die Reichsregierung, das zweitemal nach der Annahme des Entwurfs im Reichstag. „Die Einbringung von Gesetzesvorlagen der Reichsregierung bedarf der Zustimmung des Reichsrats" (Art. 69). Doch hindert ein Widerspruch des Reichsrats die Reichsregierung nicht, den Entwurf dem Reichstag vorzulegen; dabei darf man allerdings nicht die inneren Hemmungen unterschätzen, die die Reichsregierung bei einem Widerspruche des Reichsrats empfinden wird, und die sie vielfach dazu bringen werden, den Entwurf lieber zurückzuziehen als ihn gegen den Reichsrat im Reichstag zu vertreten. Das zweitemal kann sich der Reichsrat binnen vierzehn Tagen nach der Annahme des Gesetzes im Reichstag äußern: er kann bei der Reichsregierung einen Einspruch einbringen. Die Folge ist, daß der Reichstag zum Entwurfe noch einmal Stellung nehmen muß. Schaltet man die im Art. 74 vorgesehenen Möglichkeiten des Volksentscheids als praktisch unwahrscheinlich aus, so hat der Einspruch, kurz gesagt, die Bedeutung, daß er nur durch einen mit Zweidrittelmehrheit gefaßten Reichstagsbeschluß entkräftet werden kann. Beim Gesetz über den Reichshaushaltsplan bedarf es sogar für Erhöhung und Neueinsetzung von Ausgaben der Zustimmung des Reichsrats (Art. 85). Auch bei Verfassungsänderungen ist der Reichsrat insofern gestärkt, als sein Einspruch selbst durch einen erneuten, mit Zweidrittelmehrheit zu fassenden Reichstagsbeschluß nicht schlechthin entkräftet wird. Vielmehr kann der Reichsrat in diesem Falle den Volksentscheid erzwingen, eine Möglichkeit, von der er vermutlich leichteren Herzens Gebrauch machen wird als in gewöhnlichen Fällen der Reichspräsident, mithin eine Wahrscheinlichkeit, die der Reichstag als eine unangenehme Durchkreuzung seines Willens empfinden und die er geneigt sein wird, durch Einlenken zu beseitigen. Ist somit der Einfluß des Reichsrats auf den Gang der Gesetzgebung nicht gering, so hat der Reichsrat gegenüber dem Bundesrat auf dem Gebiete der Verordnungen wesentliche Befugnisse eingebüßt. Kein Artikel der Verfassung ermächtigt den Reichsrat zum Erlasse von Verordnungen, abgesehen von seiner Befugnis, seinen Geschäftsgang durch eine Geschäftsordnung zu regeln (Art. 66). Aber auch dort, wo ihm die gesetzlichen Befugnisse des Staatenausschusses und damit des Bundesrats übertragen werden (Art. 179), wird für Verordnungen eine Ausnahme gemacht. „Die nach den bisherigen Vorschriften dem Staatenausschuß zustehende Befugnis zum Erlaß von Verordnungen geht auf die Reichsregierung über." Der Reichsrat wird dadurch bei Verordnungen, die von Reichsbehörden auszuführen sind, völlig ausgeschaltet. Bei Verordnungen, deren Ausführung den Landesbehörden zusteht, wird er wenigstens als Nebenbeteiligter zugelassen: die Verordnungen der Reichsregierung bedürfen seiner Zustimmung (Art. 179 Abs. 2, 77). Über die Verwaltungsbefugnisse des Reichsrats gibt es überhaupt keine zusammenhängenden Bestimmungen, sie finden sich in den verschiedensten Gesetzen, alten und neuen, zerstreut. So wurde z. B. in der Sitzung vom 26. Juni 1924 beschlossen, in den Beirat der Reichsmonopolverwaltung den Ministerialrat P. zu wählen, dem Werkstättenvorsteher F. fünf Jahre seiner Vorbeschäftigungszeit als ruhegehaltsfähige Dienstzeit nach dem Reichsbeamtengesetz anzurechnen, dem Eisenbahnschaffner D. auf die Dauer von drei Jahren ein Ruhegehalt von 543 Goldmark jährlich zu bewilligen, die von der außerordentlichen Generalversammlung der Deutschen Genossenschafts-Hypothekenbank, A.-G., in Berlin am 5. 2. 1924 beschlossenen Satzungsänderungen mit einer gewissen Einschränkung zu genehmigen, dem mitteldeutschen Küferinnungsverband in Mainz die Rechtsfähigkeit zu verleihen, der Eingabe des Staatsministers a. D. Sch. auf Wiederzuweisung eines verkauften Brennrechts keine Folge zu geben u. dgl. mehr.

Über den Geschäftsgang des Reichsrats enthält teils die Verfassung, teils die mehrfach abgeänderte Geschäftsordnung vom 20. November 1919 nähere Bestimmungen. Was die Tagung anlangt, so wäre der Reichsrat nach der Verfassung eine nichtständige Versammlung, denn nach Art. 64 muß die Reichsregierung den Reichsrat auf Verlangen von einem Drittel seiner Mitglieder einberufen (Art. 64). In Wirklichkeit ist der Reichsrat „dauernd versammelt" (GeschO. § 2). Da der Reichsrat die Verwaltungsgeschäfte des Bundesrats übernommen hat und der Bundesrat ständig tagte, war eine andere Lösung auch gar nicht möglich. Tagungsort ist der Sitz der Reichsregierung, also zur Zeit Berlin. Da es an einem eigenen Reichsratsgebäude fehlt, hält der Reichsrat, wie früher der Bundesrat, seine Sitzungen im Reichstagsgebäude ab. Über die Organisation des Reichsrats enthält die Verfassung die Regel, daß den Vorsitz im Reichsrat und in seinen Ausschüssen ein Mitglied der Reichsregierung führt (Art. 65), eine ausgesprochen unitarische Abweichung von der Ordnung des Bundesrats, in dem Preußen, bei dessen Verhinderung Bayern, also nicht das Reich als solches den Vorsitz führte. Nach § 13 der Geschäftsordnung der Reichsregierung ist der regelmäßige Vorsitzende der Reichsminister des Innern. Nur bei Behinderung sämtlicher Reichsminister kann ein Staatssekretär die Führung des Vorsitzes übernehmen. Der Vorsitzende leitet die Versammlung und nimmt an der Beratung teil, eine Stimme führt er jedoch nicht. Das letzte gilt auch von sonstigen Mitgliedern der Reichsregierung, die an der Sitzung teilnehmen, und den sachverständigen Landesbeamten, die neben den Reichsratsbevollmächtigten zu einzelnen Sitzungen entsandt werden und mit Genehmigung der Versammlung sich an der Beratung beteiligen können. Stimmberechtigt sind also nur die Reichsratsbevollmächtigten. „Die Reihenfolge der Abstimmung richtet sich nach der Reihenfolge der Länder“ (GeschO. § 18). Die Sitzordnung war ursprünglich ebenso geregelt. Seit Eintritt der preußischen Provinzialvertreter in den Reichsrat ist es tatsächlicher Brauch, daß der stimmführende Bevollmächtigte der preußischen Staatsregierung rechts vom Vorsitzenden sitzt, der Bayerns links, der Sachsens rechts vom preußischen, der Württembergs links vom bayerischen Bevollmächtigten usw. während die preußischen Provinzialvertreter an der Innenseite des Tisches sitzen. Nach Abgabe der preußischen Regierungsstimme stimmen zunächst die preußischen Provinzialvertreter ab und dann erst Bayern, Sachsen usw. Wie der Bundesrat so bildet auch der Reichsrat **Ausschüsse**, die aber nur durch die Geschäftsordnung, nicht die Verfassung festgelegt worden sind. Es gibt deren elf. Jeder Ausschuß besteht aus neun Mitgliedern, die länderweise einmal für allemal bestimmt sind. Die vier größten Länder sind in allen neun Ausschüssen ständig vertreten. Bei der Abstimmung führt jedes Land nur eine Stimme. Die Aufgabe der Ausschüsse ist vorbereitender Art, nur in seltenen, in Gesetzen oder Verordnungen ausdrücklich vorgesehenen Fällen, werden sie unmittelbar nach außen tätig. Trotzdem ist ihre tatsächliche Bedeutung groß, da der Reichsrat in den meisten Fällen den Anträgen seiner Ausschüsse entspricht. Nicht die öffentlichen, fast ohne Erörterungen verlaufenden Sitzungen des Reichsrats und deren Niederschriften also geben ein Bild von der Tätigkeit der Reichsratsbevollmächtigten, sondern die Ausschußsitzungen hinter verschlossener Türe.

Die Vollsitzungen also sind **öffentlich** (Art. 66), eine Neuerung gegenüber den Sitzungen des Bundesrats und des alten Bundestags. Allerdings grenzt die „Öffentlichkeit“ zur Zeit an eine Karikatur, da den Zuhörern nur einige wenige Plätze eingeräumt sind. Auch kann die Öffentlichkeit vom Reichsrat für bestimmte Beratungsgegenstände ausgeschlossen werden. **Zur Stellung von Anträgen** ist „die Reichsregierung und jeder Bevollmächtigte zum Reichsrat“ befugt (GeschO. § 19). Da sich schon im Kaiserreiche kraft ungeschriebenen Brauchs die Einrichtung der kaiserlichen Initiativanträge ausgebildet hatte, enthält die Bestimmung sachlich nichts Neues, betont aber deutlich den unitarischen Grundcharakter der Verfassung. Abstimmungsbefugt sind nur die Reichsratsbevollmächtigten. Über **Freiheit, Unfreiheit, Einheitlichkeit der Abstimmung** enthält die Verfassung im Gegensatze zur alten keine ausdrücklichen Vorschriften. Im Bundesrat konnten die Stimmen für ein Land nur einheitlich abgegeben werden, auch stimmten die Bundesratsbevollmächtigten nach Instruktionen. Für den Reichsrat gilt, nicht nach geschriebenem Recht, aber kraft innerer Notwendigkeit, dasselbe. Denn die Länder sollten im Reichsrat, genau genommen, durch Mitglieder ihrer Regierungen vertreten sein (Art. 63). Daraus folgt die Einheitlichkeit der Stimmabgabe, denn nach außen kann eine Regierung nur einheitlich handeln. Die Reichsratsbevollmächtigten aber sind das Sprachrohr ihrer Regierungen, folglich müssen sie so stimmen, wie ihre Regierung will, es sei denn, daß sie von ihren Regierungen ermächtigt worden sind, nach Lage der Sache selbständige Entschließungen zu treffen. Ist dies geschehen, so müßte bei den größeren Ländern auf irgendeine Art für die Einheitlichkeit der Stimmabgabe gesorgt werden, eine Schwierigkeit, die deutlich darauf hinweist, daß die Bindung der Reichsratsbevollmächtigten an Instruktionen das Gegebene ist. Sie entspricht auch den Tatsachen, wird auch von der Geschäftsordnung stillschweigend vorausgesetzt (§ 20 Abs. 2). Nur die preußischen Provinzialstimmen machen eine Ausnahme. Da es gerade Zweck der Verfassung war, Preußens Stellung im Reichsrat zu schwächen, wäre es verfassungswidrig, die Provinzialvertreter zu zwingen, so zu stimmen wie die Regierungsvertreter. Das preußische Gesetz vom 3. Juni 1921 geht einen Schritt weiter und gewährt den Provinzialvertretern freies Stimmrecht schlechthin, frei nicht nur vom Staatsministerium, sondern auch von den Provinzialausschüssen und dem Magistrat der Stadt Berlin. Der gegebene Zeitpunkt für die Abstimmung ist der Schluß der Beratung. Doch kann vor der endgültigen Beschlußfassung die Reichsregierung und jeder Reichsratsbevollmächtigte beantragen, daß die endgültige Abstimmung einmal auf höchstens fünf Tage vertagt wird; dem Antrag muß stattgegeben werden, wenn er von einem Drittel der anwesenden Stimmen unterstützt wird (§ 27). Dient schon diese Bestimmung der Einholung weiterer Instruktionen, so wird der Abhängigkeit des einzelnen Reichsratsbevollmächtigten von seiner Regierung noch deutlicher Rechnung getragen durch die Vorschrift, daß ein Bevollmächtigter, der nicht in der Lage ist, seine Stimme sofort abzugeben, sich die Abgabe einer Erklärung bis zur nächsten Vollsitzung, in der die Niederschrift festgestellt wird, vorbehalten kann (§ 20). Für die Ermittlung des Abstimmungsergebnisses gilt der Grundsatz, daß die einfache Mehrheit der Abstimmenden entscheidet (Art. 66 Abs. 4). Nur Beschlüsse des Reichsrats auf Abänderung der Verfassung, d. h. alle Beschlüsse, die einer Verfassungsänderung günstig sind, bedürfen einer Mehrheit von zwei Dritteln der abgegebenen Stimmen (Art. 76 Abs. 1). Es gibt keine Beschlußunfähigkeit des Reichsrats. Es gibt auch, im Gegensatze zum Bundesrat, keine preußische Hegemonie in dem Sinne, daß bestimmte Beschlüsse am Widerspruche Preußens scheiterten. Es gibt endlich im Reichsrat keine Sonderrechte, d. h. Rechte einzelner Länder, die auch durch verfassungsändernde Mehrheit ohne Zustimmung des berechtigten Landes nicht gebrochen werden könnten. Über jede Vollsitzung des Reichsrats fertigt dessen Schriftführer eine Niederschrift. Während die Öffentlichkeit von den Beschlüssen des Bundesrats nur durch eine halbamtliche, auch heute noch für den Reichsrat übliche Pressemitteilung etwas erfuhr, sind heute die Niederschriften des Reichsrats, anders als die des Bundesrats, nach der Drucklegung im Buchhandel zu beziehen, aber nur die Niederschriften, nicht die zu deren Verständnis vielfach unentbehrlichen Drucksachen.

Was die Beziehungen des Reichsrats zu anderen Reichsorganen anlangt, so muß man, wie schon angedeutet, den Wortlaut und die ursprüngliche Absicht der Verfassung einerseits und die Tatsachen des Verfassungslebens anderseits unterscheiden. Nach dem Buchstaben der Verfassung gibt es nur Beziehungen zwischen Reichsrat und Reichsregierung. Die Mitglieder der Reichsregierung sind, was Anwesenheitsrecht und -pflicht und was die Meldung zum Worte anlangt, im Reichsrat ebenso gestellt wie im Reichstag (Art. 65, 33). Außerdem führt, wie gezeigt, ein Mitglied der Reichsregierung den Vorsitz im Reichsrat und in seinen Ausschüssen. Andrerseits ist der Reichsrat von den Reichsministerien über die Führung der Reichsgeschäfte auf dem laufenden zu halten. Zu Beratungen über wichtige Gegenstände sollen von den Reichsministerien die zuständigen Ausschüsse des Reichsrats zugezogen werden (Art. 67), eine Mitwirkung, in der sich ursprünglich nach der Absicht von Preuß die Beteiligung der Landesregierungen an der Bildung des Reichswillens erschöpfen sollte (Entwurf § 15). Über die Verfassung hinaus besteht aber auch noch eine wichtige Beziehung zwischen Reichsrat und Reichstag. Nicht nur sind die Reichsratsbevollmächtigten in der Regel zugleich „Bevollmächtigte der Länder zu den Verhandlungen des Reichstags" und als solche befugt, „den Standpunkt ihrer Regierung zu dem Gegenstande der Verhandlung darzulegen" (Art. 33 Abs. 2), sondern die Geschäftsordnung für den Reichstag bestimmt ausdrücklich, daß auch ein „Bevollmächtigter des Reichsrats" das Wort ergreifen kann (§§ 96, 97; s. auch Gemeinsame Geschäftsordnung der Reichsministerien, Bes. Teil § 15 Abs. 1). In der Tat kommt es vor, daß ein Reichsratsbevollmächtigter im Reichstag nicht den Standpunkt seiner Regierung, sondern den des gesamten Reichsrats vertritt, so daß bei Meinungsverschiedenheiten zwischen Reichsregierung und Reichsrat aus Anlaß eines Gesetzentwurfs sich beide Teile im Reichstag gleichberechtigt gegenüberstehen, während nach der Absicht der Verfassung die Reichsregierung das letzte Wort haben sollte (Art. 69).

6. Die übrigen höchsten Reichsorgane. Mit den bisher erwähnten Organen ist das Reich, bildlich gesprochen, lebensfähig. Selbst wenn es keine einzige sonstige Reichsbehörde gäbe, würde das Reich tätig werden können. Denn da die Reichsorgane Volk, Reichstag, Reichspräsident, Reichsregierung und Reichsrat die Macht haben, Gesetze zu erlassen und die Verfassung zu ändern, könnten sie jederzeit Reichsbehörden schaffen und auf diese Weise die Organisation ausbauen. Tatsächlich ist aber die Organisation bereits in weitem Umfange ausgebaut, teils von früher her, teils seit Inkrafttreten der neuen Reichsverfassung. Über Einzelheiten gibt das Handbuch für das Deutsche Reich und der jährliche Reichshaushaltsplan genaue Auskunft. Die meisten von diesen Behörden, wie die Gesandtschaften, die Konsulate, das Bundesamt für das Heimatwesen, das Reichsaufsichtsamt für Privatversicherung, das Reichswirtschaftsgericht, das Reichsversicherungsamt, das Reichspatentamt, das Reichsausgleichsamt usw. sind bestimmten Reichsministerien unterstellt. Von ihnen soll nicht gesprochen werden. Daneben gibt es aber auch noch einige Reichsorgane, die kein Ministerium über sich haben, ohne selbst Ministerien zu sein. Die wichtigsten davon sind der Vorläufige Reichswirtschaftsrat, der Staatsgerichtshof für das Deutsche Reich, der Rechnungshof des Deutschen Reichs, die Reichsschuldenverwaltung und der Reichsschuldenausschuß.

Der Vorläufige Reichswirtschaftsrat ist zur Ausführung des Art. 165 der Reichsverfassung durch Verordnung vom 4. Mai 1920 geschaffen worden. Die Reichsverfassung sieht einen dreistufigen Aufbau des wirtschaftlichen Rätesystems vor: Betriebsarbeiterräte, darüber Bezirksarbeiterräte und auf der obersten Stufe einen Reichsarbeiterrat, die Bezirksarbeiterräte und der Reichsarbeiterrat mit den Vertretungen der Unternehmer und sonst beteiligter Volkskreise zu Bezirkswirtschaftsräten und zu einem Reichswirtschaftsrat zusammengefaßt. Von diesem Plane ist zur Zeit nur der erste Teil in Gestalt der Betriebsräte verwirklicht. Bezirkswirtschaftsräte und einen der Verfassung entsprechenden Reichswirtschaftsrat gibt es noch nicht. Bis zur Schaffung der für die „Wahl des endgültigen Reichswirtschaftsrats erforderlichen Körperschaften" (VO. Art. 13) ist dafür der vorläufige Reichswirtschaftsrat ins Leben getreten. Im Gegensatze zu den bisher besprochenen Reichsorganen trägt der Reichswirtschaftsrat in seiner Zusammensetzung dem Gedanken der berufsständischen Gliederung des Volkes Rechnung, erinnert also, ins Moderne übertragen, etwas an die ersten Kammern der deutschen Landtage bis 1918. Er besteht aus 326 Mitgliedern. Davon entfallen 68 auf Vertreter der Land- und Forstwirtschaft, 6 auf solche der Gärtnerei und Fischerei, 68 auf Vertreter der Industrie, 44 auf Vertreter des Handels, der Banken und des Versicherungswesens, 34 auf Vertreter des Verkehrs und der öffentlichen Unternehmungen, 36 auf Vertreter des Handwerks, 30 auf Vertreter der Verbraucherschaft, 16 auf Vertreter der Beamtenschaft und der freien Berufe, 12 Mitglieder werden vom Reichsrat, 12 weitere von der Reichsregierung ernannt. Arbeitgeber und Arbeitnehmer sind überall gleichmäßig vertreten. Persönlich sind die einzelnen Mitglieder des Reichswirtschaftsrats ähnlich gestellt wie die Reichstagsabgeordneten. Die wichtigste Aufgabe des Reichswirtschaftsrats ist die Stellungnahme zu sozialpolitischen und wirtschaftspolitischen Gesetzentwürfen von grundlegender Bedeutung. Solche Entwürfe sollen von der Reichsregierung vor der Einbringung dem Reichswirtschaftsrat zur Begutachtung vorgelegt werden. Er hat aber auch die Befugnis, selbst solche Gesetzesvorlagen zu beantragen. Stimmt ihnen die Reichsregierung nicht zu, so hat sie trotzdem die Vorlage unter Darlegung ihres Standpunkts beim Reichstag einzubringen. Der Reichswirtschaftsrat kann die Vorlage durch eines seiner Mitglieder vor dem Reichstag vertreten lassen (Art. 165).

Der Staatsgerichtshof für das Deutsche Reich — nicht zu verwechseln mit dem 1922 auf fünf Jahre eingesetzten Staatsgerichtshof zum Schutze der Republik — ist in der Reichsverfassung für verschiedenartige Zwecke vorgesehen. Er ist einmal eine Art höchstes Disziplinargericht zur Ahndung amtlicher Verfehlungen des Reichspräsidenten, des Reichskanzlers und der Reichsminister (Art. 59). Dann entscheidet er Verfassungsstreitigkeiten innerhalb eines Landes, Rechtsstreitigkeiten nicht privatrechtlicher Art zwischen mehreren Ländern, insbesondere auch anläßlich einer Neugliederung, und zwischen dem Reich und einem Lande, insbesondere bei Ausübung der Reichsaufsicht (Art. 15, 18, 19). Endlich entscheidet er über Streitigkeiten zwischen dem Reich und einem Lande, die aus Anlaß der Übernahme von Landeseinrichtungen, wie der Eisenbahnen, der Wasserstraßen u. dgl., auf das Reich entstehen, Streitigkeiten, die man im weiteren Sinne auch als Rechtsstreitigkeiten ansprechen kann, die aber von der Verfassung besonders hervorgehoben werden, weil bei ihrer Schlichtung der Staatsgerichtshof vielfach schöpferisch tätig wird und durch seinen Spruch die mangelnde Vereinbarung ersetzt. Dieser Dreiteilung entsprechend hat das Gesetz über den Staatsgerichtshof vom 9. Juli 1921 an die Stelle eines einheitlichen Staatsgerichtshofs drei verschiedene Staatsgerichtshöfe gesetzt, eine Spaltung, die zur Zeit dadurch gemildert wird, daß das im Gesetze vorgesehene Reichsverwaltungsgericht noch nicht errichtet ist. Bei der Verhandlung und Entscheidung über Anklagen des Reichstags gegen Reichspräsidenten, Reichskanzler und Reichsminister wegen schuldhafter Verletzung der Reichsverfassung oder eines Reichsgesetzes nach Art. 59 der Verfassung besteht der Staatsgerichtshof aus dem Präsidenten des Reichsgerichts als Vorsitzenden und je einem Mitglied des Preußischen Oberverwaltungsgerichts, des Bayerischen Obersten Landesgerichts und des Hanseatischen Oberlandesgerichts, einem deutschen Rechtsanwalt und fünf vom Reichstag und fünf vom Reichsrat gewählten weiteren Beisitzern. Bei Streitigkeiten nach Art. 15, 18 und 19 setzt sich der Staatsgerichtshof aus dem Präsidenten des Reichsverwaltungsgerichts als Vorsitzenden, drei Reichsgerichtsräten und drei Räten des Reichsverwaltungsgerichts zusammen. Bis zur Errichtung des Reichsverwaltungsgerichts führt der Präsident des Reichsgerichts den Vorsitz; die Räte des Reichsverwaltungsgerichts werden durch je einen Rat des Preußischen Oberverwaltungsgerichts, des Bayerischen Verwaltungsgerichtshofs und des Sächsischen Oberverwaltungsgerichts ersetzt. In den Streitigkeiten aus Anlaß der Übernahme von Landeseinrichtungen auf das Reich endlich entscheidet der Staatsgerichtshof unter dem Präsidenten des Reichsverwaltungsgerichts (Reichsgerichts) als Vorsitzenden, je einem Rate des Reichsgerichts und des Reichsverwaltungsgerichts (Preußischen Oberverwaltungsgerichts) und vier weiteren Beisitzern, die je zur Hälfte vom Reichstag und vom Reichsrat gewählt werden. Diese vier Beisitzer werden für jedes Fachgebiet gesondert gewählt und sollen für dies Gebiet sachverständig sein. Gerade diese Bestimmung läßt darauf schließen, daß auch der Reichsgesetzgeber, wie der Verfassungsgesetzgeber, die dritte Gruppe von Streitigkeiten weniger als Rechtsstreitigkeiten denn als Streitigkeiten des technischen Ermessens aufgefaßt hat.

Beim Rechnungshof des Deutschen Reichs und der Reichsschuldenverwaltung erwartet man vielleicht, daß sie dem Reichsminister der Finanzen unterstellt seien. In Wirklichkeit stehen beide Behörden ganz oder teilweise selbständig neben ihm, und diese Unabhängigkeit ist beabsichtigt. Denn der Rechnungshof soll gerade auch die Finanzgebahrung des Ministers kontrollieren, und die Reichsschuldenverwaltung soll unter eigener Verantwortung nach Maßgabe des Gesetzes, und eben nicht nach Anweisungen des Ministers, Schulden für das Reich eingehen und tilgen. Der Rechnungshof des Deutschen Reichs, bis vor kurzem in Personalunion mit der preußischen Oberrechnungskammer stehend, ist durch die Reichshaushaltsordnung vom 31. Dezember 1922 eine reine Reichsbehörde geworden. Er ist der Reichsregierung gegenüber selbständig und nur dem Gesetz unterworfen (§ 118). Seine Mitglieder haben die gleiche Stellung wie Richter, sind also namentlich eben so schwer absetzbar wie diese (§ 121). In allen wichtigen Angelegenheiten entscheidet die Vollversammlung des Rechnungshofs, in weniger bedeutenden Angelegenheiten, die nur ein einzelnes

Verwaltungsgebiet berühren, genügt Beschlußfassung in Senaten, die aus drei Mitgliedern bestehen (§ 125). Der Rechnungshof überwacht die gesamte Reichshaushaltsführung. Er prüft die Rechnungen auf Innehaltung des Haushaltsplans, auf Vorschriftsmäßigkeit in der sachlichen und rechnerischen Begründung und der Beibringung von Belegen, auf Gesetzmäßigkeit und Wirtschaftlichkeit der Einnahmen und Ausgaben und auf die Möglichkeit künftiger Ersparnisse (§ 96). Alle Reichsbehörden, außer den obersten, sind dem Rechnungshof innerhalb seiner Befugnisse untergeordnet (§ 102). Seine Hauptaufgabe ist es, die Deckung von Fehlbeträgen zu veranlassen und zusammenfassende Bemerkungen über die gesamte Rechnungsprüfung dem Reichsminister der Finanzen zu übermitteln, der sie dem Reichsrat und dem Reichstag mit dem Antrag auf Entlastung vorlegt. Auch die Reichsschuldenverwaltung war bis vor kurzem mit einer preußischen Behörde, der preußischen Hauptverwaltung der Staatsschulden, verbunden und ist erst durch die Reichsschuldenordnung vom 13. Februar 1924 auf eigene Füße gestellt worden. Ihre Hauptobliegenheit besteht in der Ausgabe von Schuldverschreibungen und Schatzanweisungen im Namen des Reichs, in der Führung des Reichsschuldbuchs, in der Zahlung der Zinsen und in der Tilgung des Schuldkapitals. Sie bildet ein Kollegium wie der Rechnungshof, doch ohne die weitgehende richterliche Unabhängigkeit seiner Mitglieder. Denn sie unterliegt teilweise der oberen Leitung des Reichsministers der Finanzen, soweit dies mit ihrer Unabhängigkeit bei Erfüllung ihrer Hauptaufgaben vereinbar ist. Diese Unabhängigkeit aber kommt zum Ausdruck in dem besonderen Eide, den die Mitglieder und Hilfsarbeiter vor dem Antritt ihres Amtes vor dem Kollegium zu leisten haben, und in dem sie geloben, „keine Schuldverbindlichkeiten des Reichs zu beurkunden oder beurkunden zu lassen, welche den in den Reichsgesetzen gegebenen Vorschriften und Ermächtigungen nicht entsprechen, auch dafür zu sorgen, daß die Reichsschuld gehörig verzinst und getilgt wird, und sich von der Erfüllung dieser und der anderen der Reichsschuldenverwaltung mit selbständiger und unbedingter Verantwortung übertragenen Obliegenheiten durch keine Anweisung irgendwelcher Art abhalten zu lassen". Ist somit die Reichsschuldenverwaltung eine nur zum Teil unabhängige Behörde, so versteht man, daß das Bedürfnis empfunden wurde, sie durch ein völlig unabhängiges Kollegium beaufsichtigen zu lassen. Dies Kollegium ist der Reichsschuldenausschuß, der aus sechs Mitgliedern des Reichsrats, sechs Mitgliedern des Reichstags und dem Präsidenten des Rechnungshofs des Deutschen Reichs besteht. Die Reichsschuldenverwaltung hat ihm regelmäßig die Monats- und Jahresabschlüsse ihrer Kasse sowie ihre Geschäftsübersicht zu übersenden und auf Verlangen Auskunft zu erteilen. Mindestens einmal jährlich nimmt er eine außerordentliche Prüfung ihrer Geld- und Wertpapierbestände vor.

V. Die Äußerungen der Reichsgewalt.

Die Reichsorgane sind dazu da, um für das Reich tätig zu werden. Diese Tätigkeiten können darauf gerichtet sein, etwas Neues zu schaffen oder Bestehendes festzustellen, insbesondere einen Rechtsstreit zu entscheiden. Neues aber kann entweder durch Handlungen tatsächlicher Art und durch Verfügungen an einzelne Personen oder durch allgemeine Anordnungen geschaffen werden. Man kommt auf diese Weise ungezwungen zu einer berühmten Dreiteilung der Staatstätigkeiten in Gesetzgebung, Verwaltung und Rechtspflege. Schon Aristoteles hatte bemerkt, daß es im Staate drei verschiedenartige Stellen gibt: eine beschließende Stelle (den Rat), die Ämter und die Gerichte. Berühmt wurde aber die Dreiteilung erst, als Montesquieu im Jahre 1748 die Forderung aufstellte, daß die drei Staatstätigkeiten Gesetzgebung, Verwaltung (Vollziehung) und Rechtspflege im Interesse der Freiheit des Bürgers zu trennen und auf verschiedene, von einander unabhängige Organe zu verteilen seien. Im großen und ganzen ist die Montesquieusche Regel in der modernen

Gesetzgebung verwirklicht, am reinsten in der Rechtspflege, am wenigsten rein in der Verwaltung. Auch in der Reichsverfassung kommt die Dreiteilung zum Ausdruck, wenn die Überschriften des fünften, sechsten und siebenten Abschnitts des ersten Hauptteils „Die Reichsgesetzgebung", „Die Reichsverwaltung" und „Die Rechtspflege" lauten. Es ist in der Tat die Regel, daß der Reichsgesetzgeber, gewöhnlich bestehend aus dem Reichstag, dem Reichsrat, dem Reichspräsidenten und der Reichsregierung, nur allgemeine Anordnungen (Rechtssätze) erläßt, die Reichsverwaltungsbehörden Verfügungen für den Einzelfall treffen und die Gerichte Entscheidungen über Rechtsstreitigkeiten fällen, aber eben nur die Regel. Es kommt auch vor, daß der Gesetzgeber eine Anordnung für den Einzelfall trifft, etwa eine Stiftung genehmigt, und daß eine Verwaltungsbehörde eine Anordnung an die Allgemeinheit erläßt, z. B. eine Polizeiverordnung. Dadurch gelangt ein verhängnisvoller Doppelsinn in das Wort „Gesetz", das bald so viel bedeutet wie „Rechtssatz", bald so viel wie „höchste Willensäußerung des Staates". Die erstgenannte Bedeutung liegt dem Worte kraft ausdrücklicher Bestimmung z. B. im Bürgerlichen Gesetzbuch zugrunde, das Wort wird hier, wie man sagt, im „materiellen Sinne" gebraucht; im andern, dem sog. „formellen Sinne" wird das Wort in den Artikeln 68 ff. der Reichsverfassung gebraucht, ob auch in andern Artikeln, bedürfte erst einer sehr genauen Untersuchung, die unter Umständen zu dem Ergebnis kommen könnte, daß das Wort an einzelnen Stellen im weitesten Sinne (sei es materiell, sei es formell), an anderen im engsten Sinne (gleichzeitig materiell und formell) verwandt wird.

Die Rechtspflege, jedenfalls die der ordentlichen Gerichte, bildet als Justizrecht einen besonderen Zweig der Rechtswissenschaft, der herkömmlicherweise keinen Platz in der Darstellung des Verfassungsrechts beansprucht. Daher soll im folgenden nur von der Gesetzgebung im weitesten Sinne und von der Verwaltung die Rede sein.

1. Die Gesetzgebung.

a) **Das Reichsgesetz.** Sieht man von der Unterscheidung zwischen Verfassungsgesetzen und gewöhnlichen Gesetzen ab, so ist Reichsgesetz im Sinne der Art. 68 ff. der Verfassung soviel wie höchste Willenserklärung des Reiches. Eine solche höchste Willenserklärung aber liegt vor, wenn sie imstande ist, ältere Willenserklärungen des Reichs oder der Länder, mag es sich um Gesetze, Verordnungen, Verwaltungsakte oder Gerichtsurteile handeln, zu beseitigen, und wenn sie selbst wieder nur durch ein Reichsgesetz oder kraft eines Reichsgesetzes aufgehoben werden kann. Neben dieser Wirkung eines Reichsgesetzes interessiert zunächst vor allem seine Erforderlichkeit.

Die Frage nach der Erforderlichkeit eines Reichsgesetzes ist dahin zu beantworten, daß ein Reichsgesetz in erster Linie zu allen reichsrechtlichen Vorschriften erforderlich ist, die, wie man sich früher ausdrückte, in Freiheit und Eigentum des Bürgers eingreifen, oder, wie man allgemeiner sagen kann, die Rechtssphäre des Bürgers berühren. Dieser von Otto Mayer so benannte „Vorbehalt des Gesetzes" ist am bekanntesten unter dem Namen des Grundsatzes von der „Gesetzmäßigkeit der Verwaltung", dem zufolge der Bürger bei jedem staatlichen Eingriff in seine Rechtssphäre verlangen kann, daß ihm das Gesetz nachgewiesen werde, das den Eingriff gestattet. Ein Reichsgesetz ist ferner erforderlich zu allen reichsrechtlichen Willensakten, für die Gesetz oder Verfassung die Form eines „Gesetzes" vorsieht, wenn aus dem Zusammenhang ersichtlich ist, daß mit dem Worte ein Gesetz im formellen Sinne gemeint ist. So erfolgen Kriegserklärung und Friedensschluß, auch wenn diese Maßnahmen nicht in die Rechtssphäre des Einzelnen eingreifen sollten, durch Reichsgesetz (Art. 45). Der Haushaltsplan, obwohl nur eine Dienstanweisung vornehmlich an den Finanzminister, wird vor Beginn des Rechnungsjahres durch ein Gesetz festgestellt (Art. 85). Auch die Beschaffung von Geldmitteln im Wege des Kredits und die Übernahme einer Sicherheitsleistung zu Lasten des Reichs darf „nur auf Grund eines Reichsgesetzes erfolgen" (Art. 87). Ein Reichsgesetz ist endlich erforderlich zur Aufhebung und maßgeblichen Auslegung bestehender Reichsgesetze. Neben diesen Fällen der Erforderlichkeit gibt es auch solche der Möglichkeit eines Reichsgesetzes. Ein Reichsgesetz kann erlassen werden auch dort, wo es nicht nötig ist; so könnte die Uniform der Marine, statt durch Dienstbefehl, durch Reichsgesetz bestimmt werden mit der Wirkung, daß eine Abänderung der Uniformordnung nur durch Reichsgesetz möglich wäre.

Bei der Schilderung des Ganges der Gesetzgebung lassen sich eine Reihe von Stufen unterscheiden. Die erste Stufe, die Herstellung des Gesetzentwurfs, liegt noch außerhalb des verfassungsmäßigen Gesetzgebungsverfahrens. Meist wird der Entwurf in einem Reichsministerium ausgearbeitet, doch kann sich auch ein Reichstagsabgeordneter oder eine Landesregierung oder irgend ein Privatmann der Mühe der Ausarbeitung unterziehen. Rechtlich bedeutsam wird erst die zweite Stufe, die man nach ihrem Hauptakt als die Einbringung des Entwurfs im Reichstag bezeichnen kann. Zur Einbringung befugt ist entweder eine Vereinigung von mindestens fünfzehn Reichstagsmitgliedern, also meist eine Fraktion, oder die Reichsregierung nach kollegialer Beschlußfassung. Im zweiten und nur im zweiten Falle bedarf es der vorhergehenden Zustimmung des Reichsrats. Kommt eine Übereinstimmung zwischen der Reichsregierung und dem Reichsrat nicht zustande, so kann die Reichsregierung die Vorlage gleichwohl einbringen, hat aber hierbei die abweichende Auffassung des Reichsrats darzulegen, eine dem Wortlaute nach starke Abweichung von Bismarcks Verfassung, in der sich zwar, wie gezeigt, die Einrichtung der kaiserlichen Initiativanträge ausgebildet hatte, aber doch immer nur als Anträge im Bundesrat und nie als unmittelbare Anträge im Reichstag, und doch tatsächlich-politisch keine sehr starke Abweichung gegen früher, da die Reichsregierung schon vor Mitteilung des Entwurfs an den Reichsrat dessen mutmaßliche Stimmung berücksichtigen, nötigenfalls durch Nachgeben dessen Zustimmung herbeiführen oder aber den Entwurf zurückziehen und ihn nur in verhältnismäßig seltenen Fällen ohne Zustimmung des Reichsrats, sei es auch nur zu einzelnen Paragraphen, dem Reichstag vorlegen wird. Sozialpolitische und wirtschaftspolitische Gesetzentwürfe von grundlegender Bedeutung sollen von der Reichsregierung vor ihrer Einbringung außerdem dem Reichswirtschaftsrat zur Begutachtung vorgelegt werden (Art. 165); dies geschieht, ehe der Entwurf dem Reichsrat zugeht (Gemeinsame GeschO. d. Reichsministerien, Bes. Teil, § 39). Der Entschluß der Reichsregierung zur Einbringung eines Gesetzentwurfs ist entweder frei oder gebunden. In der Regel handelt die Reichsregierung frei, doch gibt es drei Fälle, in denen die Reichsregierung zur Einbringung des Entwurfs gezwungen werden kann: bei sozialpolitischen und wirtschaftspolitischen Gesetzentwürfen von grundlegender Bedeutung durch den Reichswirtschaftsrat, bei allen Gesetzentwürfen durch den Reichsrat, bei allen Gesetzentwürfen außer über den Haushaltsplan, über Abgabengesetze und Besoldungsordnungen durch ein Zehntel der Reichstagswähler im Volksbegehren. Daß man diese drei Gegenstände dem Volksbegehren entzogen hat, hat seinen Grund in der Erfahrungstatsache, daß das seiner Verantwortung nicht bewußte Volk dazu neigt, Ausgaben zu bewilligen, ohne für Deckung zu sorgen. Die Form des Volksbegehrens ist im Gesetz über den Volksentscheid vom 27. Juni 1921 und der Reichsstimmordnung vom 14. März 1924 näher geregelt. Darnach zerfällt das Volksbegehren in ein Zulassungs- und ein Eintragungsverfahren. Der Zulassungsantrag hat den Wortlaut des begehrten Entwurfs zu enthalten und ist schriftlich an den Reichsminister des Innern zu richten. Er bedarf der Unterschrift von 5000 Stimmberechtigten oder der Vorstandschaft einer Vereinigung (wohl meist einer Partei), die glaubhaft macht, daß ihn hunderttausend ihrer stimmberechtigten Mitglieder unterstützen. Der Reichsminister des Innern prüft, ob die gesetzlichen Voraussetzungen erfüllt sind, und entscheidet über den Antrag auf Zulassung. Gibt er ihm statt, so veröffentlicht er ihn im Reichsanzeiger und setzt dabei Beginn und Ende der Eintragungsfrist fest; sie soll in der Regel vierzehn Tage umfassen. Für die Eintragung haben die Antragsteller Vordrucke von Eintragslisten zu beschaffen und an die Gemeindebehörden zu versenden. Die Eintragung selbst geschieht in den einzelnen Gemeinden durch persönliche Eintragung in den Listen. Der Reichswahlausschuß stellt das Eintragungsergebnis im Reiche fest. Das Gesamtergebnis wird vom Reichswahlleiter im Reichsanzeiger veröffentlicht und dem Reichsminister des Innern mitgeteilt. Hat ein Zehntel der Stimmberechtigten gültige Unterschriften für den Entwurf abgegeben, so hat die Reichsregierung unverzüglich den begehrten Gesetzentwurf einzubringen. Auch in diesem Falle ist die Zustimmung des Reichsrats einzuholen.

Der Entwurf unterliegt jetzt der Beratung und Beschlußfassung im Reichstag und hat damit die dritte Stufe erreicht. Nach der GeschO. des Reichstags werden alle Gesetzentwürfe dreimal beraten. Den in dritter Beratung beschlossenen Entwurf übersendet der Reichstagspräsident dem zuständigen Reichsminister. In dem nun folgenden vierten Stadium beschäftigt sich der Reichsrat zum zweiten Male, bei Gesetzentwürfen aus der Mitte des Reichstags zum ersten Male mit dem Entwurfe und macht sich innerhalb zweier Wochen nach der Schlußabstimmung im Reichstag darüber schlüssig, ob er Einspruch erheben soll oder nicht. Nach der Reichsverfassung muß der Einspruch innerhalb der zwei Wochen bei der Reichsregierung eingebracht und spätestens binnen zwei weiteren Wochen mit Gründen versehen werden (Art. 74 Abs. 2). Da ein Mitglied der Reichsregierung den Vorsitz im Reichsrat führt, so konnte die Geschäftsordnung für den Reichsrat bestimmen, daß die Kenntnisnahme vom Einspruch durch den Vorsitzenden als Einbringung des Einspruchs bei der Reichsregierung gelten solle (§ 28 Abs. 2). Gewöhnlich erhebt der Reichsrat keinen Einspruch; er nimmt, wie es jetzt in den Niederschriften heißt, von dem Beschlusse des Reichstags „Kenntnis, ohne Einspruch zu erheben". Tut er es doch, so geht der Entwurf wieder an den Reichstag, der entweder nachgibt oder mit einfacher oder mit Zweidrittelmehrheit bei seinem Beschlusse beharrt. Auf der fünften Stufe des Verfahrens treten der Reichspräsident und das zuständige Mitglied der Reichsregierung in Tätigkeit, indem sie sich über die Ausfertigung des Gesetzes schlüssig machen.

Die Ausfertigung ist äußerlich betrachtet die Unterzeichnung des Gesetzentwurfs durch den Reichspräsidenten mit Gegenzeichnung des Reichskanzlers oder des zuständigen Reichsministers. Nach der Geschäftsordnung der Reichsregierung wird der Entwurf zuerst gegengezeichnet und dann erst dem Reichspräsidenten „zur Vollziehung" vorgelegt (§ 14). Dem Wesen nach aber ist die Ausfertigung eine Beurkundung über das verfassungsmäßige Zustandekommen des Gesetzes, dies war sie ausschließlich im kaiserlichen Deutschland, aus dem sie stammt, dies ist sie im großen und ganzen auch heute. Und doch ist sie rechtlich mehr. Der Reichspräsident hat zwar nie die Wahl zwischen Ausfertigung und Nichtausfertigung, ausgenommen den bisher noch nie vorgekommenen Fall der Dringlichkeitserklärung eines auf Verlangen einer Reichstagsminderheit in der Verkündung auszusetzenden Gesetzes (Art. 72), wohl aber hat er die Wahl zwischen Ausfertigung und Volksentscheid (Art. 73 Abs. 1, 74 Abs. 3). Rechtlich ist also der Reichspräsident in diesem Punkte dem Kaiser überlegen, aber eben nur rechtlich, nicht tatsächlich-politisch. Denn zum Volksentscheid wird es nicht so leicht kommen. Dann aber ist der Reichspräsident sogar weniger frei als früher der Kaiser. Denn für den Kaiser gab es keine Frist zur Ausfertigung, der Reichspräsident aber muß binnen einem Monat, unter Umständen binnen drei Monaten ausfertigen. Diese Pflicht bezieht sich nur auf die „verfassungsmäßig zustande gekommenen Gesetze". Der Ausdruck ist ungenau, da der Gesetzentwurf erst mit der Verkündung Gesetz wird. Auch zählt die Verfassung nicht die Fälle einzeln auf, in denen ein Gesetzentwurf ausfertigungsreif ist. Durch Auslegung gelangt man zu drei Fällen: 1. der Reichstag hat den Entwurf beschlossen, der Reichsrat hat innerhalb zweier Wochen keinen Einspruch erhoben; 2. der Reichsrat hat Einspruch erhoben, der Reichstag hat seinen Beschluß mit Zweidrittelmehrheit aufrecht erhalten; 3. im Volksentscheid hat sich die vorgeschriebene Mehrheit für den Entwurf ausgesprochen. In all diesen Fällen muß der Reichspräsident ausfertigen, im dritten unbedingt, in den beiden andern, wenn er nicht rechtzeitig den Volksentscheid anordnet. Ob einer von den drei Fällen gegeben ist, prüft der Reichspräsident selbständig. Hierbei ist er allerdings, wie man annehmen muß, an gewisse Vorentscheidungen gebunden. So darf er beim Volksentscheid sicher nicht die Feststellung des Abstimmungsergebnisses durch das Wahlprüfungsgericht überprüfen (Ges. v. 27. 6. 21 § 22). So darf er auch nicht die Gültigkeit eines Reichstagsbeschlusses anzweifeln mit der Begründung, er habe sichere Kenntnis davon, daß der Reichstag bei der Abstimmung mit weniger als der Hälfte seiner Mitglieder vertreten gewesen sei; denn diese Frage hat der Reichstagspräsident in unüberprüfbarer Weise vor ihm entschieden.

Gleichzeitig mit der Ausfertigung ordnet der Reichspräsident die **Verkündung** des Gesetzes an. Die Anordnung wird durch das Reichsministerium des Innern unter Zuhilfenahme der Reichsdruckerei ausgeführt. Das Blatt, in dem das Gesetz abgedruckt wird, ist das „Reichsgesetzblatt". Es erscheint seit April 1922 in zwei Teilen, von denen Teil I die für die Allgemeinheit wichtigeren Bestimmungen enthält, ohne daß aber der Abdruck in dem einen oder dem andern Teile auf die Gültigkeit des Gesetzes Einfluß hätte.

Über das **Inkrafttreten** der Reichsgesetze endlich sagt Art. 71, daß sie, soweit sie nichts anderes bestimmen, mit dem vierzehnten Tage nach Ablauf des Tages in Kraft treten, an dem das Reichsgesetzblatt in der Reichshauptstadt ausgegeben worden ist. Die Reichsgesetze können also namentlich ihr sofortiges Inkrafttreten anordnen, ja sogar, wenn sie nicht Strafgesetze sind (Art. 116), sich rückwirkende Kraft beilegen. Ausgegeben aber ist eine Nummer des Reichsgesetzblatts, sobald die ersten Stücke dem Postzeitungsamt Berlin zur Verteilung übergeben sind. Dieser Zeitpunkt wird meist mit dem auf dem Reichsgesetzblatt gedruckten Ausgabevermerk übereinstimmen, aber nicht notwendig, da als Ausgabetag der in der Zukunft liegende, mutmaßliche Ausgabetag aufgedruckt wird, und nicht unbedingt der wirkliche. Kommt es daher in einem Falle auf die Feststellung an, wann das Gesetzblatt wirklich ausgegeben wurde, so entscheidet nicht der Ausgabevermerk, sondern das über die Ausgabe geführte Buch der Reichsdruckerei (vgl. Hartwieg im Arch. d. öff. Rechts Bd. 42 S. 97 ff.).

Der geschilderte Gang der Gesetzgebung gilt mit einigen Ausnahmen auch für **Verfassungsänderungen.** Im Gegensatz zu Amerika gibt es im Deutschen Reiche keinen besonderen Verfassungsgesetzgeber. Reichstag, Reichsrat, Reichspräsident, Reichsregierung und unter Umständen das Reichsvolk sind in gleicher Weise am Zustandekommen einfacher und verfassungsändernder Gesetze beteiligt. Nur das Verfahren ist bei Verfassungsänderungen etwas anders gestaltet als bei gewöhnlichen Gesetzen. Denn es „kommen Beschlüsse des Reichstags auf Abänderung der Verfassung nur zustande, wenn zwei Drittel der gesetzlichen Mitgliederzahl anwesend sind und wenigstens zwei Drittel der Anwesenden zustimmen. Auch Beschlüsse des Reichsrats auf Abänderung der Verfassung bedürfen einer Mehrheit von zwei Dritteln der abgegebenen Stimmen". (Art. 76 Abs. 1). „Hat der Reichstag entgegen dem Einspruch des Reichsrats eine Verfassungsänderung beschlossen, so darf der Reichspräsident dieses Gesetz nicht verkünden, wenn der Reichsrat binnen zwei Wochen den Volksentscheid verlangt" (Art. 76 Abs. 2). Bei Verfassungsänderungen ist also vor allem die Stellung des Reichsrats gestärkt. Er kommt bei Regierungsvorlagen dreimal, bei Reichstagsvorlagen zweimal zu Worte, wenn er Gegner der Verfassungsänderung ist. Die Zweidrittelmehrheit wird für alle der Verfassungsänderung günstigen Beschlüsse gefordert. Bei vollbesetztem Reichsrat (66 Stimmen) bedarf es also einer Mehrheit von 44 Stimmen für die Zustimmung zum Regierungsentwurf oder für die Beschlußfassung über eine Reichsratsvorlage. Einer Mehrheit von 44 Stimmen bedarf es auch für einen Beschluß, keinen Einspruch zu erheben, so daß der Einspruch schon dann als erhoben gilt, wenn sich 23 Stimmen dafür ausgesprochen haben. Daher genügen auch 23 Stimmen, um im letzten Stadium des Verfahrens den Volksentscheid zu erzwingen, oder, da der Reichstag vermutlich dem drohenden Volksentscheid ausweichen wird, um das Gesetz zu Fall zu bringen. Da Preußen über 26 Stimmen verfügt, liegt also, wenn Einigkeit zwischen Regierungsstimmen und Provinzstimmen erzielt wird, das Schicksal einer Verfassungsänderung in der Hand Preußens, sofern es der Verfassungsänderung widerspricht. Über die Abstimmung im Reichstag enthält dessen GeschO., wie gezeigt, jetzt die Vorschrift, der Präsident habe „durch ausdrückliche Erklärung festzustellen, daß zwei Drittel der Mitglieder anwesend sind und wenigstens zwei Drittel der Anwesenden zustimmen“ (§ 98). Dagegen schweigt die Geschäftsordnung über die Frage, was zu geschehen hat, wenn es zweifelhaft ist, ob eine Abänderung der Verfassung vorliegt oder nicht. Bei Regierungsentwürfen glaubt die Gemeinsame Geschäftsordnung der Reichsministerien, Besonderer Teil, § 31 die Schwierigkeit dadurch zu überwinden, daß sie der Reichsregierung zur Pflicht macht, den Gesetzentwurf mit folgender Eingangsformel zu versehen: „Der Reichstag hat das folgende Gesetz beschlossen, das mit Zustimmung des Reichsrats hiermit verkündet wird, nachdem zur Vermeidung von Zweifeln festgestellt ist, daß die Erfordernisse verfassungändernder Gesetzgebung für die §§ . . . . erfüllt sind“. Diese Formel ist unschädlich, wenn sich im Reichstag eine verfassungsändernde Mehrheit für den Entwurf findet, sie führt aber unter Umständen geradezu zu einer Verfassungsverletzung. Da nämlich der Reichstag die Eingangsformel mitbeschließt, so hat er, wenn er die Formel in dritter Beratung angenommen hat, bei der Schlußabstimmung sich und dem Präsidenten des Reichstags die Hände gebunden, da der Präsident jetzt das ganze Gesetz nur dann für angenommen erklären kann, wenn die beiden Zweidrittelmehrheiten vorliegen, eine Gefahr, die auch der Allgemeinheit bei der Abstimmung über das Reichsbahngesetz am 29. August 1924 klar geworden sein dürfte. Eine Verfassungsverletzung liegt aber in dieser Bindung des Reichstagspräsidenten insofern, als die Verfassung nicht nur dann verletzt ist, wenn ein verfassungsänderndes Gesetz mit gewöhnlicher Mehrheit beschlossen wurde, sondern auch dann, wenn ein gewöhnliches Gesetz zu Falle kommt, obgleich die einfache Mehrheit des beschlußfähigen Reichstags dafür gestimmt hatte. Solange der Reichstag an dem Brauche, die Eingangsformel mitzubeschließen, festhält, wird daher in Zweifelsfällen die der Verfassung gemäße Lösung die sein, daß der Reichstag die Eingangsformel ohne Andeutung einer Verfassungsänderung beschließt und daß der Präsident des Reichstags, wenn bei der Schlußabstimmung nur eine einfache Mehrheit für den Entwurf gestimmt hat, etwa folgende bedingte Feststellung trifft: „Das Gesetz ist angenommen, falls es keine Verfassungsänderung enthält, andernfalls ist es abgelehnt“. Die endgültige Entscheidung liegt im Stadium der Ausfertigung beim Reichspräsidenten, der nur die verfassungsmäßig zustandegekommenen Gesetze, die aber außer bei Anordnung des Volksentscheids unbedingt auszufertigen hat. Die dringend erwünschte Zuständigkeit der Staatsgerichtshofs für das Deutsche Reich ist in diesem Falle nicht gegeben. Erforderlich aber sind verfassungsändernde Formen in drei Fällen: zur Änderung der Verfassungsurkunde, überall dort, wo ein verfassungsänderndes Reichsgesetz ausdrücklich vorgesehen ist, wie bei der Aufhebung des Zollausschlusses für Freihäfen (Art. 82 Abs. 4), endlich zur Durchbrechung der Verfassung ohne Erhebung des durchbrechenden Gesetzes zum Verfassungsgesetz, also etwa zur Gestattung der Mehrheitswahl anstelle der Verhältniswahl in einem bestimmten Falle ohne gleichzeitige Änderung des Art. 17. Daß der dritte Fall gesetzestechnisch bedenklich ist, leuchtet ein und es ist verständlich, daß es eine Strömung gibt, die ihn durch eine ausdrückliche Bestimmung der Verfassung unmöglich machen will. Nach geltendem Rechte ist aber eine Verfassungsdurchbrechung unter Umständen sogar durch einen Willensakt des Reichs minderer Art zulässig. So wird der Friede durch gewöhnliches Reichsgesetz geschlossen (Art. 45 Abs. 2). Daraus darf gefolgert werden, daß im Rahmen eines Friedensvertrages Verfassungsdurchbrechungen durch gewöhnliches Reichsgesetz beschlossen werden können, zumal diese Folgerung schon unter Bismarcks Verfassung gezogen wurde, als der Friedensschluß allein vom Kaiser und seinem Kanzler abhing.

Als außerordentliches Organ der Gesetzgebung ist mehrfach das Volk genannt worden. Einen maßgebenden Beschluß über Gesetzesvorlagen faßt das Volk im **Volksentscheid**, d. i. einer der Reichstagswahl nachgebildeten Abstimmung über Annahme oder Ablehnung eines Gesetzentwurfs mit „Ja" oder „Nein". Die Fälle sind in der Verfassung Art. 72—74, 76 genannt und im Gesetz über den Volksentscheid vom 27. Juni 1921 übersichtlich aufgeführt. Beteiligt an der Herbeiführung eines Volksentscheids können sein der Reichspräsident nebst gegenzeichnendem Mitglied der Reichsregierung, der Reichsrat, eine Reichstagsminderheit und ein Bruchteil des stimmberechtigten Volkes. Der Reichspräsident kann mit Gegenzeichnung den Volksentscheid über jedes vom Reichstag beschlossene Gesetz binnen eines Monats nach der Beschlußfassung anordnen. Der Reichsrat ermöglicht den Volksentscheid über diese Frist hinaus, wenn er Einspruch erhebt, und der Reichstag seinen alten Beschluß aufrecht erhält. Geschieht dies mit einfacher Mehrheit, so hat der Reichspräsident innerhalb dreier Monate die Wahl zwischen Fallenlassen des Entwurfs und Anordnung des Volksentscheids über den Gegenstand der Meinungsverschiedenheit; geschieht es mit Zweidrittelmehrheit, so hat er die Wahl zwischen Verkündung und Volksentscheid. Der Reichsrat erzwingt den Volksentscheid bei Verfassungsänderungen. Eine Reichstagsminderheit von einem Drittel der anwesenden Reichstagsmitglieder begünstigt einen Volksentscheid, wenn sie die Aussetzung der Verkündung eines vom Reichstag beschlossenen Entwurfs um zwei Monate verlangt. Allerdings kann der Reichspräsident den Entwurf ungeachtet des Verlangens verkünden, wenn der Entwurf vom Reichstag und vom Reichsrat für dringlich erklärt worden ist. Sonst ermöglicht die Frist von zwei Monaten einen Volksantrag auf Volksentscheid über den beschlossenen Gesetzentwurf. Das Volk nämlich erzwingt den Volksentscheid in zwei Fällen: durch Volksantrag bei beschlossenen Gesetzentwürfen, deren Verkündung in der eben genannten Weise ausgesetzt worden ist, und durch das oben beschriebene Volksbegehren. Der Volksantrag muß durch ein Zwanzigstel, das Volksbegehren durch ein Zehntel der Stimmberechtigten unterstützt sein. Auf Volksantrag — ein Ausdruck, der übrigens in der Verfassung nicht vorkommt — muß ein Volksentscheid unter allen Umständen angeordnet werden, auf Volksbegehren nur dann, wenn der dem Begehren zugrundeliegende Entwurf nicht ohnehin Gesetz wird. Die Verfassung drückt sich allerdings unglücklich aus. „Der Volksentscheid findet nicht statt, wenn der begehrte Gesetzentwurf im Reichstag unverändert angenommen worden ist" (Art. 73 Abs. 3). Man muß ergänzen: „so angenommen worden ist, daß der Reichspräsident in der Lage ist, den Entwurf auszufertigen und zu verkünden", also entweder, ohne daß es zum Einspruch des Reichsrats gekommen wäre, oder so, daß auf Einspruch des Reichsrats der Entwurf im Reichstag nochmals mit Zweidrittelmehrheit beschlossen wurde. Andernfalls ist der Reichspräsident verpflichtet, den Volksentscheid anzuordnen. Das Verfahren beim Volksentscheid ähnelt in allen wesentlichen Punkten der Reichstagswahl, soll daher nicht näher geschildert werden. Nur die Erfordernisse eines gültigen Volksentscheids sind zu erwähnen. Die Regel ist, daß es keine „Beschlußunfähigkeit" des Volkes gibt, daß vielmehr bei noch so geringer Beteiligung ein gültiger Volksentscheid durch einfache Mehrheit der abgegebenen Stimmen zustandekommt. Als einen solchen Regelfall betrachtet aber die Verfassung nur die Annahme eines schon vom Reichstag angenommenen Gesetzentwurfs durch Volksentscheid, gleichgültig, ob es sich um ein gewöhnliches oder ein verfassungsänderndes Gesetz handelt. Soll durch den Volksentscheid ein Beschluß des Reichstags außer Kraft gesetzt werden, so muß sich die Mehrheit der Stimmberechtigten an der Abstimmung beteiligen (Art. 75). Soll auf Volksbegehren durch Volksentscheid eine Verfassungsänderung beschlossen worden, so ist sogar die Zustimmung der Mehrheit der Stimmberechtigten erforderlich (Art. 76 Abs. 1). Dieses offenbare Bestreben der Nationalversammlung, einen Volksentscheid gegen die Volksvertretung möglichst zu verhindern, legt ganz allgemein die Frage nach der politischen Wahrscheinlichkeit eines Volksentscheids nahe. Man muß hierbei die verschiedenen Fälle des Volksentscheids getrennt betrachten. Ganz unwahrscheinlich ist es, daß der Reichspräsident von seiner allgemeinen Befugnis Gebrauch macht, über ein vom Reichstag beschlossenes Gesetz binnen eines Monats nach der Beschlußfassung den Volksentscheid anzuordnen, oder daß er den Volksentscheid anordnet, um ein vom Reichstag nach Einspruch des Reichsrats mit Zweidrittelmehrheit beschlossenes Gesetz zu Fall zu bringen. Denn in beiden Fällen müßte der zuständige, vom Vertrauen des Reichstags abhängige Reichsminister gegen den Reichstag gegenzeichnen. Dem parlamentarischen Regierungssystem würde es eher entsprechen, wenn der Reichspräsident das Volk anriefe, um ein vom Reichstag nach Einspruch des Reichsrats mit einfacher Mehrheit beschlossenes Gesetz durchzudrücken; doch wird der Reichspräsident angesichts der geringen Reichstagsmehrheit das schwerfällige und kostspielige Verfahren des Volksentscheids scheuen. Wahrscheinlicher ist der Fall des Volksantrags gegen ein bereits beschlossenes Gesetz; daß der Reichstag durch einen mißbräuchlichen Dringlichkeitsbeschluß den Volksantrag und damit den Volksentscheid verhindern wird, ist kaum anzunehmen. Beim Volksbegehren dagegen, das an sich nicht unwahrscheinlich ist, wird der Reichstag bei Gefahr eines in gleicher Richtung gehenden Volksentscheids dem Volke den Wind aus den Segeln nehmen und dem Volksbegehren nachgeben; bei einem von einer offenbaren Minderheit ausgehenden Volksbegehren allerdings wird es leicht zu einem, wenn auch negativen, Volksentscheid kommen können. Bei grundlegenden Verfassungsänderungen endlich liegt es durchaus im Bereiche der Möglichkeit, daß der Reichsrat den Volksentscheid gegen den Reichstag erzwingt, doch wird gerade diese vom Reichstag vermutlich als Gefahr empfundene Möglichkeit den Reichstag veranlassen, eine Einigung mit dem Reichsrat zu versuchen.

Wie die Ausführungen über den Gang der Gesetzgebung gezeigt haben, ist das Gesetzgebungsverfahren an eine Reihe von Regeln gebunden. Auch bei peinlicher Gewissenhaftigkeit der Gesetzgebungsorgane ist es möglich, daß die Regeln übertreten werden. Dabei ist es üblich, zwei Arten von Fehlerhaftigkeiten zu unterscheiden: die sog. formelle und die sog. materielle Verfassungswidrigkeit eines Gesetzes. Im ersten Falle ist das gewöhnliche Gesetz unter Außerachtlassung der für die gewöhnliche Gesetzgebung, das als Verfassungsgesetz erkannte Gesetz unter Außerachtlassung der für Verfassungsänderungen vorgesehenen Vorschriften zustande gekommen, im zweiten Falle hat der Gesetzgeber ein einwandfrei zustandegekommenes gewöhnliches Gesetz erlassen, das inhaltlich im Widerspruch mit der Verfassung steht und daher als verfassungsänderndes Gesetz hätte erlassen werden müssen. Ob sich diese Unterscheidung überall halten läßt, bleibe dahingestellt. Jedenfalls ist es eine wichtige Frage, ob die mit der Handhabe der Gesetze betrauten, von dienstlichen Befehlen unabhängigen Staatsorgane und damit die diesen Staatsorganen unterstellten Bürger in der Lage sind, die Gültigkeit derartiger fehlerhafter Gesetze zu prüfen. Da das wichtigste von Dienstbefehlen unabhängige Staatsorgan der Richter ist, ist die Frage bekannt unter dem nicht ganz zutreffenden Namen des richterlichen Prüfungsrechts. Gibt es ein richterliches Prüfungsrecht gegenüber Reichsgesetzen? Die Frage ist nicht beantwortet durch den Hinweis auf Nordamerika, wo es ein solches Prüfungsrecht sicher gibt. Denn der Verfassungsgesetzgeber ist in Amerika ein anderes Organ als der gewöhnliche Gesetzgeber, der gewöhnliche Gesetzgeber hat also eine ähnliche Stellung zum Verfassungsgesetzgeber wie bei uns ein Minister, der eine Verordnung erläßt, zum Gesetzgeber. Eine Parallele kann also nur zwischen der Überprüfung von Reichsverordnungen und amerikanischen Gesetzen gezogen werden und führt zu dem Ergebnis, daß in beiden Fällen ein richterliches Prüfungsrecht besteht, da die Überschreitung der eigenen Zuständigkeit durch Anmaßung der Zuständigkeit eines anderen Organs ganz allgemein nach Gesetz, Rechtsprechung oder Rechtsüberzeugung als ein unerträglicher, der richterlichen Beurteilung unterliegender Fehler gilt, während Verfahrensverletzungen eines an sich zuständigen Organs viel milder gewertet zu werden pflegen. Die Frage ist andererseits auch nicht beantwortet durch den Hinweis auf die schweizerische Eidgenossenschaft, deren Verfassung das richterliche Prüfungsrecht ausdrücklich ausschließt. Denn eine ausdrückliche Bestimmung hierüber fehlt in der Weimarer Verfassung und sollte in ihr auch nicht gegeben werden. Also wird man zunächst prüfen, ob es vor der Revolution im Deutschen Reiche ein richterliches Prüfungsrecht gab. Die Frage ist zu verneinen. Kein einziges Mal hat ein höchstes Gericht es über sich gebracht, einem Reichsgesetze die Anwendung zu versagen, weil es gegen die Verfassung verstieß. Dies hing auch nicht etwa mit der monarchischen Spitze des Deutschen Reichs zusammen, denn das richterliche Prüfungsrecht wurde vom Reichsgericht und vom hanseatischen Oberlandesgericht gerade auch für bremische und hamburgische Gesetze, also in Stadtrepubliken, verneint. Folglich muß man weiter fragen, ob die Weimarer Verfassung gegenüber der Bismarckschen solche für das richterliche Prüfungsrecht wesentlichen Änderungen enthält, daß es geboten wäre, die Prüfung der Gesetze auf ihre Verfassungsmäßigkeit heute zuzulassen. Die Frage ist dahin zu beantworten, daß Verfassungsänderungen heute im Reichsrat und im Reichstag erschwert sind, während früher die Erschwerung nur im Bundesrat lag, daß ferner die Weimarer Verfassung schon durch den Abschnitt über Grundrechte und Grundpflichten die Zahl der nur durch Verfassungsänderung aufhebbaren Bestimmungen gegen früher bedeutend vermehrt hat, daß aber trotzdem entscheidende Änderungen zugunsten des richterlichen Prüfungsrechts fehlen. Auch heute leidet das verfassungswidrige Reichsgesetz nur an einem Verfahrensfehler des an sich zuständigen Gesetzgebers. Sollte daher das richterliche Prüfungsrecht im Gegensatze zu früher eingeführt werden, so mußte eine solch schwerwiegende Änderung ausdrücklich geschehen. Dies geschah nicht, folglich liegt das Prüfungsrecht auch nicht im Willen der Verfassung. Die recht zahlreichen Anhänger des richterlichen Prüfungsrechts meinen, dann hätten die Erschwerungen für Verfassungsänderungen überhaupt keinen Wert. Wäre dies richtig, dann wären alle für die obersten Reichsorgane erlassenen Vorschriften, also auch z. B. die prozeßrechtlichen Vorschriften für das Reichsgericht, wertlos. In Wirklichkeit besteht ihr Wert darin, daß die obersten Organe bestrebt sein werden, die Vorschriften peinlich innezuhalten. Vor allem aber merken die Anhänger des Prüfungsrechtes nicht oder wollen nicht merken, daß sich doch auch die Richter über die Frage der Verfassungsmäßigkeit eines Gesetzes irren und sich auf diese Weise ein ihnen gar nicht zustehendes Vetorecht gegen gewöhnliche Gesetze anmaßen können. Legt man diese recht naheliegende Gefahr auch noch mit in die Wagschale, so bleibt mangels einer ausdrücklichen Bestimmung nichts übrig, als das richterliche Prüfungsrecht zu verneinen.

b) Die Reichsverordnungen. Während mit dem Worte „Reichsgesetz" im formellen Sinne die Vorstellung einer höchsten Willensäußerung des Reichs verbunden wird, sind Reichsverordnungen allgemeine Regeln, die vom Reiche ausgehen, ohne zugleich Reichsgesetze zu sein. Gingen sie nicht vom Reiche aus, so wären die Regeln Landesgesetze oder Landesverordnungen, oder autonome Satzungen (etwa einer Gemeinde). Wenden sich die Regeln an die ganze Bevölkerung oder an einen Teil davon, enthalten sie also Rechtssätze, so nennt man sie Rechtsverordnungen. Dagegen spricht man von Verwaltungsverordnungen oder Verwaltungsvorschriften, wenn die Regel innerhalb der Verwaltung bleibt. Das Hauptbeispiel hierfür bilden die allgemeinen Dienstanweisungen einer höheren Stelle an untergeordnete Behörden oder Beamte, aber auch die Anstaltsordnungen, etwa die Benutzungsordnung einer öffentlichen Bücherei, gehören zu den Verwaltungsvorschriften, da sie nur für den gelten, der sich in den Bereich der Verwaltung begeben hat.

Verwaltungsverordnungen kann jeder höhere dienstliche Vorgesetzte erlassen, vor allem jeder Minister innerhalb seines Bereichs, der Reichspräsident auf dem Gebiete des Wehrwesens. Auch ohne besondere gesetzliche Grundlage konnte daher z. B. der Reichspräsident durch Verordnung vom 29. September 1919 für das Heer das Tragen einer Reichskokarde anordnen, die den Reichsadler auf goldenem Grunde darstellt. Solche allgemeinen dienstlichen Anordnungen werden, wenn sie den Dienststellen nicht im Umdruck zugehen, in den Amtsblättern der verschiedenen Ministerien veröffentlicht, z. B. im Heeresverordnungs-, im Marineverordnungsblatt, im Amtsblatt der Reichsfinanzverwaltung, im Reichssteuer-, Reichszoll-, Reichsverkehrs-, Reichsbesoldungsblatt u. a. m. Handelt es sich um Vorschriften, die für alle Verwaltungszweige einheitlich erlassen werden müssen, wie solche über die nähere Ausgestaltung der Dienstflaggen, die Form des Reichsadlers, so ist zu deren Erlaß die Reichsregierung zuständig. Sie bedarf dazu der Zustimmung des Reichsrats, wenn die Ausführung der Reichsgesetze, zu deren Ausführung die Verwaltungsvorschriften erlassen werden sollen, den Landesbehörden zusteht (Art. 77).

Bei den Rechtsverordnungen pflegt man zu unterscheiden Ausführungsverordnungen, besonders ermächtigte Verordnungen und Verordnungen mit Gesetzeskraft. Auch die Organisationsverordnungen sind Rechtsverordnungen, sofern die durch sie geschaffenen Organe in die Rechtssphäre des Bürgers einzugreifen befugt sind. Schon an anderer Stelle wurde gezeigt, daß solche Organisationsverordnungen vom Reichspräsidenten erlassen werden, da man, wie früher für den Kaiser, so jetzt für den Reichspräsidenten aus dessen Befugnis zur Beamtenernennung die Befugnis zur Organisierung der Reichsbehörden ableitet (vgl. Gemeinsame Geschäftsordnung der Reichsministerien, Bes. Teil, § 65). Die Ausführungsverordnung kann Verwaltungsverordnung und Rechtsverordnung sein. Meist ist sie beides. Ihr eigentümlich ist das Anlehnungsbedürfnis; sie gilt nur im Zusammenhang mit dem Gesetze, zu dem sie erlassen wurde, tritt also ohne weiteres mit Aufhebung des Gesetzes außer Kraft. Während in den monarchischen Staaten die Befugnis zum Erlasse von Ausführungsverordnungen verfassungsmäßig dem Landesherrn zustand, fehlte in Bismarcks Verfassung eine allgemeine Ermächtigung zum Erlasse von Ausführungs-Rechtsverordnungen. Den gleichen Weg geht die Weimarer Verfassung, auch sie enthält keine allgemeine Ermächtigung, sondern überläßt es den einzelnen Gesetzen, zu bestimmen, wer zum Erlasse von Ausführungs-Rechtsverordnungen befugt sein soll. Im Gegensatze zur Ausführungsverordnung steht die sog. besonders ermächtigte Verordnung auf eigenen Füßen, bildet also nicht das Zubehör zu einem bestehenden Gesetze, wenngleich sie immer eine Verfassungsbestimmung oder ein gewöhnliches Gesetz zur Grundlage haben muß. Die wichtigsten besonders ermächtigten Verordnungen des täglichen Lebens sind die Polizeiverordnungen, doch sind dies fast durchweg landesrechtliche Verordnungen. Als reichsrechtliche

Verordnungen seien beispielshalber die Verordnungen genannt, die die Reichsregierung mit Zustimmung des Reichsrats über den Verkehr der Eisenbahnen — Eisenbahnverkehrsordnung — erläßt (Art. 91), oder die Verordnungen über die Post- und Telegraphengebühren (Art. 88). Während die bisher genannten Verordnungen eine Schranke in jedem Reichsgesetze finden, also ungültig sind, wenn sie sich mit einem Reichsgesetze in Widerspruch setzen, überwinden die Verordnungen mit Gesetzeskraft auch diesen Widerstand. An solche, mit dem Geiste des Verfassungsstaates schwer verträgliche Verordnungen ist man im Deutschen Reiche gewöhnt, seit durch Gesetz vom 4. August 1914 der Bundesrat ermächtigt wurde, „während der Zeit des Krieges diejenigen gesetzlichen Maßnahmen anzuordnen, welche sich zur Abhilfe wirtschaftlicher Schädigungen als notwendig erweisen". Das letzte, kaum minder berühmte „Ermächtigungsgesetz" dieser Art war das vom 8. Dezember 1923, durch das die Reichsregierung bis zum 14. Februar 1924 ermächtigt wurde, „die Maßnahmen zu treffen, die sie im Hinblick auf die Not von Volk und Reich für erforderlich und dringend erachtet". Zeitlich zwischen diesen beiden Ermächtigungen steht die des Art. 48 der Reichsverfassung, kraft deren der Reichspräsident, wenn im Deutschen Reiche die öffentliche Sicherheit und Ordnung erheblich gestört oder gefährdet wird, die zur Wiederherstellung der öffentlichen Sicherheit und Ordnung nötigen Maßnahmen treffen kann; bei Gefahr im Verzuge steht die Befugnis, einstweilige Maßnahmen gleicher Art zu treffen, auch den Landesregierungen für ihr Gebiet zu. Damit ist oder war den ermächtigten Stellen u. a. eine Art von Notverordnungsrecht eingeräumt worden. Von den gewöhnlichen Notverordnungen unterscheiden sich die Maßnahmen der Ermächtigungsgesetze und des Art. 48 vor allem dadurch, daß sie auch bei versammeltem Reichstag getroffen werden können, während die typische Notverordnung ein Nichtversammeltsein der Volksvertretung voraussetzt. All diesen außerordentlichen Verordnungen gemein ist, daß sie außer Kraft gesetzt werden müssen, wenn die Volksvertretung es verlangt oder ihre nachträgliche Zustimmung versagt; bei einstweiligen Maßnahmen einer Landesregierung nach Art. 48 Abs. 4 kann auch der Reichspräsident die Aufhebung verlangen. Die Gesetzeskraft der Verordnungen nach Art. 48 oder einem der Ermächtigungsgesetze aber zeigt sich einmal darin, daß sie genügen auch dort, wo ein „Gesetz" erforderlich ist, und daß sie imstande sind, ältere Gesetze aufzuheben oder zu durchbrechen. Dies gilt auch für jene einstweiligen Maßnahmen einer Landesregierung nach Art. 48, auch sie haben die Kraft und Bedeutung von Reichsgesetzen, auch sie sind also imstande, innerhalb des Landes Reichsrecht vorübergehend außer Kraft zu setzen, auf sie findet also der Satz „Reichsrecht bricht Landrecht" keine Anwendung. Allerdings kann einer Landesregierung nicht die Befugnis zugebilligt werden, ein soeben bei Kenntnis der gegenwärtigen Lage erlassenes Reichsgesetz aufzuheben, da hier dem Beschlusse des Reichstags über Annahme des Gesetzes zugleich die Bedeutung eines vorweggenommenen Einspruchs gegen widersprechende einstweilige Maßnahmen einer jeden Landesregierung zukommt. Die Verordnungen haben aber nur Gesetzeskraft, nicht Verfassungskraft, d. h. sie dürfen sich nicht mit Bestimmungen der Reichsverfassung in Widerspruch setzen, es sei denn, daß die Ermächtigung ausdrücklich oder kraft vernünftiger Auslegung auch diese Möglichkeit vorsieht. So kann der Reichspräsident nach Art. 48 Abs. 2 vorübergehend die Grundrechte der persönlichen Freiheit, der Freiheit der Wohnung, des Briefgeheimnisses, der Preßfreiheit, der Vereins- und Versammlungsfreiheit und der Unverletzlichkeit des Eigentums ganz oder zum Teil außer Kraft setzen, nach dem Ermächtigungsgesetz vom 13. Oktober 1923, das dem berühmten vom 8. Dezember 1923 vorausging, konnte ganz allgemein „von den Grundrechten der Reichsverfassung abgewichen werden". Für eine so weit gehende Ermächtigung bedarf es sicher eines Verfassungssatzes oder eines verfassungsändernden Gesetzes. Dagegen ist es bestritten, ob eine gewöhnliche Ermächtigung zu Verordnungen mit Gesetzeskraft, also nicht zu solchen mit Verfassungskraft, ebenfalls nur durch ein verfassungsänderndes, und nicht schon durch ein gewöhnliches Gesetz erteilt werden kann. Nach strenger Rechtslogik genügt ein einfaches Gesetz. Denn unbestrittenermaßen kann ein einfaches Gesetz einzelne Bestimmungen treffen mit der Klausel, daß sie durch Verordnung geändert werden können (z. B. § 6 Einführungsges. zur Zivilprozeßordnung). Es kann auch bestimmen, daß die Gültigkeit des ganzen Gesetzes vom Willen eines Verordnungsorgans abhängig sein soll. Ein einfaches Gesetz kann daher logischerweise noch weiter gehen und alle bisher erlassenen Gesetze bedingungsweise aufheben, nämlich unter der Bedingung, daß die Reichsregierung oder ein sonstiges Reichsorgan es will. Darin läge dann aber die Ermächtigung zu Verordnungen mit Gesetzeskraft. Andererseits widerspricht eine solch unbegrenzte Ermächtigung dem mutmaßlichen Willen der Reichsverfassung, da auf diese Weise die Reichsregierung eine Befugnis ausübt, die die Verfassung in erster Linie dem Reichstag übertragen hat. Aus diesen Erwägungen heraus sind die letzten Ermächtigungsgesetze unter Wahrung der verfassungsändernden Formen erlassen worden.

Über die Verkündung der Rechtsverordnungen wurde nach langen, bis vor die Reichsgründung reichenden Zeiten der Ungewißheit und Unordnung durch das Gesetz vom 13. Oktober 1923 Klarheit geschaffen. Hiernach werden Rechtsverordnungen des Reichs im Reichsgesetzblatt oder im Reichsministerialblatt oder im Deutschen Reichsanzeiger verkündet. Für Rechtsverordnungen in Besoldungsangelegenheiten ist die Verkündung im Reichsbesoldungsblatte, für Rechtsverordnungen der Post- und Telegraphenverwaltung die Verkündung in einem Amtsblatt des Reichspostministeriums ausreichend. Verordnungen auf Grund des Artikels 48 der Reichsverfassung können auch in anderer Weise, also z. B. in den Tageszeitungen, verkündet werden. Auch über das Inkrafttreten der Rechtsverordnungen enthält das Gesetz vom 13. Oktober 1923 Bestimmungen. Während Reichsgesetze im Zweifel am 14. Tage nach der Verkündung in Kraft treten, treten Rechtsverordnungen des Reichs, soweit sie nichts anderes bestimmen, mit dem auf die Verkündung folgenden Tage in Kraft.

Im Gegensatze zum Reichsgesetz unterliegt die Reichsverordnung dem richterlichen Prüfungsrecht. Eine Verordnung, die über die erteilte Ermächtigung hinausgeht oder mit der Verfassung, bei gewöhnlichen Verordnungen auch mit einem Gesetze, im Widerspruch steht, ist ungültig und wird vom Richter nicht angewandt. So wurde die dritte Steuernotverordnung daraufhin geprüft, ob ihr nicht wegen Widerspruchs mit Art. 153 der Reichsverfassung — unzulässige Enteignung der Hypothekengläubiger — die Anwendung zu versagen sei. Aber gerade bei Notverordnungen und ähnlichen Maßnahmen ist es fraglich, ob ihre tatsächlichen Voraussetzungen: das Vorhandensein eines Notstands, einer erheblichen Gefahr, eines dringlichen Falles vom Richter nachgeprüft werden dürfen. Das Ermächtigungsgesetz vom 8. Dezember 1923 hat die Prüfung dieser Voraussetzungen ganz dem pflichtmäßigen Ermessen der Reichsregierung anheimgegeben, denn es ermächtigt die Reichsregierung zu den Maßnahmen, die sie „für erforderlich und dringend erachtet". Aber auch bei den objektiv gefaßten Ermächtigungsklauseln, wie der im Art. 48 der Reichsverfassung, ist anzunehmen, daß sie im Sinne eines grundsätzlich unüberprüfbaren Ermessens des Verordnenden gedeutet werden müssen, zumal schon vor der Umwälzung nach herrschender Ansicht das Vorliegen des Dringlichkeitsfalles ausschließlich von der verordnenden Behörde und nicht vom Richter geprüft wurde. Indessen sträubt sich das Rechtsempfinden gegen ein völlig schrankenloses Ermessen, und so wird man dem Richter die Befugnis zusprechen müssen, das dem Verordnenden an sich eingeräumte freie Ermessen wenigstens auf die Innehaltung der äußersten zulässigen Grenzen zu überprüfen. Was auch der wohlwollendste Beurteiler der Verordnung nicht als eine erhebliche Störung oder Gefährdung der öffentlichen Sicherheit und Ordnung anerkennen kann, das braucht auch der Richter nicht als solche gelten zu lassen.

2. Die Verwaltung.

Die Bestimmung des Artikels 14 der Reichsverfassung, daß die Reichsgesetze durch die Landesbehörden ausgeführt werden, soweit nicht die Reichsgesetze etwas anderes bestimmen, läßt vermuten, daß das Gebiet der reichseigenen Verwaltung nicht so weit reicht wie das der reichseigenen Gesetzgebung. In der Tat liegen wichtige Teile der Verwaltung, namentlich der inneren Verwaltung im weiteren Sinne, fast ausschließlich in den Händen der Landesbehörden. Es gibt eine preußische, eine bayerische, eine sächsische Polizeiverwaltung, aber kaum eine Reichspolizeiverwaltung. Bei andern Verwaltungszweigen hat sich das Reich nur die Einsetzung der höchsten Behörde vorbehalten, während die Einsetzung der mittleren und unteren Behörden Sache der Länder ist. So ist bei der Arbeiterversicherung nur das Reichsversicherungsamt eine Reichsbehörde, die ihm unterstellten Versicherungs- und Oberversicherungsämter sind Landesbehörden. Da das Gerichtsverfassungsgesetz die ordentlichen Gerichte nach dem gleichen Grundsatze geordnet, nämlich die Amtsgerichte, Landgerichte und Oberlandesgerichte als Landesbehörden und nur das Reichsgericht als Reichsbehörde eingesetzt hat, so liegt auch der Schwerpunkt der Justizverwaltung bei den Ländern, während sich die Verwaltungstätigkeit des Reichsministers der Justiz, abgesehen von seinen Zuständigkeiten dem Reichspatentamt gegenüber, wesentlich auf die Mitwirkung bei Ernennung und Zurruhesetzung der Mitglieder des Reichsgerichts, der Reichsanwaltschaft und des Staatsgerichtshofs zum Schutze der Republik, auf die Mitwirkung bei Begnadigungen vom Reichsgericht in erster und letzter Instanz und vom Staatsgerichtshof zum Schutze der Republik Verurteilter und auf Weisungen an die Reichsanwaltschaft beschränkt. Von den klassischen fünf Verwaltungszweigen: der auswärtigen Verwaltung, der Heeres- und Marine-, der Finanz-, der Justizverwaltung und der inneren Verwaltung sind nur die drei ersten Verwaltungszweige in vollem Umfange reichseigen, die auswärtige und die Heeres- und Marineverwaltung ausschließlich, die Finanzverwaltung neben einer solchen der Länder. Außerdem hat das Reich von den Gegenständen der inneren Verwaltung die Post nebst Telegraphie und Fernsprechwesen, die dem allgemeinen Verkehr dienenden Eisenbahnen und die dem allgemeinen Verkehr dienenden Wasserstraßen nebst Zubehör in eigene Verwaltung übernommen. Diese vier Gruppen reichseigener Verwaltungszweige werden in der Verfassung besonders erwähnt und sollen daher im folgenden dargestellt werden. Daneben gibt es noch andere Gegenstände rein reichseigener Verwaltung, wie das Patentwesen, das ausschließlich dem Reichspatentamt, die amtliche Prüfung physikalischer Meßinstrumente, die ausschließlich der physikalisch-technischen Reichsanstalt anvertraut ist. Einen guten Überblick über das Gesamtgebiet der reichseigenen Verwaltung bietet das zuletzt im Herbst 1924 erschienene „Handbuch für das Deutsche Reich", auf das zur Entlastung unserer folgenden Darstellung verwiesen werden kann.

a) Die auswärtige Verwaltung. Die auswärtige Verwaltung umfaßt den Verkehr mit fremden Staaten. Zu ihr gehören die Ernennung und der Empfang von Gesandten, die Ernennung von Konsuln und die Erteilung der Amtsführungserlaubnis (des sog. „Exequatur") an fremde Konsuln, der Abschluß von Staatsverträgen und deren Kündigung, die Kriegserklärung, die Führung des Kriegs, der Friedensschluß und die Vornahme sonstiger tatsächlich oder rechtlich bedeutsamer Handlungen gegenüber einem fremden Staate.

Im Verhältnis zwischen Reich und Ländern ist die auswärtige Verwaltung oder, wie sich Art. 78 ausdrückt, „die Pflege der Beziehungen zu den auswärtigen Staaten" ausschließlich Sache des Reichs. Auch Fragen, die nicht ausdrücklich in der Verfassung genannt sind, wie die Frage, ob ein ausländischer Verbrecher ohne Vorliegen eines Auslieferungsvertrags an eine fremde Regierung ausgeliefert werden soll, werden daher ausschließlich vom Reiche entschieden. Die Länder haben mit der auswärtigen Verwaltung so gut wie nichts zu tun. Sie haben kein aktives und passives Gesandtschaftsrecht, kein aktives und passives Konsularrecht mehr. Wenn trotzdem Frankreich der Münchener Regierung einen Gesandten aufgedrängt hat, so beruht diese Handlung auf einer böswilligen Auslegung der Einleitung zum Versailler Vertrag, nicht auf einer Klausel der Weimarer Verfassung. In jener Einleitung heißt es nämlich: „Mit dem Inkrafttreten des gegenwärtigen Vertrags nimmt der Kriegszustand ein Ende. Von diesem Augenblick an werden ... die amtlichen Beziehungen der alliierten und assoziierten Mächte mit Deutschland und dem **einen oder anderen der deutschen Staaten** wiederaufgenommen" Obgleich diese Bestimmung das Deutsche Reich offenbar nicht hindern kann, ein Einheitsstaat zu werden, also auch nicht, wenigstens in den Beziehungen zum Ausland, sich wie ein Einheitsstaat zu betätigen, so hat dennoch Frankreich sie zum Vorwand genommen, um einen französischen Gesandten nach München zu entsenden. Den Ländern steht ferner nicht das Recht über Krieg und Frieden zu, ebensowenig das Bündnisrecht. Nur das Vertragsrecht ist den Ländern in beschränktem Umfange belassen worden. „In Angelegenheiten, deren Regelung der Landesgesetzgebung zusteht, können die Länder mit auswärtigen Staaten Verträge schließen" (Art. 78 Abs. 2). Doch bedürfen diese Verträge der Zustimmung des Reiches.

Das oberste Organ des Reichs für den völkerrechtlichen Verkehr ist der **Reichspräsident** (Art. 45), der für Gegenzeichnungen auf diesem Gebiete zuständige Minister außer dem Reichskanzler der **Reichsminister des Auswärtigen**. Diesem ist das **Auswärtige Amt** unterstellt. Das Auswärtige Amt gliedert sich in sechs Abteilungen, nämlich eine Personalabteilung (I), eine Rechtsabteilung (V), eine Abteilung für das Deutschtum im Ausland (VI) und drei nach geographischen Gesichtspunkten abgegrenzte Länderabteilungen (II, III, IV). Im Auslande wird das Deutsche Reich bei Abgabe und Entgegennahme völkerrechtlicher staatlicher Willenserklärungen durch **Gesandte**, bei der Wahrnehmung wirtschaftlicher Interessen des Reichs, der Länder und der deutschen Staatsangehörigen durch **Konsuln** vertreten. Die deutschen Gesandten sind je nach ihrer Bedeutung Botschafter, Gesandte i. e. S. oder — z. Zt. selten vorkommend — Ministerresidenten und Geschäftsträger. Die Stellung der Konsuln ist in einem Gesetze vom 8. November 1867 geregelt. Darnach unterscheidet man Berufskonsuln und Wahlkonsuln. Während die Berufskonsuln eine Besoldung aus der Reichskasse beziehen, erhalten die Wahlkonsuln nur die für ihre Amtshandlungen zu erhebenden Gebühren. Der Ausdruck „Wahlkonsul" stammt aus der Zeit, da die sich im Auslande aufhaltenden Inländer, die Fremdenkolonie, aus ihrer Mitte einen Konsul wählten, während heute auch der Wahlkonsul von Berlin aus ernannt wird, allerdings vorzugsweise aus den im Auslande ansässigen deutschen Kaufleuten. Die Konsulate im weiteren Sinne führen je nach ihrer Bedeutung die Bezeichnung Generalkonsulat, Konsulat oder Vizekonsulat und der Vorsteher des Konsulats den entsprechenden Titel. Dagegen ist ein Konsular-Agent der von einem Konsul in seinem Amtsbezirk mit Genehmigung des Reichsministers des Auswärtigen bestellte Privatbevollmächtigte. Über die Zuständigkeit des Konsuls gibt der zweite Abschnitt des Gesetzes vom 8. November 1867 einen anschaulichen Überblick. Er ist vor allem Urkundsperson, kann kraft besonderer Ermächtigung auch als Standesbeamter Ehen schließen, Zeugen vernehmen und Eide entgegennehmen, stellt Pässe aus, unterstützt hilfsbedürftige Deutsche, übt die Polizeigewalt über deutsche Handelsschiffe aus, sorgt für die Wiederergreifung desertierter Schiffsmannschaften und ist auch sonst in Angelegenheiten des Schiffahrtsrechts amtlich tätig.

Wie vorstehende Übersicht über die Organisation der auswärtigen Gewalt zeigt, treten

Reichstag und Reichsrat bei der auswärtigen Verwaltung in den Hintergrund. Auch der Reichsregierung als Kollegium fehlen verfassungsmäßige Befugnisse auf diesem Gebiete. Daher war es ganz richtig, daß sich im August 1924 die in London weilenden Mitglieder der Reichsregierung beim Auftreten neuer Schwierigkeiten an den Reichspräsidenten wandten, und daß nach Zeitungsmeldungen unter dessen Vorsitz ein Kabinettsrat stattfand und nicht eine Sitzung des Rumpfkabinetts ohne Beisein des Reichspräsidenten. Allerdings sind Reichstag und Reichsrat bei der auswärtigen Verwaltung nicht völlig ausgeschaltet. Der Reichstag überwacht die auswärtige Politik des Reichs durch den mit weitgehenden Befugnissen ausgestatteten Ausschuß für auswärtige Angelegenheiten (Art. 35). Auch der Reichsrat bestellt nach seiner Geschäftsordnung einen Ausschuß für auswärtige Angelegenheiten (§ 31), der vom Reichsminister des Auswärtigen zu Beratungen über wichtige Gegenstände der Außenpolitik herangezogen werden soll (RV. Art. 67). Der Reichstag kann durch Annahme eines Mißtrauensvotums die ihm nicht genehme auswärtige Politik des Reichskanzlers und des Ministers durchkreuzen. In den wichtigen Angelegenheiten einer Kriegserklärung und eines Friedensschlusses sind Reichstag und Reichsrat sogar in gleichem Umfange zuständig wie bei der Gesetzgebung. Denn „Kriegserklärung und Friedensschluß erfolgen durch Reichsgesetz" (Art. 45 Abs. 2). Außerdem bedürfen „Bündnisse und Verträge mit fremden Staaten, die sich auf Gegenstände der Reichsgesetzgebung beziehen, ... der Zustimmung des Reichstags" (Art. 45 Abs. 3). Der Sinn dieser Bestimmung ist bei einigem Nachdenken klar. Die Erforderlichkeit eines Reichsgesetzes soll nicht dadurch umgangen werden können, daß das Reich ohne Zustimmung der gesetzgebenden Faktoren durch völkerrechtlichen Vertrag eine Regelung trifft, zu der nach innerem deutschen Staatsrecht nur der Gesetzgeber zuständig wäre. Das Deutsche Reich plant z. B. ein Abkommen über die Staatsangehörigkeit, demzufolge der im Auslande geborene eheliche Sohn eines Deutschen mit der Geburt nicht die deutsche Staatsangehörigkeit erwirbt. Diese Regelung steht im Widerspruch mit dem Reichs- und Staatsangehörigkeitsgesetz vom 22. Juli 1913, folglich wäre für die Regelung ein Reichsgesetz erforderlich, folglich kann auch der Vertrag nur mit Zustimmung des Reichstags und, wie man hinzufügen muß, unter Mitwirkung der übrigen gesetzgebenden Faktoren, insbesondere des Reichsrats, geschlossen werden. Die aus Bismarcks Verfassung übernommene unglückliche Fassung des Art. 45 Abs. 3 läßt beim ersten Lesen die Meinung aufkommen, mit den „Gegenständen der Reichsgesetzgebung" seien die in den Zuständigkeitsartikeln 6—11 genannten Gegenstände gemeint. Man käme dann aber zu dem unmöglichen Ergebnis, daß der Reichspräsident keiner Zustimmung der gesetzgebenden Faktoren bedürfte, wenn er außerhalb der Reichszuständigkeit handelte, etwa die Gebühren der preußischen Staatsbibliothek für Ausländer festsetzte, während hier die Zustimmung offenbar sogar in verfassungsändernder Form nötig ist. Es ist also „Reichs*gesetzgebung*" und nicht „*Reichs*gesetzgebung" zu lesen, wenn man der Bestimmung einen vernünftigen Sinn abgewinnen will.

Der Abschluß von *Staatsverträgen* geht also in der Regel so vor sich: der deutsche Unterhändler — entweder der Minister des Auswärtigen selbst oder ein Mitglied des Auswärtigen Amtes oder ein Gesandter — und der Unterhändler des andern Staates vereinbaren einen Vertragstext. Diese sog. Punktation bindet die beiden Staaten noch nicht oder höchstens in dem Sinne, daß versucht werden soll, den Vertrag rechtsverbindlich zu machen. Hat der Entwurf einen gesetzesnotwendigen Inhalt im Sinne der eben gemachten Ausführungen, so holt der Reichspräsident, wenn er den Entwurf billigt, zunächst die Zustimmung der gesetzgebenden Faktoren ein. Dies geschieht jetzt so, daß auf dem gewöhnlichen Wege der Gesetzgebung dem Reichsrat und dem Reichstag ein Gesetzentwurf des Inhalts vorgelegt wird, dem nachstehend zu veröffentlichenden Abkommen werde zugestimmt. Erst nach endgültiger Annahme dieses Gesetzentwurfs unterzeichnet, „bestätigt", „ratifiziert" der Reichspräsident den Vertrag, erst damit ist der Vertrag von seiten des Reichs „geschlossen". Für das Inkrafttreten des Vertrags ist aber meist nicht schon die Ratifikation maßgebend, sondern erst die Auswechselung der Ratifikationsurkunden. Die früher streitige Frage, ob und wo gesetzesnotwendige Verträge zu veröffentlichen seien, ist durch die jetzt übliche Gesetzesform der Zustimmung gelöst. Die Verträge werden als Anlage zum Zustimmungsgesetz im Reichsgesetzblatt, Teil II, verkündet, und zwar vor dem völkerrechtlichen Inkrafttreten, damit sie sofort mit dem Inkrafttreten ausgeführt werden können. Die Tatsache der Ratifikation und, soweit vorgesehen, der Auswechselung der Ratifikationsurkunden wird im Reichsgesetzblatt später besonders bekannt gemacht.

b) Die Reichswehr. Nach Art. 79 ist die Verteidigung des Reichs Reichssache. „Die Wehrverfassung des deutschen Volkes wird unter Berücksichtigung der besonderen landsmannschaftlichen Eigenarten durch ein Reichsgesetz einheitlich geregelt." Dies Gesetz erging unter dem 23. März 1921 und gilt heute mit den durch Reichsgesetz vom 18. Juni 1921 angeordneten Änderungen. Hinter ihm steht der Friedensvertrag von Versailles, dem es wesentliche Teile seines Inhalts zu verdanken hat.

Die Reichswehr zerfällt in das Reichsheer und die Reichsmarine. Beide Teile sind reichseigen, während bis 1918 nur die Marine unmittelbar und ausschließlich dem Reiche unterstellt war. Die allgemeine Wehrpflicht ist abgeschafft, der Dienst beruht auf freiwilligem Eintritt in die Reichswehr. Mit dem Söldnersystem des dreißigjährigen Krieges hat aber das heutige System nichts gemein, denn alle Angehörigen der Wehrmacht müssen die deutsche Staatsangehörigkeit besitzen. Der Soldat verpflichtet sich auf zwölf Jahre, der Offizier auf 25 Jahre. Die Rechte und Pflichten der Angehörigen der Wehrmacht sind genau geregelt. Gegen früher hat sich ihre Rechtsstellung erheblich gebessert, namentlich können sie ihre vermögensrechtlichen Ansprüche jetzt letzten Endes vor den Gerichten verfolgen, während ihnen bis 1918 nur der Beschwerdeweg offenstand. Die Zahl der Soldaten und Militärbeamten des Reichsheeres beträgt höchstens 100000, darunter 4000 Offiziere und im Offizierrang stehende Militärbeamte, die der Reichsmarine höchstens 15000, darunter 1500 Offiziere und Deckoffiziere. Das Reichsheer gliedert sich in zwei Gruppenkommandos mit dem Standort in Berlin und Kassel, sieben Divisionen, denen ebensoviele Wehrkreiskommandos entsprechen, mit dem Standort in Königsberg, Stettin, Berlin, Dresden, Stuttgart, Münster und München und drei Kavallerie-Divisionen mit dem Standort in Frankfurt a. O., Breslau und Kassel. Die 1.—4. Division und die 1.—2. Kavall.-Division unterstehen dem Gruppenkommando I, die 5.—7. Division und die dritte Kavall.-Division dem Gruppenkommando II. Jede Division besteht aus drei Infanterieregimentern, einem Artillerieregiment, einem Pionierbataillon, einer Nachrichten-, einer Kraftfahr-, einer Fahr- und einer Sanitätsabteilung, die erste und zweite Kavallerie-Division aus je sechs, die dritte aus fünf Reiterregimentern, da das fehlende Reiterregiment 17 dem Wehrkreiskommando VII, d. h. der bayerischen Division, unterstellt ist. Die Reichsmarine besteht aus den Marineteilen zur See und am Lande. Die Flotte wird gebildet aus sechs Linienschiffen, sechs kleinen Kreuzern, zwölf Zerstörern und zwölf Torpedobooten. Oberster Befehlshaber der gesamten Wehrmacht ist der Reichspräsident. „Unter ihm übt der Reichswehrminister Befehlsgewalt über die gesamte Wehrmacht aus. An der Spitze des Reichsheers steht ein General als Chef der Heeresleitung, an der Spitze der Reichsmarine ein Admiral als Chef der Marineleitung" (§ 8 Abs. 2). Angesichts der Arbeiter- und Soldatenräte von 1918 und 1919 war es nicht unnötig, in das Gesetz den an sich selbstverständlichen Satz aufzunehmen: „Die Befehlsführung liegt ausschließlich in der Hand des gesetzmäßigen Vorgesetzten" (§ 8 Abs. 1). Man hat aber aus den Tagen des Umsturzes eine Lehre gezogen und als Sicherheitsventil gegen die Wiederholung von Meutereien die Einrichtung von Vertrauensleuten beibehalten, die für alle

Kommandobehörden und Truppeneinheiten zu wählen sind (§ 9). Als entsprechende Einrichtung bei der Zentralstelle ist die in geheimer Wahl gewählte Heeres- und die ebenso gewählte Marinekammer vorgesehen, die beide dem Reichswehrminister unmittelbar unterstellt sind, also weder vom Chef der Heeresleitung noch vom Chef der Marineleitung Befehle empfangen (§ 10).

Das Programm der Reichsverfassung, Berücksichtigung der landsmannschaftlichen Eigenarten innerhalb der Wehrverfassung, sucht der zweite Abschnitt des Wehrgesetzes zu verwirklichen. Die wesentlichste, dem Art. 16 der Reichsverfassung nachgebildete Bestimmung ist die, daß in den Ländern geschlossene Verbände oder, wo dies nicht möglich ist, kleinere Truppeneinheiten des Reichheeres (z. B. Kompagnien) zu bilden sind, bei denen in der Regel Führer und Beamte dem Lande entstammen und, soweit es der Zustrom an Freiwilligen ermöglicht, auch die Mannschaften. Die Truppen erhalten grundsätzlich in dem Lande ihren dauernden Standort, zu dessen Landsmannschaft sie gehören, auch kommt die landsmannschaftliche Zugehörigkeit in der zur Dienstmütze und zur Feldmütze zu tragenden Landeskokarde und in der Bezeichnung der Truppen zum Ausdruck; so heißt das 13. Infanterie-Regiment „13. (Württembergisches) Infanterie-Regiment", so gibt es ein „II. (Thüringisches) Bataillon 15. Infanterie-Regiments" (VO. v. 19. Mai 1922, Heeres-Verordnungsblatt S. 231). Obgleich die Truppen auf diese Weise rein preußisch, oldenburgisch, badisch, württembergisch zusammengesetzt sein können, bleiben sie doch Reichstruppen. Daher bedurfte es einer besonderen gesetzlichen Bestimmung, die die Landesbehörden ermächtigt, im Falle öffentlicher Notstände oder einer Bedrohung der öffentlichen Ordnung die Wehrmacht um Hilfe zu ersuchen, die nur aus wichtigen militärischen Gründen versagt werden darf. Zur Wahrnehmung der Landesinteressen auf dem Gebiete des Wehrwesens werden auf Verlangen der Länder Landeskommandanten bestellt. Sie werden durch den Reichspräsidenten auf Vorschlag der Landesregierung ernannt und erfüllen ihre Aufgaben neben ihren sonstigen Dienstobliegenheiten. Die Befehlsverhältnisse werden durch die Einrichtung von Landeskommandanten nicht berührt. Praktisch sehr bedeutsam ist die Einrichtung nur für Bayern. Der Landeskommandant in Bayern ist nämlich zugleich Befehlshaber des bayerischen Verbandes. Der bayerische Anteil am Reichsheer aber bildet einen in sich geschlossenen Verband unter einheitlicher Führung, eine Tatsache, die sich in der Unterstellung des 17. Reiterregiments in Bamberg unter die 7. Division bemerkbar macht. Da nun der Landeskommandant auf Vorschlag der Landesregierung ernannt wird, hat die bayerische Regierung einen maßgebenden Einfluß auf die Ernennung des Kommandeurs der 7. Division und damit des Oberbefehlshabers in Bayern. Diese Sonderstellung veranlaßte Bayern, im Herbste 1923 anläßlich der Absetzung v. Lossows ein Mitwirkungsrecht auch bei der Absetzung des Kommandeurs der 7. Division für sich in Anspruch zu nehmen. Das Verlangen war rechtlich unbegründet. In der Vereinbarung zwischen der Reichsregierung und der bayerischen Landesregierung vom Februar 1924, die den Konflikt zwischen Bayern und dem Reiche beilegte, wurde jedoch zugesagt, daß „künftig auch bei der Abberufung des Landeskommandanten mit der bayerischen Regierung ins Benehmen getreten und dabei ihren begründeten Wünschen möglichst Rechnung getragen werden" solle. Die Vereinbarung vom Februar 1924 tritt so ergänzend zu der Vereinbarung vom Mai 1919, die wie jene der strengen juristischen Verbindlichkeit entbehrt und doch tatsächlich-politisch das Verhalten der zuständigen Reichsorgane, insbesondere auch den Inhalt des Reichswehrgesetzes bestimmend beeinflußt hat.

c) **Die Reichsfinanzverwaltung.** Das Reich hat heute im Gegensatz zu früher eine volle, wenn auch nicht ausschließliche eigene Finanzverwaltung. Denn es erhebt jetzt Steuern in ausreichendem Maße und zieht sie durch eigene Finanzbehörden ein, während es früher seinen Bedarf zum Teil durch Umlagen auf die Länder (Matrikularbeiträge) decken und sich bei Erhebung der unzureichenden eigenen Steuern der Landesbehörden bedienen mußte.

Die Ermächtigung zur Einführung umfassender Reichssteuern nahm das Reich aus Art. 8 der Verfassung, demzufolge das Reich die Gesetzgebung über die Abgaben und sonstigen Einnahmen hat, soweit sie ganz oder teilweise für seine Zwecke in Anspruch genommen werden. Das Reich verwirklichte das Programm in der großen Erzbergerschen Finanzreform, die ihm eine Reihe neuer wichtiger Steuern, vor allem die Einkommen-, die Körperschafts- und die Kapitalertragssteuer zu den schon vorhandenen Steuern und Zöllen brachte und ältere Steuern ergiebiger gestaltete. Damit war der wirtschaftliche Bestand der Länder, Gemeinden und Gemeindeverbände gefährdet und so für das Reich die im Art. 8 festgelegte Verpflichtung in Kraft getreten, „auf die Erhaltung der Lebensfähigkeit der Länder Rücksicht zu nehmen". Das Reich kam dieser Verpflichtung durch Verabschiedung des Landessteuergesetzes vom 30. März 1920 nach, das nach Vornahme einer Reihe von Abänderungen als Finanzausgleichsgesetz am 23. Juni 1923 neu verkündet und durch die III. Steuernotverordnung vom 14. Februar 1924 abermals wesentlich geändert wurde. Das Gesetz verbietet zunächst den Ländern, Gemeinden und Gemeindeverbänden die Erhebung von Steuern, die gleichartig mit Reichssteuern sind, und die Erhebung von Zuschlägen zu Reichssteuern. Auch sollen keine Landes- und Gemeindesteuern erhoben werden, die die Steuereinnahmen des Reichs zu schädigen geeignet sind, wenn überwiegende Interessen der Reichsfinanzen entgegenstehen. Anderseits verpflichtet das Gesetz die Länder oder die Gemeinden und Gemeindeverbände zur Erhebung gewisser Steuern, wie Steuern vom Grundvermögen und vom Gewerbebetriebe, Wegeunterhaltungs- und Vergnügungssteuern, oder ermächtigt die Gemeinden und Gemeindeverbände zur Erhebung örtlicher Getränkeverbrauchssteuern neben den bestehenden auf den Getränken ruhenden reichsrechtlichen Abgaben. Da aber die Länder auch so nicht lebensfähig wären, billigt das Gesetz den Ländern Anteile an der Einkommen- und der Körperschaftssteuer, der Grunderwerb-, der Umsatz-, der Kraftfahrzeug-, der Rennwett- und der Börsensteuer zu. Die Gemeinden und Gemeindeverbände erhalten wiederum nach näherer landesgesetzlicher Regelung einen Anteil an den Länderanteilen, außerdem einen unmittelbaren Anteil an der Umsatzsteuer. Endlich können die Länder, Gemeinden und Gemeindeverbände Zuschläge zur Grunderwerbsteuer erheben.

Ebenso einschneidend wie die Steuerreform war die Neuorganisation der Finanzverwaltung. Nach der Reichsverfassung werden die Zölle und Verbrauchssteuern durch Reichsbehörden verwaltet (Art. 83). Die Reichsabgabenordnung vom 13. Dezember 1919, hierin dem Gesetze über die Reichsfinanzverwaltung vom 10. September 1919 folgend, geht aber über den Verfassungssatz weit hinaus, indem sie bestimmt, daß alle Steuern, die ganz oder zum Teil zugunsten des Reichs erhoben werden, von Reichsbehörden zu verwalten sind. Die oberste Leitung steht dem Reichsminister der Finanzen zu. Unter ihm stehen Landesfinanzämter als Oberbehörden und unter diesen Finanzämter mit ihren Hilfsstellen (§ 8). Die Bezirke der Landesfinanzämter sind so bemessen, daß die mittleren Länder, wie Baden, je einen Landesfinanzamtsbezirk bilden, die größeren Länder in mehrere Bezirke zerfallen. Landesbehörden sind die Landesfinanzämter trotz des irreführenden Namens nicht, doch werden Präsident und Abteilungsleiter im Benehmen mit der obersten Landesfinanzbehörde, also meist dem Finanzminister des Landes, ernannt. Es gibt zur Zeit 26 Landesfinanzämter, denen durchschnittlich 30—40 Finanzämter unterstellt sind. Die Landesfinanzämter gliedern sich in zwei Abteilungen, nämlich eine für Besitz- und Verkehrssteuern und eine für Zölle und Verbrauchssteuern. Die Finanzämter sind der ersten Abteilung unterstellt, während die örtlichen Behörden für Zölle und Verbrauchssteuern die Hauptzollämter sind. Das natürliche Bestreben der Finanzbehörden wird sein, möglichst viel Steuern zu erheben.

Dieser als „Fiskalismus" bekannten Sinnesart der Behörden sucht der Gesetzgeber dadurch entgegenzuwirken, daß er kaum irgendwo die Ideale des Rechtsstaats so vollkommen verwirklicht hat wie gerade hier. Diese Ideale sind kurz der Grundsatz der gesetzmäßigen Verwaltung, Förmlichkeit der Verwaltungsakte, Ausschaltung des freien Ermessens und Rechtsschutz des Bürgers durch unabhängige Gerichte. Alle vier Forderungen sind in der Finanzverwaltung erfüllt. Niemand darf zu Steuern herangezogen werden, für die es keine gesetzliche Grundlage gibt, ja ein guter, in den heutigen ungewöhnlichen Zeiten nicht immer innegehaltener Brauch verlangt sogar, daß die Steuern durch das Gesetz selbst genau bestimmt werden und nicht auf Grund gesetzlicher Ermächtigung durch Verordnung. Die Heranziehung zur Steuer im Einzelfall geschieht bei den wichtigsten Steuern durch einen förmlichen Steuerbescheid, der genau angibt, wieviel zu zahlen ist, und bei Abweichung von der Steuererklärung die Gründe für die Abweichung nennt. Bei der Festsetzung der Steuer ist das freie Ermessen der Steuerbehörde so gut wie ausgeschlossen, sie handelt mit richterlicher Gebundenheit, indem sie nur das Gesetz und nicht ihren Willen auf den Einzelfall anwendet. Selbst wo die Behörden im Sinne des Gesetzes die Entscheidung nach ihrem Ermessen zu treffen haben, wie bei Anwendung eines Härteparagraphen, hat die Entscheidung nach Recht und Billigkeit zu erfolgen, d. h. nach einem allgemein anerkannten Maßstab, nicht nach der rein persönlichen Auffassung des entscheidenden Beamten. Dem in seinen Rechten wirklich oder vermeintlich Gekränkten steht endlich der Weg zur unparteiischen richterlichen Entscheidung offen, allerdings nicht im Rahmen der Justizgerichtsbarkeit. Bei Besitz- und Verkehrssteuern entscheidet nach erfolglosem Einspruch beim Finanzamt auf Berufung das dem Landesfinanzamt angegliederte Finanzgericht, das aus zwei beamteten und drei im Ehrenamte tätigen Mitgliedern besteht. Da diese Mitglieder nur „als solche" unabhängig sind, da namentlich die beamteten Mitglieder nur für die Dauer ihres Hauptamtes bestellt werden, also gegen ihren Willen in ein anderes Amt versetzt werden können und damit ihre Stellung als Mitglied des Finanzgerichts verlieren, ist das Finanzgericht kein vollwertiges Gericht nach den Idealen des Rechtsstaats. Noch weniger genügt diesen Idealen die zweite Instanz bei der Anfechtung von Zöllen und Verbrauchssteuern; denn diese Anfechtungsinstanz ist das Landesfinanzamt selbst. Dagegen ist die dritte Instanz für alle Arten von Steuern, der Reichsfinanzhof in München, ein in seiner Organisation vollwertiges Verwaltungsgericht. Denn seine Mitglieder sind ebenso unabhängig gestellt wie die Richter der ordentlichen Gerichte. Er entscheidet auf eingelegte Rechtsbeschwerde, mit der Mangelhaftigkeit des Verfahrens, Rechtswidrigkeit der Entscheidung oder Verstoß der Entscheidung wider den klaren Inhalt der Akten geltend gemacht werden kann. Unrichtigkeit des Akteninhalts kann also nicht behauptet werden, insofern fehlt eine vollwertige richterliche Instanz für die Prüfung der tatsächlichen Verhältnisse.

Die Finanzverwaltung ist an sich Sache der Finanzbehörden, nicht des Gesetzgebers. In einigen wichtigen Fällen aber hat die Verfassung die gesetzgebenden Faktoren mit der Finanzverwaltung betraut: bei der Feststellung des Haushaltsplans und bei der Beschaffung von Geldmitteln im Wege des Kredits sowie der Übernahme einer Sicherheitsleistung zu Lasten des Reiches. Über die Feststellung des Haushaltsplans bestimmt Art. 85, daß alle Einnahmen und Ausgaben des Reichs für jedes Rechnungsjahr veranschlagt und in den Haushaltsplan eingestellt werden müssen. „Der Haushaltsplan wird vor Beginn des Rechnungsjahrs durch ein Gesetz festgestellt". Von gewöhnlichen Gesetzen unterscheidet sich das Gesetz über den Reichshaushalt einmal durch die eben erwähnte zeitliche Gebundenheit, dann durch die Unzulässigkeit von Bepackungen des Gesetzes mit ihm fremden Gegenständen, etwa der Abschaffung der Todesstrafe, ferner durch die Erweiterung der Einspruchsbefugnis des Reichsrats in eine Zustimmungsbefugnis, falls der Reichstag im Entwurfe des Haushaltsplans Ausgaben erhöhen oder neu einsetzen will, endlich dadurch, daß nicht der außerordentlich umfangreiche Haushaltsplan selbst, sondern nur ein kurzer Auszug von ihm im Reichsgesetzblatt verkündet wird. Der rechtlichen Bedeutung nach ist das Gesetz über den Haushalt ein vom Gesetzgeber an den Reichsminister der Finanzen und alle sonstigen in Betracht kommenden Stellen gerichteter Befehl, möglichst nach Maßgabe des Haushaltsplanes zu wirtschaften, vor allem keine Ausgaben zu machen, die im Plane überhaupt nicht vorgesehen sind oder die die vorgesehenen Beträge überschreiten. Rechtssätze für den Bürger enthält das Gesetz über den Haushaltsplan nicht oder höchstens in besonderen Fällen mittelbar, wenn nämlich ein Rechtssatz, etwa ein Besoldungs- oder ein Steuergesetz, auf den Haushaltsplan verweist. Die Reichshaushaltsordnung vom 31. Dezember 1922 drückt diesen Gedanken, daß das Gesetz über den Haushaltsplan nur ein Gesetz im formellen Sinne ist, im § 24 so aus, daß durch den Haushaltsplan Ansprüche dritter oder Verbindlichkeiten dritter weder begründet noch aufgehoben werden. Die früher lebhaft erörterte Frage, was geschieht, wenn das Gesetz über den Reichshaushaltsplan nicht rechtzeitig zustande kommt, hat seit Einführung der parlamentarischen Regierung an Bedeutung verloren, da es so eine „Konfliktszeit" wie im Preußen der sechziger Jahre nicht mehr geben kann. Die Reichsverfassung sieht den Fall nicht vor. Sollte er sich ereignen, so müßten die auf Gesetzen beruhenden Einnahmen weiter erhoben, die auf Gesetzen beruhenden Ausgaben weiter geleistet werden. Im übrigen liegt der Fall ähnlich wie bei Haushaltsüberschreitungen und außerplanmäßigen Ausgaben, die im Falle eines unabweisbaren Bedürfnisses vom Reichsminister der Finanzen bewilligt werden können (ReichshaushO. § 33). Die Innehaltung des Haushaltsplanes wird dadurch gesichert, daß über die Verwendung aller Reichseinnahmen der Reichsfinanzminister in dem folgenden Rechnungsjahr zur Entlastung der Reichsregierung dem Reichsrat und dem Reichstag Rechnung zu legen hat (Art. 86). Dies geschieht in der Weise, daß der Reichsminister der Finanzen die Bemerkungen des Rechnungshofs zur Reichshaushaltsrechnung dem Reichsrat und dem Reichstag mit dem Antrage vorlegt, die Reichsregierung wegen der Reichshaushaltsrechnung zu entlasten (ReichshO. § 108). Wie bei der Feststellung des Haushaltsplans, so ist auch bei der Aufnahme einer Anleihe und der Übernahme einer Sicherheitsleistung zu Lasten des Reichs die Verabschiedung eines Reichsgesetzes unerläßlich; beide Akte „dürfen nur auf Grund eines Reichsgesetzes erfolgen" (Art. 87). Nach § 1 der Reichsschuldenordnung vom 13. Februar 1924 geschieht die Beschaffung von Geldmitteln im Wege des Kredits für das Reich „durch Ausgabe von Schuldverschreibungen oder Schatzanweisungen, Eingehung von Wechselverbindlichkeiten oder Aufnahme von Darlehen gegen Schuldschein". Der Unterschied zwischen Schuldverschreibung und Schatzanweisung ist der, daß die Schatzanweisung einen Anspruch auf Rückzahlung des Kapitals zu einem bestimmten Termine verbrieft, während die Schuldverschreibung einen solchen Anspruch nicht begründet, den Inhaber vielmehr nur zum Gläubiger einer Rente macht. Schuldverschreibungen der Reichsanleihen können in Buchschulden des Reichs auf den Namen eines bestimmten Gläubigers dadurch umgewandelt werden, daß sie in das bei der Reichsschuldenverwaltung zu führende Reichsschuldbuch eingetragen werden (Reichsschuldbuchgesetz vom 31. Mai 1910). Der Gläubiger schützt sich auf diese Weise vor dem Schaden, der durch Abhandenkommen der Urkunde entstehen kann.

d) Verwaltung der Verkehrseinrichtungen. Unter Bismarcks Verfassung gab es eine reichseigene Verwaltung der Post, der Telegraphie und des Fernsprechwesens nur außerhalb Bayerns und — trotz der späteren Briefmarkengemeinschaft — Württembergs, eine reichseigene Verwaltung der Eisenbahnen nur in Elsaß-Lothringen, eine eigene Wasserstraßenverwaltung nur in den Kriegshäfen und im Kaiser-Wilhelm-Kanal. Die Weimarer Verfassung zeigt auch auf diesem Gebiete einen starken Fortschritt zum Unitarismus.

„Das Post- und Telegraphenwesen samt dem Fernsprechwesen ist ausschließlich Sache des Reichs. Die Postwertzeichen sind für das ganze Reich einheitlich“ (Art. 88). Die Post- und Telegraphenverwaltungen Bayerns und Württembergs sollten spätestens am 1. April 1921 auf das Reich übergehen (Art. 170). Dies geschah schon zum 1. April 1920 kraft zweier Verträge, die das Reich mit Bayern und Württemberg unter dem 29./31. März 1920 geschlossen hatte, und denen mit Reichsgesetz vom 27. April 1920 zugestimmt wurde. Beachtung verdient das große Entgegenkommen, das Bayern bei Ausgestaltung des Reichspostministeriums fand. Nach § 4 des mit Bayern geschlossenen Vertrags soll nämlich in München eine Abteilung des Reichspostministeriums errichtet werden, die vom Reichspostminister mit besonderen Befugnissen für den inneren bayerischen Verkehr ausgestattet wird. Nach dem Schlußprotokoll zu § 4 sollen der Vorstand und wenigstens drei Viertel der Mitglieder und Beamten der Abteilung die bayerische Staatsangehörigkeit durch Abstammung besitzen oder durch langjährigen Aufenthalt in Bayern mit den bayerischen Verhältnissen genau vertraut sein. Das gleiche wurde für die Vorstände der in Bayern gelegenen Oberpostdirektionen bestimmt. Seit dem 1. April 1924 wird der Reichs-Post- und Telegraphenbetrieb als ein selbständiges Unternehmen unter der Bezeichnung „Deutsche Reichspost“ vom Reichspostminister unter Mitwirkung eines vom Reichspräsidenten zu ernennenden und teilweise vom Reichstag und Reichsrat vorzuschlagenden Verwaltungsrats verwaltet (Reichspostfinanzgesetz vom 18. März 1924). Die allgemeine Reichskasse leistet keine Zuschüsse mehr, erhält aber nach Ansammlung einer gewissen Rücklage die Reinüberschüsse des Unternehmens.

Einschneidender, weil auf alle Länder mit eigener Staatseisenbahnverwaltung sich erstreckend, war der Staatsvertrag zwischen der Reichsregierung und den Regierungen von Preußen, Bayern, Sachsen, Württemberg, Baden, Hessen, Mecklenburg-Schwerin und Oldenburg vom 31. März bis 29. April 1920 über den Übergang der Staatseisenbahnen auf das Reich, dem durch Reichsgesetz vom 30. April 1920 zugestimmt wurde. Darnach gingen die Staatseisenbahnen der vertragschließenden Länder am 1. April 1920 auf das Reich über. Die Länder wurden in Geld abgefunden. Außerdem enthält der Vertrag eine Reihe von Vorbehalten zugunsten der Länder. So bedarf das Reich zu einer Veräußerung oder Verpfändung der durch den Vertrag erworbenen Eisenbahnen der Zustimmung der Landesregierungen (§ 8). Die Entwürfe des Personenzugfahrplans sind regelmäßig alsbald nach Fertigstellung den beteiligten Ländern zur Mitteilung etwaiger Wünsche zu übersenden. Die unterste Klasse der Personenzüge muß zum mindesten entsprechend der bisherigen Übung in den einzelnen Ländern mit Sitzplätzen ausgestattet sein. Neue Wagen dieser Klasse sollen, soweit nicht für Reisende mit Traglasten Vorsorge zu treffen ist, vollständig mit Sitzplätzen ausgerüstet werden (§ 21). In dieser unscheinbaren Bestimmung hat das süddeutsche Gefühl für Menschenwürde über den norddeutschen Typ des Wagens vierter Klasse gesiegt. Die so übernommenen Reichseisenbahnen sind nach Art. 92 der Reichsverfassung als ein selbständiges wirtschaftliches Unternehmen zu verwalten. Sie sollen also keinesfalls ein Zuschußunternehmen sein, vielmehr, wie dies im Frieden namentlich bei den preußischen Staatseisenbahnen der Fall war, Überschüsse abwerfen. Diese Überschüsse werden aber gemäß den Londoner Vereinbarungen vom August 1924 für Wiedergutmachungen nach dem Versailler Frieden verwandt. Zu diesem Zwecke wurde der Betrieb der Reichseisenbahnen, unbeschadet der Eigentumsrechte des Reichs, einer neuen besonders gestalteten Aktiengesellschaft, der „Deutschen Reichsbahn-Gesellschaft“, übertragen (Reichsbahngesetz vom 30. August 1924).

Die dritte Art von Verkehrseinrichtungen, die das Reich auf Grund der Reichsverfassung übernahm, waren die Wasserstraßen der Länder und die Seezeichen. Es geschah dies zum 1. April 1921 auf Grund des zwischen der Reichsregierung und den Regierungen der

Länder Preußen, Bayern, Sachsen, Württemberg, Baden, Hessen, Hamburg, Mecklenburg-Schwerin, Braunschweig, Oldenburg, Anhalt, Bremen, Lippe, Lübeck und Mecklenburg-Strelitz abgeschlossenen Staatsvertrags, betreffend den Übergang der Wasserstraßen von den Ländern auf das Reich, dem durch Reichsgesetz vom 29. Juli 1921 die Zustimmung erteilt wurde. Nach diesem Vertrage übernahm das Reich 149 in einer Anlage namentlich aufgeführte Binnenwasserstraßen meist des allgemeinen Verkehrs, die Seewasserstraßen der Länder, die zur Erhaltung des Fahrwassers dienenden Anlagen der Länder an den Seeküsten und auf den Meeresinseln, die Seezeichen der Länder und das Lotsenwesen, mit Ausnahme des Hafenlotsenwesens. Schutz- und Sicherheitshäfen waren in den Übergang auf das Reich einbegriffen, nicht aber die Handelshäfen, so daß z. B. Hamburg im Besitze seiner Häfen geblieben ist. Das Reich ist Eigentümer der übernommenen Verkehrseinrichtungen geworden, die Länder wurden in Geld abgefunden, außerdem wurden ihnen einige Vorbehalte bezüglich der Wassernutzungen, der Jagd und der Fischerei zugestanden. Die Übernahme der Wasserstraßen in reichseigene Verwaltung geschah in sehr schonenden Formen. Denn nur die „Verwaltungszuständigkeiten der Landeszentralbehörden hinsichtlich des Baues, der Unterhaltung, des Betriebs und der Verwaltung der auf Grund des Vertrags übergehenden Wasserstraßen einschließlich der Strom- und Schiffahrtspolizei und hinsichtlich der sonstigen auf den Verkehr bezüglichen Befugnisse sowie hinsichtlich der Seezeichen und des Lotsenwesens" gingen mit dem 1. April 1921 auf das Reich über. „Im übrigen erfolgt die einstweilige Verwaltung der Reichswasserstraßen durch die mittleren und unteren Behörden der Länder auf Kosten des Reichs und unter Leitung des Reichsverkehrsministeriums" (§ 11). Selbst die Befugnisse der Landeszentralbehörden sind nicht völlig erloschen (§ 12). Die Vertragschließenden waren sich aber darüber einig, daß der Vertrag den Übergang der Wasserstraßen nur vorläufig und nicht vollständig regelt und der endgültigen Regelung nicht vorgreift. Die notwendigen Ergänzungen und Änderungen werden im Wege weiterer Vereinbarungen getroffen werden. Soweit eine Einigung nicht erzielt wird, entscheidet der Staatsgerichtshof (§ 30).

e) Anhang: Die Reichsbeamten. Reichseigene Verwaltung bedeutet Verwaltung durch Reichsbeamte. Am Schlusse dieses Abschnitts seien daher noch einige Worte über die Reichsbeamten gesagt.

Das Reich braucht für die Erfüllung seiner Aufgaben Menschen, die ihm ihre Arbeitskraft zur Verfügung stellen und ihm treu und gehorsam dienen. Das Reich könnte zu diesem Zwecke Dienstverträge nach dem Bürgerlichen Gesetzbuch schließen und für untergeordnete Dienstleistungen macht es von dieser privatrechtlichen Möglichkeit auch Gebrauch. Für die wichtigeren Aufgaben, namentlich für solche, in denen der Herrscher Staat dem Bürger gegenübertritt, genügt aber das auf gleich und gleich gestellte Dienstverhältnis nicht. Der Staat kann sich nicht der Gefahr eines Streiks seiner Dienstverpflichteten aussetzen, er muß dienstliche Verfehlungen einseitig, ohne vorhergehende Anrufung der ordentlichen Gerichte ahnden können. Andrerseits muß er die Dienstverpflichteten so stellen, daß es für sie keine Zumutung bedeutet, ihr ganzes Wollen und Können zeitlebens dem Staate zur Verfügung zu stellen. Aus diesen Erwägungen heraus ist ein besonderes Beamtenrecht entstanden. Für das Reich hat es in dem vorläufig auch heute noch geltenden Reichsbeamtengesetz vom 17. Mai 1907, einer Reihe von Nebengesetzen und einigen Bestimmungen der Verfassung seinen Niederschlag gefunden.

Die Beamteneigenschaft entsteht mit der Anstellung im Reichsdienste. Zur Anstellung befugt ist, abgesehen von einigen gesetzlich festgelegten Ausnahmen, der Reichspräsident und die von ihm mit der Anstellungsbefugnis ausgestatteten Behörden. Zulässig und, was bestritten ist, gültig ist die Anstellung nur, wenn der Anzustellende damit einverstanden ist.

Die Form der Anstellung ist die Aushändigung einer Anstellungsurkunde. Soweit nicht Widerruf oder Kündigung ausdrücklich vorbehalten wird, gilt die Anstellung auf Lebenszeit. Vor dem Dienstantritt verpflichtet sich der Beamte auf die Erfüllung aller Obliegenheiten des ihm übertragenen Amtes eidlich. Mit der ersten Anstellung pflegt die Übertragung eines bestimmten Amtes zeitlich zusammenfallen. Der von der Reichsfinanzverwaltung übernommene Gerichtsassessor wird nicht zum Regierungsrat schlechthin, sondern zum Regierungsrat am Landesfinanzamt X ernannt. Trotzdem ist die Übertragung eines bestimmten Amtes von der Anstellung im Reichsdienste wohl zu scheiden. Dies zeigt sich, wenn das Amt wechselt oder entzogen wird, das Beamtenverhältnis aber bestehen bleibt. Das Amt wechselt bei unverändertem Beamtenverhältnis im Falle der Versetzung des Beamten in ein anderes Amt. Alle Beamten, außer den Richtern und einigen anderen Arten von Beamten, können ohne, ja gegen ihren Willen in ein anderes gleichwertiges Amt versetzt werden, wenn es das dienstliche Bedürfnis erfordert. Auch bei der Strafversetzung wird der Beamte in ein anderes Amt von gleichem Range versetzt, doch hier mit Verminderung des Diensteinkommens um höchstens ein Fünftel. Das Amt fällt fort bei bestehenbleibender Dienstpflicht in den Fällen der einstweiligen Versetzung in den Ruhestand und der vorläufigen Dienstenthebung. Jeder Reichsbeamte kann unter Bewilligung des gesetzlichen Wartegeldes einstweilig in den Ruhestand versetzt werden, wenn das von ihm verwaltete Amt infolge einer Umbildung der Reichsbehörden aufhört. Ohne diese Voraussetzung können eine Reihe besonders aufgeführter sogenannter politischer Beamten jederzeit auf Wartegeld gesetzt werden. Das Wartegeld beträgt 40—80 v. H. des bei Berechnung des Ruhegehalts zugrunde zu legenden Diensteinkommens. Daß sich der einstweilig in den Ruhestand versetzte Beamte noch im Dienste befindet, zeigt sich in seiner Pflicht, bei Verlust des Wartegeldes ein ihm übertragenes, seiner Berufsbildung entsprechendes Reichsamt anzunehmen; auch sieht das Gesetz ausdrücklich die Möglichkeit einer Dienstentlassung solcher Beamten vor. Ebenso läßt die vorläufige Dienstenthebung des Beamten, auch Suspension vom Amte genannt, das Dienstverhältnis bestehen und nimmt dem Beamten nur die Möglichkeit der Ausübung des ihm übertragenen Amtes. Sie tritt im strafgerichtlichen und im Disziplinarverfahren unter Umständen kraft Gesetzes ein und kann im übrigen von der obersten Reichsbehörde angeordnet werden, sobald gegen den Beamten ein gerichtliches Strafverfahren eingeleitet oder die Einleitung eines förmlichen Disziplinarverfahrens verfügt ist. Während der Suspension wird vom Ablaufe des Monats ab, in welchem sie angeordnet ist, die Hälfte des Diensteinkommens des Beamten innebehalten. Wird der Beamte freigesprochen, so muß ihm der innebehaltene Teil des Diensteinkommens vollständig nachgezahlt werden. Für die endgültige Beendigung des Dienstverhältnisses gibt es eine Reihe von Gründen. Kraft Gesetzes endigt das Dienstverhältnis mit rechtskräftiger Verurteilung des Beamten zu gewissen Strafen, so bei Aberkennung der bürgerlichen Ehrenrechte des Beamten. Im übrigen ist zu unterscheiden die Entlassung und die Versetzung in den Ruhestand. Auf seinen Antrag wird der Beamte ohne weiteres entlassen; wenn kein Fall der Versetzung in den Ruhestand vorliegt, lösen sich mit der Entlassung alle Rechtsbeziehungen zwischen dem Reiche und ihm. Einseitig kann der auf Lebenszeit angestellte Beamte nur in einem förmlichen Disziplinarverfahren entlassen werden. Die entscheidenden Disziplinarbehörden sind in erster Instanz die Disziplinarkammern, in zweiter Instanz der Disziplinarhof. Voraussetzung der Entlassung ist, daß der Beamte die ihm obliegenden Pflichten verletzt hat. In den Ruhestand versetzt wird der Beamte auf seinen Antrag ohne weiteres, wenn er das 65. Lebensjahr vollendet, sonst, wenn er nach einer Dienstzeit von wenigstens zehn Jahren infolge eines körperlichen Gebrechens oder wegen Schwäche seiner körperlichen oder geistigen Kräfte zur Erfüllung seiner Amtspflichten dauernd unfähig ist; im Falle einer Dienstbeschädigung tritt die Pensionsberechtigung auch bei kürzerer als zehnjähriger Dienstzeit ein. Neben dieser freiwilligen gibt es eine zwangsweise Versetzung in den Ruhestand, wenn nämlich der Beamte trotz dauernder Dienstunfähigkeit seine Versetzung in den Ruhestand nicht nachsucht. Das Ruhegehalt besteht in einem von der Zahl der Dienstjahre abhängigen Bruchteil des erdienten Gehalts. Eine gesetzliche Altersgrenze, bei deren Erreichung der Beamte kraft Gesetzes in den Ruhestand tritt, ist für die Reichsbeamten erst durch die Personalabbau-VO. v. 27. Okt. 1923 eingeführt werden. Die Reichsbeamten treten hiernach mit Ablauf des Monats in den Ruhestand, der auf den Monat folgt, in dem sie das 65. Lebensjahr vollendet haben. Die Mitglieder des Reichsgerichts, des Reichsfinanzhofs und des Rechnungshofs des Deutschen Reichs bleiben drei Jahre länger im Amte.

Die **Dienstpflichten** des Reichsbeamten sind entweder durch das Gesetz oder durch Dienstbefehle festgelegt. Gesetzliche Pflichten sind u. a. die Pflicht zur Beobachtung des Dienstgeheimnisses und die Pflicht, ohne Genehmigung der obersten Reichsbehörde kein Nebenamt und keine Nebenbeschäftigung, mit der eine fortlaufende Remuneration verbunden ist, zu übernehmen und kein Gewerbe zu betreiben. Gesetzlich festgelegt ist auch die allgemeine Verpflichtung eines jeden Reichsbeamten, „das ihm übertragene Amt der Verfassung und den Gesetzen entsprechend gewissenhaft wahrzunehmen und durch sein Verhalten in und außer dem Amte der Achtung, die sein Beruf erfordert, sich würdig zu zeigen". In dieser Bestimmung, die von der unbedingten Zuverlässigkeit des Beamten ausgeht, liegt auch die Verneinung eines jeden Streikrechts des Beamten. Neuere Vorschriften endlich verbieten dem Beamten republikfeindliche Betätigungen im Amte (Gesetz vom 21. Juli 1922). Zu diesen Pflichten kraft Gesetzes tritt die Pflicht zum Gehorsam dem dienstlichen Vorgesetzten gegenüber. Ganz wenige Beamte, wie die Richter, sind nur dem Gesetze unterworfen, die meisten haben den Anweisungen ihrer Vorgesetzten zu folgen. Eine Prüfung der Gesetzmäßigkeit solcher Dienstbefehle ist nur in engen Grenzen gestattet, insbesondere braucht der Dienstbefehl zur Begehung einer strafbaren Handlung nicht ausgeführt zu werden und darf es nicht. Gewährleistet werden die Dienstpflichten durch **Disziplinarstrafen**, die je nach der Erheblichkeit des Dienstvergehens und mit besonderer Rücksicht auf die Führung des Beamten über ihn verhängt werden. Die Disziplinarstrafen bestehen in Ordnungsstrafen und der Entfernung aus dem Amte. Ordnungsstrafen sind Warnung, Verweis und Geldstrafe, die Entfernung aus dem Amte ist entweder Strafversetzung oder Dienstentlassung. Die Ordnungsstrafen werden von den Dienstvorgesetzten verhängt, der Entfernung aus dem Amte muß ein förmliches Disziplinarverfahren vor der zuständigen Disziplinarkammer, in zweiter Instanz vor dem Disziplinarhof vorhergehen.

Die **Rechte des Beamten** sind Ehrenrechte und vermögensrechtliche Ansprüche. Auch das Recht, nicht anders als unter den gesetzlichen Voraussetzungen und in den gesetzlichen Formen des Amtes enthoben oder in den Ruhestand versetzt oder aus dem Dienste entlassen zu werden, ist zu den Rechten des Beamten zu zählen. Zu den Ehrenrechten gehört vor allem das Recht zur Führung der dem Beamten zukommenden **Amtsbezeichnung**. Obgleich die Reichsverfassung im Art. 109 Abs. 4 die Verleihung reiner Ehrentitel verbietet, läßt sie doch die Amtsbezeichnungen ausdrücklich zu. Wenn für eine Klasse von Reichsbeamten Uniformen eingeführt sind, gehört auch das **Tragen der Uniform** nicht nur zu den etwaigen Pflichten, sondern auch zu den Rechten der Beamten. Das Reichsbeamtengesetz (§ 17) sieht auch noch vor, daß durch Verordnung der **Rang** der Reichsbeamten bestimmt wird. Die Tragweite einer von allen Gehaltsunterschieden losgelösten Rangordnung ist jedem gegenwärtig, der mit militärischen Gepflogenheiten vertraut ist: der Rangältere wird zuerst gegrüßt, geht rechts oder in der Mitte, hat im Bedarfsfalle Befehlsbefugnisse u. dgl. Bei Zivilbeamten tritt die Bedeutung des reinen Rangunterschieds zurück, doch ist es auch hier

z. B. bei Festlichkeiten für die Anweisung von Sitzplätzen oder von Plätzen im feierlichen Aufzug zur Vermeidung von Kränkungen unerläßlich, auf den dem Beamten zukommenden Rang Rücksicht zu nehmen. Die wesentlichen Rechte des Berufsbeamten sind aber vermögensrechtlicher Art. Der Beamte bezieht als Besoldung ein Grundgehalt, das nach Besoldungsgruppen und innerhalb der Gruppe nach dem Dienstalter abgestuft ist. Minister und einige andere höhere Beamte erhalten vom Dienstalter unabhängige Einzelgehälter. Zum Grundgehalt tritt ein nach Ortsklasse und Grundgehalt abgestufter Wohnungsgeldzuschuß (Ortszuschlag). Eine Neuerung gegen die Zeit vor 1918 ist es, daß der verheiratete Beamte eine Frauenbeihilfe und daß der Beamte, wenn er Kinder hat, nach dem Alter der Kinder abgestufte Kinderzuschläge erhält. Frauenbeihilfe und Kinderzuschläge sind für alle Beamten gleich hoch. Stirbt ein planmäßiger Beamter, so erhalten seine Hinterbliebenen für das auf den Sterbemonat folgende Vierteljahr noch die volle Besoldung des Verstorbenen, das sogenannte Gnadenvierteljahr. Nach Ablauf dieser Zeit erhält die Witwe, wenn der Verstorbene im Falle der Versetzung in den Ruhestand ruhegehaltsberechtigt war oder gewesen wäre, Witwengeld, die Kinder erhalten Waisengeld. Für die Geltendmachung all dieser vermögensrechtlichen Ansprüche steht der Rechtsweg vor den ordentlichen Gerichten offen. Die Entscheidung der obersten Reichsbehörde muß aber der Klage vorhergehen und die Klage bei Verlust des Klagerechts innerhalb sechs Monaten, nachdem dem Beteiligten die Entscheidung jener Behörde bekannt gemacht worden ist, erhoben werden (Reichsbeamtengesetz § 150). Da die Bestimmung den Rechtsweg nur verzögert, nicht ausschließt, gilt sie auch heute noch; denn sie steht mit Art. 129 der Reichsverfassung, demzufolge für die vermögensrechtlichen Ansprüche der Beamten der Rechtsweg offen steht, nicht im Widerspruch.

II. Verfassung und Verwaltung der Länder.

A. Verfassung.

Die Umwälzung von 1918 fand in den deutschen Einzelstaaten drei Typen von Staatsformen vor: in den beiden Mecklenburg die ständische Monarchie, in den drei Hansestädten die Republik und in den übrigen Staaten die konstitutionelle Monarchie. Hätte es noch irgendwo die absolute Monarchie gegeben, dann wäre die typische Verfassungsentwicklung der deutschen Einzelstaaten dem Betrachter mit noch größerer Deutlichkeit veranschaulicht worden, als dies ohnehin der Fall war. Sieht man nämlich von den drei Hansestädten ab, bei denen nur der Zug von der Aristokratie zur Demokratie beobachtet werden kann, so ging die typische Entwicklung von der ständischen Monarchie zur absoluten und von der absoluten zur konstitutionellen oder auch, wie in Sachsen und Braunschweig, unmittelbar von der ständischen Monarchie zur konstitutionellen. Nur die beiden Mecklenburg waren in der ständischen Monarchie stecken geblieben. In der ständischen Monarchie stehen sich der Landesherr auf der einen Seite, die Landstände, insbesondere die Großgrundbesitzer, auf der anderen Seite als nahezu gleich berechtigte Parteien gegenüber. Der Gedanke, daß beide Teile nur Organe eines und desselben Rechtssubjekts, des Staates, sind, ist der ständischen Monarchie mit dem ihr eigentümlichen „Dualismus" der Machthaber fremd. Das Aufkommen stehender Heere und eines wohlgeschulten Beamtentums, die Einführung indirekter, der ständischen Bewilligung nicht unterliegender Steuern, das landesherrliche Kirchenregiment in den evangelischen Territorien, der Zauberklang des von Frankreich kommenden Wortes „Souveränität", der Glanz des Sonnenkönigs Ludwigs XIV. wirkten zusammen, um dort, wo der Landesherr eine energische Persönlichkeit war, dessen Macht auf Kosten der Stände zu heben. Wenn es dem Landesherrn gelang, die Rechte der Stände ganz zu beseitigen und allein zu regieren, dann hatte er, wie Friedrich Wilhelm I. von Preußen, seine „Souveränität stabiliert" und damit den ständischen Staat durch den absoluten abgelöst. Preußen blieb über Friedrich den Großen, über die Freiheitskriege hinweg bis in die Mitte des 19. Jh.s ein absoluter Staat. Erst 1848 bekam es eine vorläufige, erst 1850 seine endgültige Verfassung. Die süddeutschen Staaten wandelten sich schon früher, bald nach den Freiheitskriegen, zu Verfassungsstaaten, Bayern und Baden 1818, Württemberg 1819 und Hessen 1820. Auf andere Staaten mußte erst die französische Julirevolution einwirken, ehe eine neuzeitliche Verfassung zustande kam; so erhielt Sachsen eine Verfassung 1831, Hannover 1833, Kurhessen 1831, Braunschweig 1832. Oldenburg und Anhalt wurden etwa gleichzeitig mit Preußen Verfassungsstaaten. So vielfachen Änderungen auch diese und andere Verfassungen deutscher Staaten bis 1918 unterworfen waren, so blieb doch durchweg der Grundton des monarchischen Prinzips bestehen. Der Schwerpunkt der Staatsgewalt lag beim Landesherrn als dem höchsten Organe des Staates. Auch der Landtag war Staatsorgan, doch übte er nur die Befugnisse aus, die ihm von der Verfassung ausdrücklich zugewiesen waren, während der Landesherr im Zweifel alle Zuständigkeiten des Staates in sich vereinigte. Die Person des Landesherrn war heilig und unverletzlich, dafür bedurften alle seine Regierungsakte, zu denen man aber jedenfalls in Preußen die Akte der militärischen Kommandogewalt nicht rechnete, der Gegenzeichnung eines Ministers. Der Minister konnte aber, wenn er das Vertrauen des Landtags verloren hatte, nicht zum Rücktritt gezwungen werden. Es war sogar Brauch, einen an sich zum Rücktritt entschlossenen Minister, der sich im Landtage unbeliebt gemacht hatte, noch eine Zeitlang zu halten, damit man ja nicht auf den Gedanken kam, er sei mit Rücksicht auf die Stimmung der Volksvertretung zurückgetreten.

Dem Umsturz vom November 1918 fielen auch die Landesverfassungen zum Opfer. Arbeiter- und Soldatenräte bildeten sich in den Ländern wie im Reiche. Aber auch in den Ländern wurden Volksvertretungen berufen, die dem Lande eine Verfassung gaben. Die erste endgültige Verfassung nach dem Umsturz war die badische v. 21. März 1919, die späteste die von Mecklenburg-Strelitz v. 24. Mai 1923. Zwischen beiden liegt die Weimarer Verfassung, die im Art. 17 bindende Grundsätze für die Landesverfassungen aufgestellt, auch sonst in das Landesverfassungsrecht eingegriffen hat. Die Folge davon ist eine große Gleichmäßigkeit der Landesverfassungen. Es kann daher nicht unsere Aufgabe sein, die Landesverfassungen einzeln so genau darzustellen wie die Weimarer Verfassung, vielmehr genügt die Hervorhebung einiger Eigentümlichkeiten in den Verfassungen der acht größten deutschen Länder. Da von den drei Staatselementen das Staatsvolk durch das Reichs- und Staatsangehörigkeitsgesetz eine reichsrechtliche Regelung erfahren hat, braucht von ihm nicht mehr gesprochen zu werden. Bei der Regelung der Gebietshoheit in den Ländern war von den Landesverfassungen zu bestimmen, ob zu Gebietsveränderungen ein einfaches Gesetz genügt oder ein verfassungsänderndes Gesetz nötig ist. Preußen und Thüringen haben sich für die erste Möglichkeit entschieden, Bayern und Sachsen z. B. für die andere. Auch diese Frage soll uns nicht weiter beschäftigen. So bleibt nur noch übrig die Organisation der höchsten Staatsgewalt und deren Betätigung in Gesetz und Verordnung.

1. Preußen. Wie vordem so auch heute ist Preußen das bei weitem größte unter den deutschen Ländern. Ob seine Sendung erfüllt ist, nachdem es unter Friedrich dem Großen die norddeutsche Großmacht geworden war, 1813—1815 im Verein mit den Verbündeten Napoleon niedergeworfen, 1866—1871 unter Bismarck und Wilhelm I. das Deutsche Reich geschaffen hat, kann nur die Zukunft lehren. Auch heute noch spiegelt sich die Größe des Landes in einem nur ihm eigentümlichen Organe: dem Staatsrat. Nach Art. 31 der Verfassung vom 30. November 1920 wird „zur Vertretung der Provinzen bei der Gesetzgebung und Verwaltung des Staates ... ein Staatsrat gebildet". Die Einrichtung erinnert schon nach dem Wortlaut der Bestimmung an den Reichsrat, dem Staatsrat in der Tat vielfach nachgebildet ist. Als Provinz gilt auch die Stadt Berlin. Auf je 500000 Einwohner einer Provinz, denen bei Resten eine Zahl von mehr als 250000 Einwohner gleich gerechnet wird, entfällt ein Vertreter, jedoch entsendet jede Provinz mindestens drei Vertreter in den Staatsrat. Wahlkörper sind die Provinziallandtage, in Berlin die Stadtverordnetenversammlung, in den Hohenzollernschen Landen und in der Grenzmark die Kommunallandtage. Gewählt wird nach dem d'Hondtschen Verhältniswahlsystem. Die Staatsratmitglieder stimmen, wie die preußischen Provinzialvertreter im Reichsrat, frei ab. Den Vorsitzenden wählt der Staatsrat, im Gegensatze zum Reichsrat, selbst. Die Mitglieder des Staatsrats üben ihr Amt bis zum Eintritt ihrer Nachfolger aus, die unmittelbar nach der Neuwahl der Provinziallandtage, der Stadtverordnetenversammlung, der Kommunallandtage neu gewählt werden.

Der Schwerpunkt der Staatsgewalt liegt aber in dem vom Volke nach dem automatischen Verhältniswahlsystem gewählten **Landtag**. Auf 40000 Stimmen kommt ein Abgeordneter. Der Landtag wird, wie der Reichstag, auf vier Jahre gewählt, doch sind die Auflösungsmöglichkeiten beim Landtag andere als beim Reichstag. Der Auflösung des Reichstags durch den Reichspräsidenten entspricht allein die Auflösung des Landtags durch Beschluß eines aus dem Ministerpräsidenten und den Präsidenten des Landtags und des Staatsrats bestehenden Ausschusses. Außerdem kann sich der Landtag, wenn mehr als die Hälfte der gesetzlichen Mitgliederzahl dafür ist, durch eigenen Beschluß auflösen. Endlich kennt die Verfassung eine Auflösung des Landtags durch Volksentscheid. Den Anstoß hierzu gibt entweder ein Beschluß des Staatsrats oder ein Volksbegehren, das von einem Fünftel der Stimmberechtigten gestellt wird. Im letzteren Falle ist also das aus Amerika stammende Rückberufungsrecht (Recall) in Preußen geltendes Recht geworden. Die Geschäftsordnung des Landtags zeichnet sich, was hier zum Zwecke der Kenntnis einiger Fachausdrücke erwähnt sein mag, vor der des Reichstags durch Verdeutschung einiger Fremdwörter — „Eingabe" statt Petition, „Große Anfrage" statt Interpellation — aus und enthält auch einige sachliche Abweichungen, so den Zwang zur Schriftform bei der Wortmeldung zur Sache, so die Verpflichtung des Landtagspräsidenten, das erbetene Wort zur Geschäftsordnung jederzeit zu erteilen. Die Zuständigkeiten des Landtags entsprechen im großen und ganzen denen des Reichstags, doch hat der Landtag einen größeren Einfluß auf die Staatsverwaltung als der Reichstag, da es ihm zukommt, durch einfachen Beschluß ohne Gesetzesform die Grundsätze für die Verwaltung der Staatsangelegenheiten aufzustellen und deren Ausführung zu überwachen (Art. 29).

Die „oberste vollziehende und leitende Behörde des Staates" ist das **Staatsministerium** (Art. 7). Es besteht aus dem Ministerpräsidenten und den Staatsministern, d. h. zur Zeit dem Finanzminister, dem Minister für Handel und Gewerbe, dem Minister des Innern, dem Justizminister, dem Minister für Landwirtschaft, Domänen und Forsten, dem Minister für Volkswohlfahrt und dem Minister für Wissenschaft, Kunst und Volksbildung. Der Landtag wählt ohne Aussprache den Ministerpräsidenten. Der Ministerpräsident ernennt die übrigen Staatsminister. Das Verhältnis des Ministerpräsidenten zu den Staatsministern ist etwa das des Reichskanzlers zu den Reichsministern. Die Zuständigkeit des Staatsministeriums als kollegialer Behörde muß aber verhältnismäßig umfassender sein als die der kollegialen Reichsregierung, da es in Preußen so wenig wie in den anderen Ländern einen dem Reichspräsidenten entsprechenden Landespräsidenten gibt. So ist es das Staatsministerium, das den Staat nach außen vertritt, die unmittelbaren Staatsbeamten ernennt, das Recht der Begnadigung namens des Volkes ausübt. Es beschließt entsprechend der Reichsregierung über die dem Landtag zu machenden Gesetzesvorlagen und hat, wie noch zu zeigen sein wird, eine umfassende Verordnungsbefugnis. Die Ministeranklage vor dem Staatsgerichtshof ist ähnlich geregelt wie im Reiche, die Möglichkeit eines zum Sturze des Staatsministeriums oder eines einzelnen Staatsministers führenden Mißtrauensvotums des Landtags erschwert. Der Antrag auf Entziehung des Vertrauens muß nämlich von mindestens dreißig Abgeordneten unterzeichnet sein. Über den Antrag darf frühestens am zweiten Tage nach seiner Besprechung abgestimmt werden, es wird namentlich abgestimmt, und der Beschluß auf Entziehung des Vertrauens ist nur wirksam, wenn ihm mindestens die Hälfte der Abgeordneten zustimmt, aus denen zur Zeit der Abstimmung der Landtag besteht. Der Beschluß ist aber nicht zulässig, wenn ein rechtswirksames Volksbegehren vorliegt, den Landtag aufzulösen, und er verfehlt dem Ministerpräsidenten gegenüber seine Wirkung, wenn dieser von seiner Befugnis, die Auflösung des Landtags zu beantragen, Gebrauch macht und mit seinem Antrag durchdringt (Art. 57).

Der Gang der **Gesetzgebung** ist in Preußen ähnlich geregelt wie im Reiche. Soweit das Gesetz nicht als Urantrag aus der Mitte des Landtags eingebracht wird, steht die Einbringung dem Staatsministerium zu, das aber zuvor dem Staatsrat Gelegenheit zur gutachtlichen Äußerung geben muß. Außerdem sind der Staatsrat und im Falle des Volksbegehrens ein Zwanzigstel aller Stimmberechtigten befugt, Gesetzesvorlagen durch das Staatsministerium an den Landtag zu bringen. Gegen die vom Landtag beschlossenen Gesetze steht dem Staatsrate der Einspruch zu. Wenn der Landtag seinen früheren Beschluß mit Zweidrittelmehrheit erneuert, so bleibt es bei seinem Beschlusse. Bei einfacher Mehrheit wird der alte Beschluß hinfällig, falls er nicht — eine wichtige Abweichung von der Reichsverfassung — durch einen vom Landtage herbeigeführten Volksentscheid bestätigt wird. Das verfassungsmäßig zustandegekommene Gesetz wird vom Staatsministerium in der Preußischen Gesetzsammlung verkündet. Ob es vom Richter auf seine Verfassungsmäßigkeit geprüft werden darf, ist zweifelhaft. Der Wortlaut des Art. 61 spricht dafür, die Absicht des Verfassungsgesetzgebers ging aber dahin, den Richter nur prüfen zu lassen, ob das Gesetz wirklich vom Landtage oder durch Volksentscheid beschlossen wurde, nicht aber, ob die Beschlüsse in der vorgeschriebenen Weise zustandegekommen sind.

Dem Staatsministerium steht eine umfassende Befugnis zum Erlasse von **Verordnungen** zu. Es erläßt Ausführungsverordnungen, soweit das Gesetz diese Aufgabe nicht einzelnen Staatsministern zuweist (Art. 51), und Organisationsverordnungen. In beiden Fällen ist der Staatsrat oder dessen zuständiger Ausschuß zu hören (Art. 40). Es erläßt alle Verordnungen, die nach den früheren Gesetzen, Verordnungen und Verträgen, nicht aber der früheren Verfassungsurkunde, vom Könige zu erlassen waren (Art. 82). Es erläßt endlich bei nichtversammeltem Landtage in Übereinstimmung mit dem ständigen Ausschuß des Landtags Notverordnungen, die der Verfassung nicht zuwiderlaufen, mit Gesetzeskraft. Diese Verordnungen sind dem Landtage bei seinem nächsten Zusammentritte zur Genehmigung vorzulegen. Wird die Genehmigung versagt, so ist die Verordnung durch Bekanntmachung in der Gesetzsammlung alsbald außer Kraft zu setzen (Art. 55). Über die Verkündung von Rechtsverordnungen sind erst durch das Gesetz vom 9. August 1924 zusammenfassende Bestimmungen getroffen worden. Darnach werden die Notverordnungen nach Art. 55 stets in der Gesetzsammlung verkündet. Im übrigen werden Rechtsverordnungen des Staatsministeriums oder einzelner Staatsminister wahlweise in der Gesetzsammlung oder im Preußischen Staatsanzeiger oder in einem der Ministerialblätter verkündet. Für Rechtsverordnungen in Besoldungsangelegenheiten ist die Verkündung im Preußischen Besoldungsblatt ausreichend.

Giese-Volkmann, Die preußische Verfassung, 1921; **Arndt**, Die Verfassung des Freistaats Preußen, 1921; **Waldecker**, Die Verfassung des Freistaates Preußen, 1921; **Stier-Somlo**, Die Verfassung des Freistaats Preußen, 1921; **derselbe**, Das preußische Verfassungsrecht, 1922;

derselbe, Sammlung preußischer Gesetze staats- und verwaltungsrechtlichen Inhalts, 1921; Vogels, Grundriß des neuen Landesstaatsrechts, 1922; Preuß im Jahrb. d. öff. Rechts, X, 1921, S. 222ff.; Huber, Die Verfassung des Freistaats Preußen, 1921.

2. Bayern. Die Verfassungsurkunde des Freistaates Bayern wurde vom bayerischen Landtag am 12. August 1919 beschlossen und unter dem Datum des 14. August 1919 verkündet. Mit ihr beginnt die Reihe der auf dem reinen Einkammersystem aufgebauten Verfassungen. Eine dem preußischen Staatsrat verwandte Einrichtung fehlt. Im einzelnen enthält sie eine Anzahl bemerkenswerter Eigentümlichkeiten. Das Volksbegehren kann wie in Preußen auch auf Auflösung, außerdem aber auch auf Einberufung des Landtags gerichtet werden. Der Landtag wird in acht Wahlkreisen nach dem verbesserten Hareschen System gewählt. Darüber hinaus werden den einzelnen Parteien nach dem System Hagenbach-Bischoff im Verhältnis ihrer Stärke im ganzen fünfzehn Landesabgeordnetensitze zugewiesen, die von den Parteiführern nach freier Wahl an irgendwelche Personen vergeben werden, die auf einem Wahlvorschlag standen, aber nicht gewählt wurden. Wie in Preußen kann sich der Landtag selbst auflösen. Die „oberste vollziehende und leitende Behörde des Staates" heißt „Gesamtministerium" (§ 4). Der Landtag wählt den Ministerpräsidenten. Dieser unterbreitet dem Landtag eine Vorschlagsliste für die übrigen Ministerien und besetzt sie im Einverständnisse mit dem Landtag. Bedenkt man hierbei, daß eine Vorschrift fehlt, der zufolge der Ministerpräsident die Richtlinien der Politik zu bestimmen hätte, so merkt man deutlich, daß die Stellung des bayerischen Ministerpräsidenten schwächer ist als die des preußischen und die des Reichskanzlers. Im Gesetzgebungsverfahren geht das Volksbegehren unmittelbar an den Landtag, nicht wie in Preußen und im Reiche an die Regierung. Wird das Volksbegehren, über dessen Zulässigkeit und Rechtsgültigkeit der Landtag endgültig entscheidet, von diesem nicht unverändert angenommen, so ist es der „Volksentscheidung" zu unterbreiten. Über andere, vom Landtag beschlossene Gesetze kann durch Volksbegehren oder durch Beschluß des Gesamtministeriums die Volksentscheidung binnen zwei Monaten angerufen werden. Doch sind von der Volksentscheidung sechs Arten von Gesetzen, darunter die vom Landtag als dringlich bezeichneten Gesetze, ausgenommen, während die Reichsverfassung und ihr folgend die preußische nur eine Einschränkung des Volksbegehrens, nicht eine solche des Volksentscheids kennen. Auch in der Verkündung der Gesetze kommt offensichtlich die Vormachtstellung des Landtags zum Ausdruck, denn die Landesgesetze sind nach § 62 vom Landtagspräsidenten und Gesamtministerium, die Staatsverträge vom Landtagspräsidenten und Ministerpräsidenten auszufertigen und zu verkündigen. Dafür ist als Gegengewicht gegen die Allmacht des Landtags das richterliche Prüfungsrecht anerkannt. „Die mit der Rechtspflege betrauten Behörden prüfen bei ihren Entscheidungen, ob ein anzuwendendes Gesetz nicht ... mit dieser Verfassung oder einem anderen Verfassungsgesetz in Widerspruch steht" (§ 72). Verfassungsänderungen aber sind sehr erschwert, da sie nur durch Zweidrittelmehrheit der gesetzlichen Mitgliederzahl des Landtages beschlossen werden können (§ 92). Bei der unmittelbaren Volksgesetzgebung genügt es allerdings, daß ein Fünftel der „Staatsbürgerschaft" das Volksbegehren stellt, zwei Fünftel der stimmberechtigten Staatsbürger an der Volksentscheidung teilnehmen und von diesen Teilnehmern zwei Drittel für die Verfassungsänderung stimmen (§ 10). Verwaltungsverordnungen werden vom GesamtMin. erlassen, Organisationsverordnungen ebenso, doch mit Genehmigung oder nachträglicher Bestätigung des Landtags, Rechtsverordnungen einschließlich der Notverordnungen nur auf Grund besonderer gesetzlicher Ermächtigung, die für Notverordnungen diesen Sinnes in sehr bescheidenem Umfange im Polizeistrafgesetzbuch gegeben ist. Darüber hinaus hat aber das Gesamtministerium nach § 64 die Befugnis, „bei drohender Gefahr die Maßnahmen zu ergreifen, welche die Ruhe und Ordnung im Innern sichern oder gegenüber der Gefahr eines Angriffes von außen unmittelbar erforderlich sind." In Verbindung mit Art. 48 Abs. 4 der Reichsverfassung stellt diese Bestimmung, wie die Erfahrung gelehrt hat, alle anderen Ermächtigungen in den Schatten.

Nawiasky, Bayerisches Verfassungsrecht, 1923; Piloty, Die Verfassungsurkunde des Freistaates Bayern, 1919; derselbe im Jahrb. d. öff. Rechts, IX, 1920, S. 129ff.

3. Sachsen. Nach der Verfassung des Freistaates Sachsen vom 1. November 1920 Art. 4 besteht der Landtag aus 96 Abgeordneten. Sie werden nach dem Landeswahlgesetz vom 4. September 1920 in drei Wahlkreisen mit Zusammenzählung der Stimmen im ganzen Lande nach dem Hareschen Systeme und mit nochmaliger Anwendung des Hareschen Systems bei Verteilung der Reststimmen und bei Zuweisung der Sitze an die Wahlkreise auf vier Jahre gewählt. Vor Ablauf dieser Zeit kann sich der Landtag selbst auflösen oder auf Volksbegehren oder auf Antrag des Gesamtministeriums durch Volksentscheid aufgelöst werden. Die oberste Staatsbehörde, wie in Bayern „Gesamtministerium" genannt, ähnelt dem preußischen Staatsministerium. Der Ministerpräsident wird vom Landtag gewählt, allerdings von jedem neu gewählten Landtag neu, er bestimmt die Richtlinien der Politik, er ernennt und entläßt die übrigen Mitglieder des Gesamtministeriums. Im Gesetzgebungsverfahren ist die Stellung des Gesamtministeriums insofern stärker als die der Regierungen im Reiche, in Preußen und in Bayern, als der Landtag keinen Gesetzentwurf beschließen kann, der nicht dem Gesamtministerium vorgelegen hätte; auch Gesetzentwürfe aus dem Schoße des Landtags sind also vom Landtage zunächst dem Gesamtministerium zu überweisen, das den Entwurf prüft und unverändert oder abgeändert dem Landtage zur endgültigen Beschlußfassung wieder vorlegt. Das Gesamtministerium kann vom Landtage beschlossene Gesetze binnen 14 Tagen unter Angabe der Gründe dem Landtag zur nochmaligen Beschlußfassung zurückgeben. Beharrt der Landtag bei dem Gesetze, so hat das Gesamtministerium die Wahl zwischen Ausfertigung und Volksentscheid. Die verfassungsmäßig zustandegekommenen Gesetze werden binnen Monatsfrist im Sächsischen Gesetzblatt verkündet, sofern der Landtag nicht die sofortige Verkündung beschließt.

Woelker, Die Verfassung des Freistaates Sachsen, 1921; Schelcher im Jahrb. d. öff. Rechts, X, 1921, S. 285ff., XII, 1924, S. 1ff.

4. Württemberg. Nach dem Umsturz hatte sich Württemberg kurz nach dem Freistaat Baden am 20. Mai 1919 eine Verfassung gegeben. Nach Erlaß der Weimarer Verfassung wurde die württembergische einer Umarbeitung unterzogen und am 25. September 1919, dem Jahrhunderttage der alten Verfassung, neu beschlossen. Der Verfassung eigentümlich ist zunächst die Umgrenzung des stimm- und wahlberechtigten Volkes, das nicht nur die in Württemberg wohnenden mindestens 20 Jahre alten Deutschen umfaßt, sondern auch, falls ein Gesetz es anordnet, solche württembergische Staatsbürger, die ihren Wohnsitz nicht im Lande haben (§ 4). Der Landtag wird nach dem d'Hondtschen Wahlsystem auf vier Jahre mit der Maßgabe gewählt, daß die für eine Bezirksvorschlagsliste abgegebenen Stimmen, und nicht nur Reststimmen, zugleich als für eine Landesvorschlagsliste abgegeben gelten (Landtagswahlges. v. 4. April 1924). Der Landtag kann nur durch „Volksabstimmung" aufgelöst werden, zu der entweder ein Antrag des Staatsministeriums oder ein Volksbegehren den Anlaß gibt. Die „Staatsleitung" liegt in den Händen des Staatsministeriums, an dessen Spitze ein Ministerpräsident mit der Amtsbezeichnung „Staatspräsident" steht. Mit dem Reichspräsidenten hat der Staatspräsident nichts gemein, höchstens daß er den Staat nach außen vertritt und das Begnadigungsrecht ausübt (§§ 32, 33). Auch an die Stellung des Reichskanzlers reicht die des Staatspräsidenten nicht heran, da er zwar Vorsitzender des Staatsministeriums ist, aber nicht, wie der Reichskanzler, die Richtlinien der Politik bestimmt. Der StPr. wird von jedem neugewählten Landtag gewählt, er beruft und entläßt die übrigen Minister. Statt der Entziehung des Vertrauens kennt die Verfassung die Bestimmung, daß der Landtag berechtigt ist, das Staatsministerium abzuberufen oder die Entlassung einzelner Minister zu verlangen. Vom Landtag beschlossene und für dringlich erklärte Gesetze werden vom Staatsministerium sofort ausgefertigt und im Regierungsblatt für Württemberg verkündet. Fehlt ein Dringlichkeitsbeschluß, so kann binnen zwei Monaten vom Staatsministerium oder einem Zehntel der Stimmberechtigten Volksabstimmung verlangt werden, doch findet über Abgabengesetze und das Staatshaushaltsgesetz keine Volksabstimmung statt. Dem württembergischen Volksbegehren eigentümlich ist, daß der Landtag zwischen Volksbegehren und Volksabstimmung keinen Beschluß zu fassen braucht. Er hat nur die Befugnis, solche Gesetzesvorschläge dem Volk zur Annahme oder Ablehnung zu empfehlen, kann aber auch schweigen.

Bazille, Die Verfassung Württembergs, 4. Aufl., 1922; v. Blume, Die Verfassung Württembergs, 1921; derselbe im Jahrb. d. öff. Rechts, IX, 1920, S. 171ff.; Text der Verfassung im Jahrb. d. öff. Rechts, X, 1921, S. 280ff.

5. Baden. Baden war das erste Land, das sich nach dem Umsturz eine endgültige Verfassung gab. Sie trägt das Datum des 21. März 1919 und wurde durch Volksabstimmung vom 13. April 1919 endgültig angenommen. Da sie mit der später erlassenen Reichsverfassung nicht in Einklang gebracht wurde, ist sie textlich recht unvollkommen. Immerhin ist an ihr mancherlei beachtenswert. Von ihr ging der Gedanke des automatischen Wahlsystems aus, auf je 10000 Stimmen kommt ein Abgeordneter. Der auf vier Jahre gewählte Landtag kann nur dann aufgelöst werden, wenn es von 80000 stimmberechtigten Staatsbürgern verlangt wird und bei der Volksabstimmung die Mehrheit der stimmberechtigten Staatsbürger diesem Verlangen beitritt. Auch das Volksbegehren, hier „Volksvorschlagsrecht (Volksinitiative)" genannt, ist nicht an eine Quote der Stimmberechtigten, sondern an die feste Zahl 80000 gebunden. Dem Volksentscheid, hier „Volksabstimmung (Volksreferendum)" genannt, sind wie in Bayern und Württemberg gewisse Arten von Gesetzen entzogen. Ganz eigentümlich ist die Stellung des Staatsministeriums. Der Landtag wählt nach jeder Neuwahl alle Mitglieder des StM. und kann sie jederzeit durch einen Beschluß, dem die Mehrheit sämtlicher Abgeordneten zugestimmt hat, abberufen. Aus den Ministern ernennt der Landtag alljährlich den Präsidenten, der die Amtsbezeichnung „Staatspräsident" führt, und dessen Stellvertreter. Nach Bedarf können dem Staatsministerium Mitglieder ohne eigenen Geschäftskreis, sog. „Staatsräte", mit Sitz und Stimme vom Landtag beigeordnet werden. Trotz dieser außergewöhnlichen Abhängigkeit des Staatsministeriums vom Landtag kann das Staatsministerium gegen die vom Landtag beschlossenen Gesetze die Volksabstimmung verlangen; die gleiche Befugnis steht einer Mindestzahl von 80000 Stimmberechtigten zu. Eine wichtige badische Eigentümlichkeit ist die — der Schweiz und den amerikanischen Einzelstaaten abgelauschte — unbedingte Notwendigkeit einer Volksabstimmung bei Verfassungsänderungen (§ 23); der vorhergehende Landtagsbeschluß bedarf der Zustimmung von mindestens zwei Dritteln bei Anwesenheit von drei Vierteln der Mitglieder des Landtags.

Zehnter, Die badische Verfassung, 3 Aufl., 1921; Koellreutter im Jahrb. d. öff. Rechts, IX, 1920, S. 180ff.; Wilh. Merk im Jahrb. d. öff. Rechts, XII, 1924, S. 32; Thoma, Badische Gesetze des Verfassungsrechts und des allgemeinen Verwaltungsrechts, 1921.

6. Thüringen. Thüringen hat sich erst nach der Revolution zu einem einheitlichen Staate zusammengetan. Es besteht aus den Gebieten der früheren Staaten Sachsen-Weimar-Eisenach, Sachsen-Meiningen, Sachsen-Altenburg, der beiden Reuß, der beiden Schwarzburg und dem gothaischen Teil von Sachsen-Koburg und -Gotha; der koburgische Teil ist mit Bayern vereinigt. Für eine vom Gesetz zu bestimmende Übergangszeit bildet jeder der ehemaligen thüringischen Freistaaten unter dem Namen „Gebiet" einen Kommunalverband höherer Ordnung mit dem Rechte der Selbstverwaltung. In den ersten 15 Jahren nach Inkrafttreten der Verfassung wird aus jedem dieser ehemaligen Freistaaten, der nicht durch einen seiner Angehörigen in der Landesregierung vertreten ist, ein mit den Verhältnissen des ehemaligen Staates besonders Vertrauter als Staatsrat (Minister ohne Geschäftsbereich) vom Landtag gewählt (§§ 63, 71). Der Landtag wird nach dem automatischen Wahlsystem auf nur drei Jahre gewählt; er kann durch eigenen Beschluß und muß auf Volksbegehren und entsprechenden Volksentscheid durch die Landesregierung aufgelöst werden. Die Staatsleitung liegt der „Landesregierung (Staatsministerium)“ ob (§ 34). Die Mitglieder der Landesregierung werden wie in Baden vom Landtag gewählt, den Vorsitzenden wählt aber die Landesregierung aus ihrer Mitte selbst. Die Landesregierung hat im Gesetzgebungsverfahren die Möglichkeit, die Entstehung eines ihr nicht zusagenden Gesetzes zu verzögern und unter Umständen zu verhindern: sie erhebt gegen das vom Landtag beschlossene Gesetz innerhalb 14 Tagen eine schriftlich begründete Vorstellung; beharrt der Landtag bei seinem Beschlusse, so kann die Landesregierung innerhalb eines Monats nach der zweiten Abstimmung den Volksentscheid anrufen (§§ 31, 24). Die von der Landesregierung zu erlassenden Notverordnungen heißen in Thüringen (wie auch in Baden) „Notgesetze“.

H. Loening, Die Verfassung des Landes Thüringen, 1922; Rosenthal im Jahrb. d. öff. Rechts, X, 1921, S. 366ff., XII, 1924, S. 75ff.

7. Hessen. Auch der hessische Landtag wird nach der durch juristisch genaue Ausdrucksweise besonders auffallenden Verfassung vom 12. Dezember 1919 auf drei Jahre gewählt (Art. 20). Er besteht aus 70 Abgeordneten. Er kann nur durch Volksabstimmung aufgelöst werden, zu der entweder ein Beschluß des Gesamtministeriums oder ein Zwanzigstel der stimmberechtigten Bürger den Anstoß gibt. Die Staatsleitung liegt in den Händen des Gesamtministeriums, dessen Vorsitzender der Ministerpräsident mit der Amtsbezeichnung „Staatspräsident“ ist. Der Staatspräsident wird von jedem neugewählten Landtag mit absoluter Stimmenmehrheit gewählt. Er beruft die Mitglieder des Gesamtministeriums und aus deren Zahl seinen Stellvertreter; die Berufung bedarf der Bestätigung durch den Landtag. Im Gesetzgebungsverfahren steht dem Gesamtministerium die Befugnis zu, ein vom Landtag angenommenes Gesetz binnen zweier Monate zur Volksabstimmung zu bringen. Verfassungsändernde Gesetze bedürfen der beiden Zweidrittelmehrheiten wie im Reichsrecht, außerdem unterliegen sie, wie in Baden, dem Zwange der Volksabstimmung, es sei denn, daß der Landtag die Verfassungsänderung mit einer Mehrheit von acht Zehnteln der Stimmen beschlossen hat (Art. 31, 13).

Gmelin im Jahrb. d. öff. Rechts, X, 1921, S. 301 ff., XII, 1924, S. 113 ff.

8. Hamburg. Obwohl Hamburg, wie die beiden andern Hansestädte, von jeher eine Republik war, hat sich doch in der Verfassung vom 7. Januar 1921 unter dem Zwange der Reichsverfassung gegen früher manches geändert. Immerhin bewahren die drei Stadtrepubliken auch heute noch ihre Eigenart gegenüber den andern deutschen Ländern.

Die Volksvertretung heißt in den Hansestädten „Bürgerschaft“. Sie wird in Hamburg, wie auch in den beiden andern Städten, auf drei Jahre gewählt, kann aber selbst ihre Auflösung beschließen (Art. 14). Von den Ausschüssen der Bürgerschaft überragt alle andern an Bedeutung der „Bürgerausschuß“, der aus dem Präsidenten der Bürgerschaft als Vorsitzenden und zwanzig von der Bürgerschaft aus ihrer Mitte zu wählenden Mitgliedern besteht. Er ist vor allem Überwachungsorgan, hat aber auch die Befugnis zu Genehmigungen und Anordnungen bestimmter Art (Art. 31). Die Landesregierung heißt von alters her „Senat“. Die Mitglieder des Senats werden von der Bürgerschaft gewählt. Der Senat wieder wählt aus seiner Mitte in geheimer Abstimmung seinen Präsidenten (ersten Bürgermeister) und einen Stellvertreter (zweiten Bürgermeister) auf die Dauer eines Jahres. Die Mitglieder des Senats können, wie Minister, vor dem hamburgischen Staatsgerichtshof angeklagt werden, wissentlich oder aus grober Fahrlässigkeit die Verfassung oder ein Gesetz verletzt zu haben (Art. 49). Ebenso müssen sie zurücktreten, wenn ihnen die Bürgerschaft das Vertrauen durch ausdrücklichen Beschluß entzieht. Der Beschluß ist aber erschwert, denn er erfordert die Zustimmung der Mehrheit sämtlicher Abgeordneten und, sofern er nicht mit einer Mehrheit von zwei Dritteln der Anwesenden gefaßt ist, eine zweite Beratung und Abstimmung frühestens nach sieben Tagen (Art. 36). Die Mitglieder des Senats leiten nach einer vom Senate zu beschließenden Geschäftsverteilung (Art. 38) die einzelnen Verwaltungszweige meist in Kommissionen. Dies Fehlen einer einköpfigen Spitze der einzelnen Verwaltungszweige unterscheidet den Senat auch heute noch von einem Kollegium von Ministern, nachdem frühere Eigentümlichkeiten, wie Wahl auf Lebenszeit, entscheidende Mitwirkung an der Gesetzgebung, fortgefallen sind. Denn gegen die von der Bürgerschaft beschlossenen Gesetze steht dem Senat nur der Einspruch innerhalb eines Monats zu. Welche Wirkung dem Einspruch zukommt, hängt davon ab, mit welcher Mehrheit die Bürgerschaft das Gesetz zum zweiten Male beschließt. Tut sie es mit einer Mehrheit, die nicht zugleich die Mehrheit sämtlicher Abgeordneten ist, dann ist der Gesetzentwurf erledigt. Tut sie es mit der für eine Verfassungsänderung erforderlichen Mehrheit und enthält der Entwurf keine Verfassungsänderung, dann hat der Senat das Gesetz auszufertigen und im hamburgischen Gesetz- und Verordnungsblatt zu verkünden. In den dazwischen liegenden Fällen hat der Senat die Wahl zwischen Ausfertigung und Herbeiführung eines Volksentscheids. Zu einer Verfassungsänderung bedarf es zweier übereinstimmender Beschlüsse der Bürgerschaft, zwischen denen ein Zeitraum von mindestens vierzehn Tagen liegen muß. Beide Beschlüsse müssen bei Anwesenheit von mindestens drei Vierteln sämtlicher Abgeordneten und mit einer Mehrheit von zwei Dritteln der anwesenden Abgeordneten erfolgt sein. Ganz eigentümlich ist endlich das Notverordnungsrecht gestaltet. Während die Ausführungsverordnungen dem Senate vorbehalten sind, werden Notverordnungen oder, wie die Verfassung sich ausdrückt, „in dringenden Fällen gesetzliche Vorschriften von geringerer Bedeutung" bis zur künftigen Beschlußfassung der Bürgerschaft auf Antrag des Senats vom Bürgerausschuß erlassen.

Mittelstein, Die Verfassung der Freien und Hansestadt Hamburg, 2. Aufl., 1924; der Text abgedruckt im Jahrb. d. öff. Rechts, X, 1921, S. 386 ff.

B. Verwaltung.

Wie beim Reiche die Frage lautet: reichseigene Verwaltung oder Verwaltung durch die Länder?, so gibt es innerhalb der Länder einen ähnlichen Gegensatz zwischen Staatsverwaltung und Selbstverwaltung oder allgemeiner zwischen zentralisierter und dezentralisierter Verwaltung.

1. Zentralisierte und dezentralisierte Verwaltung. Selbstverwaltung. Im Interesse der Einheitlichkeit liegt es sicher, wenn die gesamte Staatstätigkeit von einer Stelle aus geleitet wird, wenn die Verwaltung zentralisiert ist. Auch wird es kaum einen Staat geben, der nicht wenigstens die oberste Leitung oder die oberste Aufsicht über einen Verwaltungszweig einer einzigen Behörde am Sitze der Staatsregierung anvertraut hätte. Überträgt aber der Staat dieser Zentralbehörde zuviel Zuständigkeiten, dann entsteht leicht jenes Regieren vom grünen Tische, jenes Regieren „von Berlin aus", das den Staat so unbeliebt macht und dem Vorwurf der Weltfremdheit aussetzt. Um dieser Gefahr vorzubeugen, wird der Staat zur sog. administrativen Dezentralisation schreiten, d. h. zur Übertragung von Verwaltungszuständigkeiten an Mittel- und Unterbehörden. Der einzelne hat dann nichts mit dem Minister zu schaffen, sondern mit dem Amtsvorsteher in seiner oder der benachbarten Gemeinde, wohl auch mit dem Landrat, und selbst wenn er sich an eine höhere Instanz wenden will, ist dies nicht der Minister, sondern der Regierungspräsident und der Oberpräsident. Aber auch so noch wird dem einzelnen die Verwaltung als etwas fremdes entgegentreten, da die verwaltenden Beamten „von oben her" ernannt, bezahlt und mit bindenden Anweisungen versehen werden. Die Forderung des einzelnen wird daher die sein, die Verwaltungsbehörde möglichst unabhängig von oben dadurch zu machen, daß die Mitglieder der Behörde nicht ernannt, sondern von der Bevölkerung gewählt werden, keine Besoldung erhalten, sondern unentgeltlich tätig sind. Da auf diese Weise in der Bevölkerung das Gefühl erzeugt wird, sie werde durch ihresgleichen regiert, nennt man die durch Wahlamt und Ehrenamt dezentralisierte Verwaltung auch Selbstverwaltung im nicht-juristischen Sinne oder Selbstverwaltung im politischen Sinne. Die Abhängigkeit von der Zentralstelle wird noch mehr gelockert, wenn an die Stelle des Einzelbeamten oder der mit einem Einzelbeamten als Vorstand organisierten Behörde die kollegiale Behörde tritt, da sich Befehle erfahrungsgemäß leichter einem einzelnen Beamten gegenüber durchsetzen als gegenüber einem beratenden und beschließenden Kollegium. Das Kollegialsystem verbunden mit der Selbstverwaltung im politischen Sinne findet man, wenn auch nicht rein, z. B. beim preußischen Bezirksausschuß. Diese Behörde besteht aus dem Regierungspräsidenten als Vorsitzenden, zwei vom Staatsministerium auf Lebenszeit ernannten Mitgliedern und vier vom Provinzialausschuß auf vier Jahre gewählten Laien, die nur Ersatz ihrer Unkosten und des Zeitverlustes in Gestalt von Tagegeldern und Reisekosten erhalten. Zur Selbstverwaltung im Rechtssinne wird die Verwaltung erst, wenn sie nicht mehr im Namen des Staates, sondern einer vom Staate getrennten juristischen Person geführt wird, die gerade zu dem Zwecke geschaffen worden ist, öffentliche Verwaltung im eigenen Namen zu führen (Selbstverwaltungskörper). Ganz gibt der Staat auch bei der Selbstverwaltung das Heft nicht aus der Hand. Er behält sich zum mindesten die Aufsicht darüber vor, daß die Verwaltung den Gesetzen gemäß geführt wird, doch sind seine Aufsichtsanordnungen nicht in gleichem Maße bindend wie Dienstbefehle, da über deren Zulässigkeit auf Anrufen des Selbstverwaltungskörpers eine unparteiische Stelle, das Verwaltungsgericht, entscheidet. Die Selbstverwaltungskörper sind entweder ganz vom Staate getrennt und führen ausschließlich eigene Verwaltung, so z. B. die preußischen Provinzen, die in völliger Trennung vom Oberpräsidenten und dessen Gehilfen vom Landeshauptmann, den Landesräten und dem Provinzialausschuß verwaltet werden. Oder der Staat bedient sich eines Selbstverwaltungsorgans zugleich als eines Staatsorgans, das dann in diesem sog. übertragenen Wirkungskreise sich in dienstlicher Abhängigkeit vom Staate befindet. Dies ist z. B. bei den preußischen Stadtgemeinden der Fall, deren Bürgermeister in erster Linie Gemeindeorgan ist, daneben aber auch im Namen des Staats und in strenger Unterordnung unter den Staat die Polizeigewalt ausübt.

2. Die Aufgaben der Verwaltung. Die Unterarten der Verwaltung lassen sich leicht ordnen, wenn man die Mittel betrachtet, deren sich der verwaltende Staat zur Erfüllung seiner Zwecke bedient. Um überhaupt tätig werden zu können, braucht der Staat vor allem Menschen, auf deren Gehorsam und Treue er sich verlassen kann. Die hierfür geltenden Rechtsregeln machen das Beamtenrecht des Staates aus. Jedes Land hat ein solches Beamtenrecht, das mit dem an anderer Stelle geschilderten Reichsbeamtenrecht im wesentlichen übereinstimmt. Außer diesen mit treuer Hingabe geleisteten Diensten bedarf der Staat aber noch vorübergehender Dienstleistungen ohne Treuepflicht, die er dem einzelnen einseitig auferlegt. So wird der Hausbesitzer zum Schneeschippen, Streuen bei Glatteis, Reinigen der Straße, der Fuhrwerksbesitzer zur Leistung von Fuhren und bei Unglücksfällen jedermann zur Hülfeleistung verpflichtet. Man nennt diese Verpflichtungen öffentliche Lasten. Was dem Staate ferner vor allem nottut, ist Geld. Die Art und Weise, wie er sich Geldmittel verschafft, wie er die Auswahl zwischen Gebühren, Beiträgen und Steuern trifft, ist Gegenstand seines Finanzwesens. Auch hiervon war bereits im Abschnitt über die Reichsverwaltung die Rede. Aber auch das Geld vermag den Staat nicht immer in den Besitz der für die Verwaltung nötigen Gegenstände zu setzen. Der Staat will z. B. eine Eisenbahn bauen, ein Grundstückseigentümer weigert sich aber hartnäckig, das für den Bau nötige Grundstück zu verkaufen. Um zum Ziele zu gelangen, muß der Staat zur Enteignung schreiten. Die Regeln hierfür und für gewisse Einschränkungen des Eigentums finden sich in den Enteignungsgesetzen der Länder, für die jetzt Art. 153 der Reichsverfassung bindende Vorschriften aufgestellt hat. Abweichend und in besonderen Gesetzen geregelt sind gewisse Sonderfälle der Enteignung, wie bei Siedelungen, Grundstückszusammenlegungen, Straßenbauten. Der Staat, der jetzt alles hat, was er braucht, muß weiter dafür sorgen, daß die Ordnung im Innern keine Störung erleidet. Solche Störungen namentlich durch Befehl und Gewalt zu verhindern, ist das Amt der Polizei, die sich je nach dem Gegenstand in Nahrungsmittel-, Jagd-, Fischerei-, Forst-, Bau-, Wohnungs-, Gesundheits-, Sitten-, Vereins-, Versammlungs-, Preß-, Fremden-, Gewerbepolizei u. dgl. gliedert. Der so nach der persönlichen und der sachlichen Seite fertiggestellte Staat kann aber auch als der große Geber auftreten. Er gewährt Nutzungen an den ihm unterstellten öffentlichen Sachen und regelt die Nutzungen vor allem im Wasser- und Wegerecht. Ferner stellt er dem Bürger die in den öffentlichen Anstalten bereitgehaltenen Tätigkeiten und Gegenstände zur Verfügung, so z. B., wie im Reiche die Post, in den Ländern die Schulen und sonstigen Unterrichtsanstalten. War bisher vorausgesetzt, daß der Staat überall selbst der Herr der Verwaltung sei, so kann der Staat aber auch einzelne Zweige der Verwaltung aus der staatseigenen Verwaltung aussondern und eine Privatperson mit deren Führung, vorbehaltlich der Aufsicht des Staates, betrauen. So überläßt er z. B. die Einrichtung und den Betrieb einer Fähre einem einzelnen, den Bau und Betrieb einer Straßenbahn einer Aktiengesellschaft und stattet diese öffentlichen Unternehmungen, wie man sie nennt, mit obrigkeitlichen Befugnissen, etwa dem Rechte der Enteignung, der Erhebung öffentlichrechtlicher Gebühren, aus. Geht der Staat noch einen Schritt weiter und schafft er juristische Personen gerade zu dem Zwecke, daß sie öffentliche Verwaltung unter Staatsaufsicht führen, dann haben wir die Selbstverwaltung in dem oben beschriebenen juristischen Sinne vor uns. Außer den Gemeinden, Kreisen und Provinzen und den hiermit meist zusammenhängenden Fürsorgeverbänden, Schulverbänden, Wegeverbänden usw., sind vor allem die Träger der Sozialversicherung, wie die Ortskrankenkassen, Berufsgenossenschaften, Landesversicherungsanstalten und die Reichsversicherungsanstalt für Angestellte, Beispiele für Selbstverwaltungen unter staatlicher Aufsicht.

Von den angeführten Verwaltungszweigen sei die Polizei einer etwas näheren Betrachtung unterzogen. Die Hauptformen, in denen sie sich äußert, sind Befehl, Erlaubnis und Zwang. Richtet sich der Befehl an eine bestimmte Person, dann spricht man von einer Polizeiverfügung, richtet er sich an die Allgemeinheit, von einer Polizeiverordnung. Nach dem Grundsatze von der Gesetzmäßigkeit der Verwaltung bedürfen sowohl die Polizeiverfügung als auch die Polizeiverordnung als Eingriffe in die Rechtssphäre des Bürgers der gesetzlichen Grundlage. In Preußen findet man heute diese Grundlage für Polizeiverfügungen im Allgemeinen Landrecht, Teil II Titel 17 § 10, für Polizeiverordnungen im Gesetz über die Polizeiverwaltung vom 11. März 1850. In den süddeutschen Ländern sind in den Polizeistrafgesetzbüchern ähnliche Ermächtigungen enthalten. Die durch die Rechtsprechung des preußischen Oberverwaltungsgerichts und des Kammergerichts berühmt gewordene Bestimmung des Allgemeinen Landrechts, die zugleich als eine Begriffsbestimmung der Polizei angesehen wird, lautet: „Die nötigen Anstalten zur Erhaltung der öffentlichen Ruhe, Sicherheit und Ordnung, und zur Abwendung der dem Publiko oder einzelnen Mitgliedern desselben bevorstehenden Gefahr zu treffen, ist das Amt der Polizei." Hiermit ist festgelegt, daß die Polizei unter Anwendung von Befehl und Zwang nur Gefahren bekämpfen, nicht Wohlfahrtspflege treiben darf. Verordnungen, die den gesetzlichen Rahmen überschreiten, sind ungültig, Verfügungen solcher Art anfechtbar. Trotz der Unbestimmtheit der im Allgemeinen Landrecht gebrauchten Ausdrücke und trotz des der Polizei außerdem über das Ob und Wie des Einschreitens in weiten Grenzen eingeräumten freien Ermessens sind die Grenzen der Polizeigewalt wirkliche Rechtsschranken. So wurde einmal eine Polizeiverordnung für ungültig erklärt, die das Trabfahren mit einem leeren Leichenwagen verbot, ein andermal eine Polizeiverordnung, die in einem Badeort von den Zimmervermietern die Anzeige der neu angekommenen Fremden zwecks Führung der Kurliste verlangte; denn in beiden Fällen waren weder die öffentliche Ruhe, Sicherheit und Ordnung berührt, noch drohte dem Publikum eine Gefahr. Ebenso wurde eine Polizeiverfügung als unzulässig aufgehoben, die einem Löwenbändiger das Auftreten verbot; mit der Gefährdung des Löwenbändigers konnte die Verfügung nicht begründet werden, da die Polizei auch beim Schutze einzelner nur im öffentlichen Interesse einschreiten darf, ein solches aber fehlt, wenn sich der Gefährdete absichtlich in Gefahr begibt, mit der Gefährdung des Publikums durch eine etwa ausbrechende Panik nicht, da eine solche an sich zuzugebende entfernte Möglichkeit noch keine Wahrscheinlichkeit und damit auch keine „Gefahr" im Sinne des Gesetzes darstellt. Auch kann sich die Polizei mit ihren Geboten nicht an jeden Beliebigen wenden, sondern nur an den, der zu der Störung der Ordnung in besonderer Beziehung steht, vor allem an den Verursacher der Störung und den Eigentümer der polizeiwidrigen Sache, z. B. des baufälligen Hauses.

3. Rechtsschutz gegen Übergriffe der Verwaltung. Die öffentliche Verwaltung ist mit Zwangsgewalt ausgestattet. Von privaten Betätigungen unterscheidet sie sich gerade dadurch, daß sie ihren Willen einseitig, ohne vorhergehende Anrufung des Richters durchsetzen kann. Umso mehr muß es sich der Staat angelegen sein lassen, den einzelnen vor Übergriffen der Verwaltung zu schützen.

Er tut dies zunächst durch Einrichtungen, die eine Abwehrhandlung des einzelnen unnötig machen. So trifft er bei Besetzung der Verwaltungsbehörden eine sorgfältige Auswahl und verlangt vom anzustellenden Beamten juristische Vorkenntnisse. Er schützt den einzelnen durch Form- und Verfahrensvorschriften, indem er vorschreibt, daß der Bürger vor Erlaß einer ihn benachteiligenden Verfügung gehört wird und daß die Verfügung schriftlich ergehen und mit Gründen versehen sein muß. Ferner wacht über die Gesetzmäßigkeit und Angemessenheit der Betätigungen einer Verwaltungsbehörde deren vorgesetzte Behörde im Wege der Dienstaufsicht. So sollte einmal eine Badnerin, die von Geburt an in Baden gewohnt und dort einen Russen geheiratet hatte, als lästige Ausländerin aus Baden ausgewiesen werden. Das Ministerium des Innern hob jedoch die Verfügung auf und maßregelte den Beamten, der sie erlassen hatte. Endlich schreitet in schweren, vom Gesetz einzeln aufgeführten Fällen der Staatsanwalt gegen den schuldigen Verwaltungsbeamten ein, etwa gegen den Leiter eines Wohnungsamts, der Wohnungen nur gegen Bestechungsgelder zuweist.

Der einzelne kann sich aber auch zur Wehr setzen. Er wird dies nur in sehr bescheidenem Umfange in der Form der Selbsthilfe tun. Abgesehen davon, daß der Staat meist der schon rein tatsächlich stärkere sein wird, hat er das große Vorrecht, sich irren zu dürfen. Wenn der Polizeipräsident anordnet, den A zur Schutzhaft zu bringen, und der Polizeibeamte nimmt B fest, den er ohne Verschulden für den A hält, so darf sich B nicht wehren, vielmehr ist der Widerstand nur gegen völlig unzulässige oder gegen pflichtwidrig rechtswidrige Handlungen der Staatsgewalt gestattet. Häufiger vorkommen wird die Selbsthilfe in der Form des Ungehorsams. Der Ungehorsam ist sogar die typische Form, in der sich der Bürger einer von ihm als ungültig empfundenen Polizeiverordnung gegenüber wehrt. Eine Polizeiverordnung verbietet z. B. das Abspringen von dem in Fahrt befindlichen Straßenbahnwagen. A springt doch ab. Er setzt sich damit zwar der Gefahr der Verurteilung aus, wenn die Verordnung gültig sein sollte, wird aber freigesprochen, wenn das Gericht die Verordnung für ungültig erklärt. Dagegen ist Polizeiverfügungen und auch sonstigen Einzelakten gegenüber, sofern sie nicht ausnahmsweise nichtig sein sollten, der Ungehorsam nicht gestattet; nur dort, wo eine allgemeine verwaltungsgerichtliche Anfechtung der Polizeiverfügungen nicht vorgesehen ist, wie in Bayern, ist der Ungehorsam das einzige Mittel, um eine gerichtliche Entscheidung, nämlich die des Strafrichters, über die Zulässigkeit der Verfügung herbeizuführen. Der Selbsthilfe in der Form des Widerstands und des Ungehorsams reiht sich als weiterer formloser Rechtsbehelf die Gegenvorstellung und die einfache Beschwerde an. Der von der Benutzung einer öffentlichen Bibliothek Ausgeschlossene wendet sich z. B. an den Direktor der Bibliothek mit der Bitte, die ihn ausschließende Verfügung zurückzunehmen, oder er wendet sich hilfesuchend an den Minister. Willfährt auch dieser nicht, so richtet der Beschwerdeführer vielleicht noch eine Eingabe an den Landtag, die sich in eine kleine Anfrage an den Minister umsetzt. Werden Gegenvorstellung und Beschwerde an bestimmte Formen und Voraussetzungen gebunden, ist namentlich bestimmt, daß nur die unmittelbar beschwerten Personen befugt sein sollen sie einzulegen, und daß eine gewisse Frist gewahrt werden muß, dann spricht man von Einspruch und von förmlicher Beschwerde. So steht in Preußen dem von der Wegepolizeibehörde zum Bau eines Weges Herangezogenen innerhalb zweier Wochen der Einspruch an die Wegepolizeibehörde zu. Der von einer Polizeiverfügung des Oberbürgermeisters Getroffene kann innerhalb zweier Wochen Beschwerde an den Regierungspräsidenten und gegen dessen Bescheid innerhalb zweier Wochen Beschwerde an den Oberpräsidenten einlegen. So gut gemeint diese beiden Rechtsbehelfe sein mögen, so werden sie doch vielfach nichts anderes bedeuten, als ein Laufen von Pontius zu Pilatus. Was noch fehlt, ist eine mit richterlicher Unabhängigkeit ausgestattete Instanz, die über die Rechtmäßigkeit des Verwaltungsaktes zu entscheiden hat. Am nächsten läge es, eine solche Entscheidungsgewalt den ordentlichen Gerichten anzuvertrauen, auch haben die hamburgischen und die braunschweigischen Gerichte, denen viele Jahre hindurch die Entscheidung über Verwaltungsakte zustand, und in Sachen von Polizeiverordnungen das Kammergericht und sonstige oberste Strafgerichte die Meinung, die Justiz sei nicht sachverständig genug, um in öffentlichrechtlichen Dingen Recht zu sprechen, glänzend widerlegt. Doch gingen die meisten deutschen Länder seit den sechziger Jahren des vorigen Jahrhunderts einen andern Weg, indem sie zwar richterliche Instanzen für Streitigkeiten des öffentlichen Rechts einsetzten, aber nicht die Justizgerichte, sondern eigene, mit öffentlichrechtlich besonders vorgebildeten Richtern besetzte Verwaltungsgerichte. Art. 107 der Weimarer Verfassung, wonach in den Ländern „Verwaltungsgerichte zum Schutze der einzelnen gegen Anordnungen und Verfügungen der Verwaltungsbehörden bestehen" sollen, war daher im größten Teile des Reichs schon erfüllt, als die Verfassung in Kraft trat. Vor allem ist es dem einzelnen in den meisten Ländern gestattet, sich gegen rechtswidrige Polizeiverfügungen letzten Endes klagend an das höchste Verwaltungsgericht des Landes („Oberverwaltungsgericht", „Verwaltungsgerichtshof") zu wenden, das bei Begründetheit der Klage die Polizeiverfügung aufhebt. Es sind aber Fälle denkbar, in denen selbst dieser Rechtsschutz nicht genügt. Die Polizeibehörde hat z. B. den in Schutzhaft Genommenen mit Gummiknütteln bearbeitet und an seiner Gesundheit geschädigt. Eine Anfechtung dieser Maßnahme hilft dem davon Betroffenen wenig; was er verlangt, ist Bestrafung des Schuldigen und Schadensersatz. Der Gedanke des „Rechts“-Staates in der Bedeutung eines „Gerichts“-Staates ist indessen bei uns so lebendig, daß auch diesem Verlangen Rechnung getragen wird. Schreitet nämlich die Staatsanwaltschaft gegen den schuldigen Beamten nicht ein und bleibt auch eine Beschwerde an den Generalstaatsanwalt ohne Erfolg, so kann sich der Verletzte nach §§ 172 ff. der Strafprozeßordnung noch an das Oberlandesgericht wenden, das bei Begründetheit des Vorbringens die Staatsanwaltschaft zur Erhebung der Anklage zwingt. Für den Schadensersatz aber haftet nicht der meist wenig zahlungskräftige Beamte, sondern für ihn in vollem Umfange der Staat. Diese Amtshaftung gilt nach der Auslegung, die das Reichsgericht dem Art. 131 der Reichsverfassung gegeben hat, heute in allen deutschen Ländern, auch denen, die eine solche Regelung bisher noch nicht getroffen hatten. Sie wird durch Klage vor den ordentlichen Gerichten geltend gemacht. Auch diese Bestimmung gilt kraft Art. 131 der Reichsverfassung in ganz Deutschland. Landesgesetze, die die Erhebung der Klage von der Vorentscheidung einer Verwaltungsbehörde oder eines Verwaltungsgerichts abhängig machten, sind damit außer Kraft getreten.

III. Schluß.

So führt auch die Darstellung des Landesverwaltungsrechts wieder zurück zur Weimarer Verfassung, und es ziemt sich wohl, daß wir ihr, die uns über den größten Teil unserer Ausführungen begleitet hat, das Schlußwort widmen. Woher kommt es, so müssen wir uns fragen, daß eine Verfassung, die so viele vernünftige Gedanken enthält, die in einer so gefälligen Sprache geschrieben ist, die Deutschlands Rettung vor dem verhaßten Bolschewismus bedeutete, so unbeliebt in weiten Kreisen gerade unsrer Gebildeten ist? Nicht das kann der Grund sein, daß sie wenig gelesen wird, denn auch ihre begeisterten Anhänger sind oft nicht über das Lesen der Eingangsworte hinausgekommen. Was ihr im Wege steht, ist vielmehr die Erinnerung an Deutschlands glanzvollstes Zeitalter. Bismarck gründete das Reich in glücklicher Zeit, die Weimarer Verfassung wurde kurz nach dem Frieden von Versailles verabschiedet. In Bismarcks Werk wird der Heros verehrt, der dem deutschen Volke nach langen Jahren des Sehnens beschieden war, die Weimarer Verfassung empfindet man als das Werk von Epigonen. Bismarcks Staatskunst war es gelungen, das Reich auf völlig gesetzmäßige Weise zu gründen, die Entstehung der Weimarer Verfassung leidet unter dem Makel einer aus einer Meuterei entstandenen Revolution. Bismarcks Verfassung ist sprachlich allerdings nicht so angenehm zu lesen wie die Weimarer Verfassung, aber nicht die Worte machen das Wesen einer Verfassung aus, sondern die Tatsachen des Verfassungslebens, und da ist die Weimarer Verfassung von dem Vorwurf eines Mißverhältnisses zwischen Wort und Wirklichkeit nicht freizusprechen. Schon bei der Entstehung der Verfassung übersah man geflissentlich die Tatsache, daß es neben dem Volke noch die politische Wirklichkeit der Länder gab; die Verfassung wurde nach Art. 181 ausschließlich von der Nationalversammlung beschlossen und verabschiedet; in Wirklichkeit aber hatten die Länder durch die Umgestaltung des Preußschen Entwurfs und durch die sog. Weimarer Verfassungsvereinbarungen über die Gestaltung des künftigen Heerwesens einen wesentlichen Anteil am Gelingen des Verfassungswerks. Die Länder sind nach der geschriebenen Verfassung kaum mehr Staaten, aber nie hat sich unter der früheren Verfassung der „Staat“ Bayern gegen das Reich so viel herausnehmen dürfen wie das „Land“ Bayern unter der Verfassung von Weimar. Der Reichsrat sollte ein geringes Zugeständnis an den Gedanken des Föderalismus sein, in Wirklichkeit und durch Geschäftsordnungsbestimmungen ist aber seine Bedeutung der des alten Bundesrats stark angenähert. Das Volk wird in einer Reihe von Verfassungsartikeln zur unmittelbaren Volksgesetzgebung eingeladen, aber durch den Gegenzeichnungszwang bei Anordnung des Volksentscheids und durch andere Erschwerungen ist die Wahrscheinlichkeit einer wirksamen unmittelbaren Volksgesetzgebung in weite Ferne gerückt. Die Sonderrechte Bayerns auf dem Gebiete des Postwesens sind beseitigt, aber eine wesentlich mit bayerischen Landesangehörigen besetzte Zweigstelle des Reichspostministeriums sitzt in München. Beseitigt sind auch die bayerischen Sonderrechte auf dem Gebiete des Heerwesens, aber nach einer verschämten Bestimmung des Wehrgesetzes darf der Oberbefehlshaber der bayerischen Division nur auf Vorschlag der bayerischen Regierung ernannt und nach der Vereinbarung zwischen dem Reiche und Bayern vom Februar 1924 soll er auch nur im Benehmen mit der bayerischen Regierung abberufen werden. Die Lehrmittel in den Volksschulen „sind unentgeltlich" (Art. 145). Obgleich diese Vorschrift doch gar nicht anders verstanden werden kann, als daß vom Inkrafttreten der Verfassung an die Schulbücher unentgeltlich geliefert werden müssen, wird die Vorschrift nur als Richtlinie für die Schulverwaltung aufgefaßt, ist also nicht wirklich geltendes Recht. Angesichts dieser leicht vermehrbaren Beispiele eines Auseinanderfallens von Idee und Tatsache ist es zu verstehen, daß in den Augen vieler das Meisterwerk eines Wirklichkeitspolitikers, Bismarcks Verfassung, gerade durch den Gegensatz zur Weimarer Verfassung an Wert gewinnt. Bedenkt man ferner, daß sich die Weimarer Verfassung in der Bekämpfung des Alten zwar selbst, abgesehen vielleicht von dem Artikel über die Reichsfarben, einer vornehmen Mäßigung befleißigt, daß aber schon ihr erster Urheber Preuß verletzende Urteile über Bismarcks Werk aussprach, daß dann vor allem heutige Anhänger der Verfassung glauben, deren Wert durch Verunglimpfung des Bismarckschen Werkes oder durch phrasenhafte Verhimmelung des Werkes von Weimar heben zu können, so begreift man, daß die vielen Bewunderer des großen Staatsmannes verärgert, wenn nicht im Innersten verletzt beiseitestehen und nun ihrerseits die Schale des Spottes und des Zorns über die neue Verfassung ausgießen.

Diesen bedauerlichen Gegensatz zwischen alt und neu zu überbrücken wird die schwere, aber dankbare Aufgabe des Lehrers an den höheren Schulen sein, für den dies Handbuch mit in erster Linie geschrieben ist. Wäre der staatsbürgerliche Unterricht in den oberen Klassen einer höheren Schule mir anvertraut, so würde ich den Schülern vor allem einen Text der Weimarer Verfassung in die Hand drücken und verlangen, daß er genau gelesen wird. Die Grundrechte würden dann eine passende Gelegenheit bieten, um das Verhältnis von Recht und Pflicht zu beleuchten. Die Freiheit der Person, die Freiheit des Eigentums, die Ansprüche gegen den Staat für Verschulden seiner Beamten, die Ansprüche des Beamten auf Gehalt u. dgl. haben nur Bedeutung, wenn eine Staatsgewalt vorhanden ist, die jene Rechte schützt. Der Staat aber kann nur bestehen, wenn wir, aus denen er doch zusammengesetzt ist, uns ihm einordnen, ihm gehorchen. Dieser Nützlichkeitsstandpunkt könnte vielleicht bald verlassen und durch einen höheren ersetzt werden. Zweck des Menschendaseins ist die Entwickelung der Persönlichkeit. Stimmt man diesem Ideale zu, so muß man wollen, daß der Mensch in einer wohlgeordneten Gesellschaft aufwachse, denn nur hier wird er nach aller Voraussicht die in ihm schlummernden Fähigkeiten voll entwickeln können. Ein wohlgeordnetes Zusammenleben aber gibt es letzten Endes nur im Staate. Es wäre dann zu zeigen, daß die Weimarer Verfassung die ungestörte Entwickelung des einzelnen gewährleistet und auch sonst „der kulturellen Höchstleistung des Volkes dienen" will (Art. 18). Ist auf diese oder ähnliche Weise die Verfassung dem Schüler nähergebracht, so wird es auch keine unüberwindliche Schwierigkeit mehr verursachen, die alte und die neue Verfassung nebeneinanderzustellen und in gerechter Weise zu würdigen und zu vergleichen. Alles hat seine Zeit, auch eine Verfassung. Bismarcks Verfassung war die ihrem Zeitalter angemessenste Ordnung der Machtverhältnisse Deutschlands, schon das macht sie unsterblich; daß eine Verfassung für alle Zeiten gelten soll, darf man auch von einem Meisterwerk nicht verlangen, namentlich dann nicht, wenn sich das Volk in stürmischer Entwickelung befindet. So wird es einem taktvollen Lehrer leicht möglich sein, ohne verletzende Worte zu zeigen, daß Bismarcks Werk unter den heutigen Verhältnissen einfach nicht mehr bestehen könnte. Er wird ferner darauf hinweisen, daß die Abschaffung der Monarchie in den kleinen Ländern sich nur als eine Fortsetzung der unter Napoleon vorgenommenen, von niemand als den Betroffenen bedauerten Mediatisierungen der kleinen Landesherren darstellt, daß die Frage also heute wohl nur noch lauten kann, ob das Deutsche Reich selbst besser ein Kaiserreich oder eine Republik sei, und daß diese Frage nach der heutigen Volksstimmung und unserer außenpolitischen Lage gar nicht anders als im Sinne der Republik beantwortet werden kann. Diese Bejahung der heutigen Verfassung darf aber nicht dazu verleiten, die alte Bismarcksche verächtlich beiseite zu tun. Ohne Bismarck kein Weimar! Trotz Preuß, trotz der Lobredner der neuen Verfassung ist die Verfassung von Weimar eine organische Fortbildung der Bismarckschen, schon nach den Verfassungsbestimmungen, noch deutlicher nach den Tatsachen des Verfassungslebens. Durch diese Erkenntnis würde das alte dem neuen nähergebracht und mit ihm versöhnt werden können, das heute wichtigste Einigungswerk wäre gelungen. Ganz von selbst wird sich dann im Schüler so etwas wie Staatsgesinnung regen. Der Lehrer hüte sich aber, diese Gesinnung durch geschmacklose Lobreden auf die Verfassung künstlich erzeugen zu wollen. Denn auch von der Liebe zur Verfassung, der Achtung vor ihr gilt das Wort: sie kommen nicht mit äußerlichen Gebärden.

Sachregister.

GPSR Compliance

The European Union's (EU) General Product Safety Regulation (GPSR) is a set of rules that requires consumer products to be safe and our obligations to ensure this.

If you have any concerns about our products, you can contact us on ProductSafety@springernature.com

In case Publisher is established outside the EU, the EU authorized representative is:

Springer Nature Customer Service Center GmbH
Europaplatz 3
69115 Heidelberg, Germany

Batch number: 10815974

Printed by Printforce, the Netherlands